Friedrich Wilhelm Nietzsche

尼采

趙千帆——譯

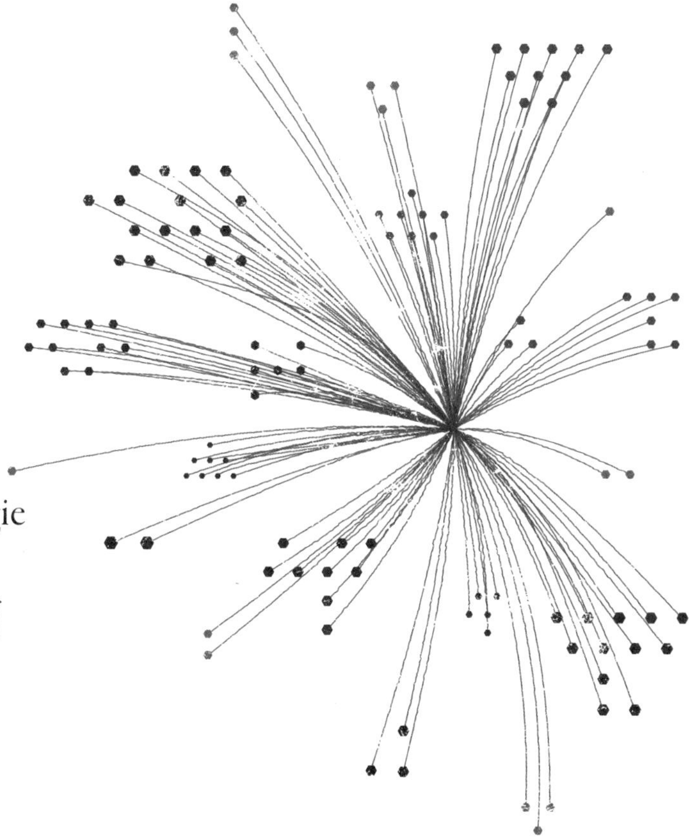

Zur Genealogie der Moral

論道德的系譜

——一本論戰著作

論道德的系譜：一本論戰著作
Zur Genealogie der Moral

作者：尼采（Friedrich Wilhelm Nietzsche）
譯者：趙千帆
責任編輯：官子程
校對：楊維倫
封面設計：郭彥宏
排版：謝青秀
行銷企畫：陳詩韻
總編輯：賴淑玲
出版者：大家／遠足文化事業股份有限公司
發行：遠足文化事業股份有限公司（讀書共和國出版集團）
231 新北市新店區民權路 108-4 號 8 樓
電話 (02)2218-1417　傳真 (02)8667-1851
劃撥帳號 19504465
戶名：遠足文化事業有限公司
法律顧問：華洋法律事務所　蘇文生律師
定價：350 元
初版一刷　二〇一七年四月
初版十四刷　二〇二三年十二月

國家圖書館出版品預行編目 (CIP) 資料
論道德的系譜：一本論戰著作／尼采著；趙千帆譯. — 初版.
— 新北市：大家：遠足文化發行，2017.4 面；公分
譯自：Zur Genealogie der Moral
ISBN 978-986-94206-9-3（精裝）
1. 尼采 (Nietzsche, Friedrich Wilhelm, 1844-1900)
2. 哲學 3. 倫理學
147.66　　106003690

本書根據
Friedrich Nietzsche
Sämtliche Werke, Kritische Studienausgabe in 15 Bänden
KSA 5: Jenseits von Gut und Böse
Zur Genealogie der Moral
Herausgegeben von Giorgio Colli und Mazzino Montinari
2. durchgesehene Auflage 1988
©Walter de Gruyter GmbH & Co. KG, Berlin · New York
譯出

中文版凡例

一、本書正文根據科利／蒙提那里編輯的十五卷本考訂研究版《尼采全集》（Sämtliche Werke, Kritische Studienausgabe in 15 Bänden，學界標準縮寫 KSA，簡稱「科利版」）第 5 卷（KSA5：Jenseits von Gut und Böse／Zur Genealogie der Moral）第 245～412 頁譯出。

二、中文版力求嚴格對應於原版。原版正文疏排體（Sperrung）部分在中文版中以重點號標示。涉及異文時出現的各式符號均予以保留。唯在標點符號上，如引號的運用，稍有變動，以合乎現代漢語的習慣用法。

三、文中注釋分為「編注」、「譯注」兩種。「編注」為繁體中文版所加。

四、中譯本採取最大漢化原則。所涉及專有名詞之譯名，除有特殊的學術考量或特定慣例之外，盡量遵從維基百科中文版（至二〇一七年三月）詞條名，以便讀者檢索；譯名首次出現時，均以括弧附原文於其後，全書不另附譯名對照表。

五、原版中出現的兩門歐洲古典語言（古希臘文、拉丁文）詞句，除個別已融入現代德語成為慣用語的之外，均在中文版中先列出原文，再標出相應的譯文；作者有意引用例舉的其餘非德文詞句亦然。其餘則不標出原文，而多加注說明。需要特別標出的德文詞語，中文版以括弧（）表示。

譯注凡例

一、譯注為譯者所加注釋，是對正文的疏解，並排於「編注」。

二、譯注添加循以下規則：

1. 原著行文中參引他書之處出注；
2. 原著行文中有雙關或用典之處（尤其是作者加引號或以疏排體著重標示的詞句）出注；
3. 有文化史、哲學史上的特別寓意或與上下文論旨相關的專有名詞出注，解釋盡量簡要，以有助讀者理解原文為度；譯名除有特殊的學術考慮之外，盡量遵從維基百科中文版（至二〇一七年三月）詞條名。
4. 因為德語、漢語之差異而未能以譯文直達原著文意者，或因曲附原著文意而有乖常例者出注。

三、需要引證其他著作者，皆依學界常例出注，外文皆譯為中文，辭書對應於詞條，不另標頁碼；相關詳細資訊可參見「參考文獻」。

四、參證其他譯本（或版本）之處，皆列上責任人之名，以「據某某」標明；相關詳細資訊可參見「參考文獻」。

理解一切便——蔑視一切？

對《善惡的彼岸》的補充和闡發

尚未界定的自由——《論道德的系譜》導讀

何處有針對這套由意志、目標和闡釋構成的封閉系統的對立面呢？為什麼缺少這個對立面？……何處有那別有不同的「唯一目標」？

——《論道德的系譜》三—23[1]

一

在《查拉圖斯特拉如是說》和《善惡的彼岸》之後，尼采再版了自己早期和中期的作品，並對《人性的，太人性的》作了擴充。在這些工作中，他把自己此前的筆記作了通盤的整理，在一封給友人的信稿中自稱是「為我此前所有的文稿抹上了終傳的聖油，溫柔地與之告別了。似乎所有書籍出版對我來說都是過去的事了……。」亢奮工作對體力的消耗，加上出版上的完全失敗（《查拉圖斯特拉如是說》的第四卷只印了四十冊，《善惡的彼岸》好些，也只賣出一百一十四冊），使他力倦神疲，他不想再寫了。這是一八八七年的初夏，熟悉他傳記

1 本文對本書的引用皆以篇章序號（前言、第一、二、三篇）加小節序號的方式以表明出處。

的人知道，他意識清醒的時間只剩下不到兩年。長期的疾病和孤獨固然給他的「腸道痼疾和神經衰弱」（二—6，本是他對孱弱的苦修教士的嘲笑）帶來巨大的壓力，但打擊最大的，是公共領域對他完全的漠然，在六月十七日給彼得．加斯特的信中他說：

> 在這般的呼喚——像我的查拉圖斯特拉那樣——之後，從最內在的靈魂中發出來的呼喚，沒有聽到一聲回答，什麼也沒有，什麼也沒有，永遠只是無聲的、甚至千百倍的孤寂……[2]

這一段話值得引用，因為恰恰在讀者將要讀到的這本書中，尼采鄙視了兩種拚命爭取聽眾的發言者：一種是「煽動者」，聲音宏大，但只傳出混悶不清的回聲；另一種是「作為談話者而思考、不是作為思想者而思考」，說話迫切倉促，一心悅己娛人。他本人似乎傾向於稱賞哲學家式的發言者：「然而一個自己知道自己的精神則輕聲地說話；他尋求隱匿，他讓人等待自己。」（三—8）——既然如此，我們一方面可以問，尼采為何如此賣力地尋求出版自己的作品，並且抱怨它們得不到回音呢？從另一方面看，如果我們知道，他對煽動者和演說家的

2 以上兩段引文轉引自Volker Gerhardt, *Nachwort: Nietzsche Lesen*, in: Zur Geneaolgie der Moral: Eine Schrift, Reclam, Stuttgart, 1987, S.171。

批評是在上述信件之後不久寫成的，那麼是不是可以懷疑，這些批評在很大程度上不過是遷怒和自我安慰呢？

此處我們遇到的是一個許多尼采的讀者都會遇到的問題：如何看待尼采文字中那個發聲的「我」（有時也以更熱烈的語氣表達為「我們」）——也就是那個思想的主述者，跟尼采這個實際存在的個體（路德宗牧師世家後裔、古典語文學天才學生、巴塞爾大學病休教授和失意的自由作家）之間的關係？這個問題自現代敍事和話語理論[3]被提出，並可以引申為一個系譜學問題：尼采所說的話，他的哲學，在他跟我們所共處的這個歷史時間中，到底有什麼「來歷」（Herkunft，參見一——5及譯注）呢？知曉這些來歷，對於理解他的話，會有怎樣的作用？

哲學與其他學科不同，哲學家的學術及其效應，經常與哲學家的個人形象和他的個體實存狀況相互交織在一起。我們對愛因斯坦理論的理解可以跟對愛因斯坦這個人的認知毫無關係，雖然他無論在智力、情感還是個人形象上都讓人過目難忘，他的理論對人類和地球的命運

3　其要點是，文本中以種種口吻腔給出話語的發言人（敘述者），跟那個實際寫下文本的自然人（作者），並不是一個人；分清這兩個者對以更寬廣的視野和更靈活的姿態去理解文本。

也有驚天動地的改變。而對生平大概遠不如愛因斯坦有趣、其理論一般人也看不出有什麼實際後果的康德，我們對他生平行跡的些許了解就很能幫助對他的《實踐理性批判》的體認。這種情形，當然會隨著哲學家的性格和表述方式的不同而有差異。就尼采學說的激烈、生平的跌宕、文采的壯麗和社會歷史效應的嚴重來看，其學與其人交錯互文的程度，或許要超過其他任何一位現代哲學家。他自己不但在理論上承認這一點是必然的（參見前言—2對哲學家思想之「生長」的描述），而且在行文常常以身示則，突然以個人的口吻介入。但這樣做的一個風險就是，當他思想和生活並不一致的時候，就難免遭受質疑。把尼采的作品和生平行跡相參看，我們能清楚地看到，其為人與為學在很多地方恰恰相反——雖然細讀之下又會覺得，這是一種奇異的反差，或者說，一種帶有親緣性的反差，在「相反」底下，是深深的「相成」。

除了上面舉出的矛盾之外，以本書為例，作者譏嘲最甚、鞭辟最力的（在本書中就是教士階層和「苦修理想」），似乎更像生活中的尼采所表現出來的處事方式：孤僻、多病、善怨、神經敏感，許多重大抉擇皆出於被動的「反應」。而所讚美的（在本書中就是騎士—貴族階層的）優點，卻在他的傳記中很難見到，或者竟是他的仇敵（比如華格納，或者那些煽動家和演講能手）擁有更多：強健、自由、快意、剛狠厚顏，「主動」為自己的生活設立價值。這樣看來，似乎尼采完全是一個言行不一致的人。

正如「危行言遜」[4]的中國古語所暗示的，言行不一，或許竟是人必然採取的生存方式和表達方式。這種「不一」暗示的是，在人類社會中個體的實存本身包含著巨大張力，這種張力，照尼采在本書中的說法，不但塑造著我們的「德性」和「此在」，深入到我們對生活最細緻的感受和表達，而且可能竟是文明的基本動力。跟中國古人所稱道的「危行遜言」相反，尼采採取的方式是「危言遜行」。他的語言和在語言中展開的思想的危險激烈（又常突然插入明朗或悠然的變調），與他為人的隱忍謙抑（當然也伴有偶發的、卻非常關鍵並在最後終於失控的突轉），不止是不協調，而且，對任何一位合格的、也就是說不得不同時閱讀他文字和傳記的讀者來說，都構成了一個難以迴避的巨大「悖謬」。

4 《論語・憲問》：「邦有道，危言危行；邦無道，危行言孫。」「孫」同「遜」。

就是「悖謬」這個詞：它既可以用來形容他的學說和為人的反差，又是他在本書中用來分析基督教道德和苦修理想時的關鍵詞，反過來也可以用來描述他的分析最終所陷入的困境，同時還是他自己思想展開時的基本形態。事實上，在尼采看來，思想如果不能呈現出現實和人類生存狀況本身的悖謬，那就簡直不是思想了。當我們思考時，在某種意義上，我們就是在跟自己和生活「對著幹」[5]，是試圖在那個處處要求著、設定著並表現著「言行一致」的社會常規的連環鎖套中打開缺口，讓自己在這常規下日復一日運轉的行為，發揮出比常規為它指定的更多的內涵，同時也讓思想自身去經受、甚至主動尋求日復一日的擠壓和錘打，進而在反擊中生成新的、創造性的行動，去改變和逆轉常規。

我認為，只有這樣去理解他的「悖謬」，我們才能看到，尼采的思想在何種意義上跟傳統學說決裂：不但結論上相反，而且展開形式和切身方式上也完全相反。傳統思想大抵總是希望給出普遍而肯定的結論，以前後一致的連貫方式展開，並且暗含著言行一致、理想與現實一致的規範性要求。而尼采卻沉迷於局部和否定，坦承和玩弄矛盾，

5　這正是「悖謬」（paradox）一詞在希臘語中的本義「反對意見、對著幹的想法」。

並且毫不在意他的學說會成為對他自己生活的嘲笑和否定——這種自嘲和自我否定對他而言不是對失敗的敷蓋，而是隨即要展開的反擊的號角。

也只有這樣我們才能理解，為什麼在寫下上述那些語氣慘淡的話不到一個月（或許是因為他最喜歡的夏天——明亮的「正午」——又到來了？），尼采竟然又向萊比錫的一位出版商寄出了他此間寫成的《論道德的系譜》，並在隨附的信中鼓起一種帶點殷勤的客套語調說道：「這裡，尊敬的出版人先生，有一份短篇**論戰文字**，跟上年出版的《彼岸》直接相關：從**題目**便可知矣。也許它會讓人也關注起那本書：雖然我不是為了這個目的而寫它的。」[6]

面對毫無反應的公眾，尼采再次「主動」發起了「反擊」。

二

這次反擊由一部序言和三篇論文組成，是尼采後期少有的以相對系統的方式闡述其思想的篇章。

6　轉引自 Volker Gerhardt, *Nachwort: Nietzsche Lesen*, in: Friedrich Nietzsche, *Zur Geneaolgie der Moral: Eine Streitschrift*, Reclam, Stuttgart, 1987, S.172。

序言首先點明全書的著眼點依舊是對人類之自我認識的可能性的懷疑，在《善惡的彼岸》的導讀中，我已經點明它是尼采整個道德哲學批判的焦點。《論道德的系譜》可以視為對此書的重點發揮，前兩篇是對《善惡的彼岸》中「道德的自然史」、「何為高尚」兩章的深化，第三篇是對「宗教造物」和「我們學者」兩章的綜合。相比之下，《善惡的彼岸》格局宏大，行文活潑，所做的工作是全盤的翻轉，顛倒並超越傳統的善惡視角，清理這一視角在各方面的歷史後遺影響；《論道德的系譜》則更為集中，並試圖建立某種體系：對基督教道德（尤其是在「同情」和「苦修」上表現出來的道德）及其當事人（苦修教士以及受之薰陶的現代公眾和傳承其夙志的哲學家）的來歷進行系譜學式的索隱探微。這個工作，尼采以極個人的口氣敍述道，跟他個人命運（或許也是他個人的「系譜」）有著深切關係——這正是上述為學和為人的交錯互文的一個例子。

接著，尼采點出本書的出發點是對「同情和同情道德之價值」的重新思考。在傳統道德學說——包括他私淑的老師叔本華——對「非利己本能」和「同情本能」的推崇中，隱藏著「全人類的大危險」：人類因此而否定生命、否定自我，陷入退化和虛無主義（前言—5、6）。尼采發現，這種學說對「善惡」標準和同情問題的思考缺陷，來自在歷史學上致命的盲目，它無法看到世界和歷史中的「灰色」地帶，「那種有據可查的東西，現實中可以堅持的東西，現實地在場過的東西，簡而言之，就是一整套記述人類的道德過去的冗長而難以譯解的象形文書」（前言—7）。而這只有通過「道德系譜學」的方法才能做到。正文的三篇文字，就是這種方法的施展。第一篇是考察基督教心理學的系譜，第二篇是良知（可視為基督教在道德哲學中概念化的結果）心理學的系譜，第三篇是苦修教士（既是良知問題的發明人、辯護者，又是它的犧牲品）及其在現代社會的繼承人的系譜。

在對他的系譜學方法本身做評述之前，我們先來梳理一下他具體的操作方式。

第一篇題目已指明此篇所要解索的兩組基本概念——也是道德系譜前後相替的兩個主要分支——的來龍去脈：「善和惡」、「好和壞」，它們分屬《善惡的彼岸》第二百六十節提到過的「奴隸道德」和「主人道德」，歷史上的代表是「猶大」的道德和「羅馬」的道德。尼采首先駁斥了英國功利主義道德哲學的假定，它認為，善惡首先是善惡行為之接受者的感覺，接受者發現對方的行為不利己而利他，則稱為善，損人而利己，則稱為惡。而後形成慣例，其行為不待附上接受者的感覺而本身即可視為善舉或惡行。這種說法跟日常生活中我們對善惡的經驗性感受相當吻合，這也是英國哲學的基本特點。尼采認為這完全是弄錯了善惡的真正來源。關於這個來源，他從語源學中發現線索（一—4、5）：古語所謂善惡者，其實是分別用來描述高尚者和平庸者及其各自所行之事，所以標示的是社會階層和世系的尊卑貴賤之分，而且善惡標準的制定者必定是更強大的貴族和主人階層，是他們基於自然感受的主動行為，這種感受並無關乎利己或不利己，只關乎能力高低與材質優劣，所以更好、更直接的表達是跟道德無關的「好和壞」，這是一個更古老、更本真的價值設定，「善和惡」只是後來演變的結果。到這裡為止，尼采的見解並沒有特別的超常之處。真正的創見是對從道德系譜學上「好壞」與「善惡」這兩支的衝突嬗變機理的闡發。

值得注意的是——這裡其實已暗藏了邏輯上的悖謬——，雖然尼采反對從「受與者」（被動接受行為的卑賤者一方）去解釋道德的來源，但是按他的說法，這個來源流變的關鍵竟是從這一方發動的：他們無力主動作出行動，卻從其被動性中生出一個本質性的衝動，尼采名之為「怨恨」（Ressentiment）：「道德中的奴隸起義開始於怨恨本身變得有創造力並表現出價值之時」。（一—10）正是怨恨情緒的普遍化，使得弱者的「善惡」標準壓倒了強者的「好壞」設定。尼采對怨恨情緒的分析相當精彩，表現出他在心理學上細敏得可怕的感受力。怨恨之起，可以假定為主動的強者對被動的弱者的欺凌掠食。怨恨貌似只是弱者針對強者而發，實則同時有兩個方向：向外和向內。這與強者的感受方式不同。當強者施為之際，不過是順強弱高下之勢——對這種「勢」的感受尼采稱為「間距之激昂」（一—2）——而行動，不假於思索，行則行矣，無庸借助於特定的觀念為行為正名。但弱者罹受苦難之時，因為不能「行動」，只能「反應」：「對著某個『外面』說不，對著某個『別處』或者某個『非自身』說不：這一聲『不』就是他們的創造行動。」（一—10）

強者與弱者的區別是前者說「是」後者說「不」。說「是」與說「不」的區別是，前者不伴隨分化，而後者則——恰恰因為它是某種看似無效的抵抗——必然包含兩個方向：痛感自身之無力並驚覺對方之強大。對於強者來說，他的行為只是一時快意得逞的暴力，只是「成為主人的意志」的純然外現（「一個分量的力就是一個這般分量的衝動、意志、作用」本身），所以事實上處於某種盲目狀態。柏拉圖在《理想國》中，通過蘇格拉底對色拉敍馬霍士的第一輪辯論[7]清楚地展示了這種盲目性，而尼采則把這種盲目性看作強者去主動歪曲、忽略和遺忘的特權：「鄙視之中有混雜著太多的疏忽，太多的不在乎，太多的不注意和不耐煩，甚至是太多的歡快……」。（一—10，並參看其後對米拉波的評述）至於這種盲目為何不會導致強者錯判形勢而失敗（這是《理想國》那段經典辯論中蘇格拉底的核心論據），尼采只是以一句「幸運」輕輕帶過。

不幸的弱者卻無法「享有」這種盲目，只有被迫去——認識。他從對暴力的雙向反應中產生「自我」和「對象」的概念，為暴臨到自己頭上的行為指認了一個「主體」，但——這是問題微妙和關鍵之處——

7 參見《理想國》338c-352d。人名翻譯參照郭斌和、張竹明譯本。《理想國》，北京，商務印書館，一九八六年。

這個主體不是強者，而恰恰是弱者自己，因為正是他對自我之無力的認識才使得整個行為有了意義。這個因對於暴行之無力而發生的認識過程，尼采斥為「無力卻渴望復仇的狡詐」，這個反過來規定了自在的行為的軟弱的主體，他比喻為「調了包的怪嬰」。他認為，從強者的眼光來看，這些都不過是多餘的認識，因它根本無助於強弱地位的改變。但對於弱者，這個認識卻有著本質性的作用：主體意識的確立，使得弱者可以提出自己的善惡標準：沒有去施與強暴，就是善，而施與強暴就是惡。怨恨獲得了力量，建立了自己的標準。（一—13）

可以把這個分析視為尼采對道德哲學的核心概念——道德主體的自明性——又一次、可能是最徹底的一次批判。在《善惡的彼岸》中有從認識論的角度的簡要批駁（該書15、16節，並參見我為該譯本撰寫的導讀），本書則展現了典型的系譜學方法，揭示出這個自明的主體概念的歷史演化過程。系譜學揭示之所以是一個徹底的批判，是因為，在尼采看來，它表明道德主體並不具有它自稱的自明性和真誠性，而不過是在「素隱行怪」[8]而已，其嫉惡揚善，不過是對自身無能的掩飾並把這掩飾中久習當真而已。道德主體其實是一個怨恨者的自我

8 《禮記．中庸》：「子曰：『素隱行怪，後世有述焉，吾弗為之矣。』」「素隱行怪」又寫為「索隱行怪」，實誤，素當讀

想像：

怨恨之人就在這樣構想——而他的作為，他的創造也就在於此：他構想出了「邪惡的敵人」，「惡人」，並且是構想為基本概念，由此出發，他又設想出一個「善人」作為殘像[9]和對立方，也就是——他自己！……（一—10）

這種怨恨的最典型表現，是尼采花費很長篇幅以拉丁文直接引用的德爾圖良對末世景象的描述，其中對一切現世的強勢和風光的切齒仇恨，確實令人觸目，難怪尼采會認為，基督徒關於「信仰」、「愛」、「希望」和「上帝國度」之敍述，背後全然是弱者無處發洩其怨恨而在臆想中對強者的瘋狂報復。問題是，這樣一群無能的怨望之徒，何以最後能征服了羅馬呢？劣等世系竟壓倒優等世系，權力意志竟然站在無權力者這一邊，這是個讓系譜學家痛苦的問題。

三

第二篇論文是考察良知、尤其是「壞良知」（通譯即「良心不安、問

若傣，表示趨向，故注家解為「方鄉辟害隱身，而行詭譎」。

9 殘像（Nachbild），參見本書第一篇第十節譯注（81頁）。——譯注

心有愧」，參見二—1譯注）的系譜，它比「善惡」觀念的系譜要複雜許多。在古典哲學和早期基督教義的相關討論中，良知首先表現為某種「阻止或提醒的聲音」，在事前阻止人們去做不該做的事，事後則作為某種負罪感而讓人反省。「良知的聲音」從蘇格拉底那裡就被視為「神的聲音」，加入基督教的原罪和寬恕思想後，它更與負罪、懺悔、責任、義務等概念結合在一起，成為道德學說的基石。在尼采看來，這些後來神聖化了的概念，在系譜學上卻有著一個極為平實、雖然在現代人看來是血淋淋的來歷，即人與人的債務關係：「道德的概念世界，『虧欠』、『良知』、『義務』、『義務之神聖』，其發源地就在這個領域，即在債法中，——它的開端，正如大地上一切偉大事物的開端一樣，是用鮮血徹底而長久地澆灌出來的。」（二—6）

尼采認為債務關係是「最古老、最本源的個人關係」，在其中「個人第一次反對個人，個人第一次以個人來衡量自身」。強者在這一關係中的表現就是按自己的意志履行有債必還、公平交易的契約。這就是最初的「正義」和「善意」（二—8）。對違反此契約者，他將依然、不過是以非常（例外）的方式來完成交易，也就是說，他會對於欠債者生活中可以當抵債務的一切東西進行估價，視為擔保：「比如他的身體，或是他的女人，或是他的自由，或是他的的生命（或者，在特定的宗教設定下，甚至是他的福祉、他靈魂的得救，最後甚至是他在墓中的安息……）」。（二—5）懲罰乃由此產生。

尼采在此特別強調，懲罰的目的原本不是恐嚇或報復，哪怕極為血腥，也僅僅是強者在估價之後取回等價物的行動而已。所謂恐嚇、解恨、使之產生負罪感等等懲罰的「有用性」，只是它的附帶後果，被後來人「回溯」增解到懲罰行為上去的。（二—13）強者的本意只是用懲罰來完成自己的估價和討債，這就是「懲罰的平均作用」，它的特點是「一種乾枯陰沉的嚴肅」。（二—14）

但在弱者這邊，因為他只能被動承受懲罰的苦難，所以，他只能但也必須對懲罰「乾枯陰沉的嚴肅」作出反應。如上一節所述，這反應就是被迫進行的認識，為行動找一個主體，為苦難則是找一個說法。如果說強者行其暴行時是殘酷，那麼弱者認識此暴行時，必然包含某種殘忍，也就是對苦難進行細微的評估，並加以「崇高化和精微化，尤其是，在「疼痛」出現時要經轉譯為形象性和靈魂性的東西」。這些東西將給苦難以意義——尼采應該會認為這是他自己在心理學上的一個偉大創見，其實在他早期《悲劇的誕生》中已見端倪——苦難迫使人們賦予它某種意義，這種意義來自人們所想像的某種超越性的目光，某個第三者——諸神或上帝——對苦難的觀看：

> 為了使隱蔽的、未被揭示的、沒有見證的苦難可能從這個世界被創作出來並且被誠實地否定掉，當時人們幾乎是被迫去發明諸神，發明高處與深處的中間物，簡言之就是發明某種東西，它們也飄浮在隱蔽物之中，也在黑暗中觀看，不會輕易錯過一場有趣的痛苦演出。（二—7）

不同尋常的是，到這裡，尼采的分析轉向了跟上一篇論文不同的方向上（也跟《善惡的彼岸》方向不同）。他沒有按照強者—主動和弱者—被動的對立價值設定，去設定好良知與壞良知。雖然他也偶然提到是「怨恨之人」發明了「壞良知」（二—10），但是大部分時候，他似乎承認問題變得複雜起來，主動的強者竟本身也一開始就遭遇著良知的不安。原因是，強者也是一開始就處在一個共同體之中，並作為共同體的局部跟整個共同體處在基本的債務關係中。強者之間互相的均勢並不會損害、倒是在競爭中加強著他們的主動性，並維持著契約的平等，但是他們跟各自與所屬的共同體相比，必然只是弱的一方，要受到共同體的保護，並為償還此保護而「把自己抵押給集體」，也就是說，在某些時候，他們不得不接受集體的懲罰。（二—9）

在《理想國》裡，蘇格拉底駁倒色拉敍馬霍斯「強權即正義」的論點時，正是依靠同樣的邏輯：強者為了他所屬的集體的利益，不得不受集體本身的制約。正是這種制約使得強者必須放棄強權，而通過理性去認識何為共同的、長遠的利益，進而——像一個哲學家那樣——去認識利益本身，也就是善本身。尼采著眼點完全不同，這裡我們又一次看到他對柏拉圖主義的「倒轉」。他在上述的制約中，看到的是強者所受的「腐蝕」，腐蝕的原理我們已經見到過了。本來完全主動、只知自由的天之驕子，在這種制約中艱難地作出了——跟弱者同樣的——「反應」，他們被制約的本能，也開始轉向內部：

國家組織藉以保護自己不受那些古老的自由本能之害的諸般恐怖壁

壘——其中首推懲罰——導致那個野蠻、自由、遊蕩的人類的所有那些本能幡然向後，**轉而反對人類**自身。敵意、殘忍，對追蹤、襲擊、奪改、摧毀的樂趣——所有這一切都轉而反對這些本能的擁有者自身：這是『壞良知』的起源。（二—16）

這部分的描述視野宏大，筆法雄健，極為精彩。尼采努力向我們展現，在文明史上國家形成的階段，同時也是「人類的內向化」和「壞良知」出現的時刻，這似乎是人類與其動物本能「猛然分離」時不得不遭受但又完全沒有做好準備的後果，人類彷彿在成為人的同時也成為對自身和大地的挑戰：「隨著一種自己轉而反對自身、自己跟自身作對的動物靈魂成為事實，大地上竟有了如此新穎、深沉、前所未聞的謎一樣的東西，充滿矛盾和**充滿未來**的東西，以至於，大地上的視線方位已經隨之而本質性地轉變了。」（二—16）

從更寬廣的歷史範圍來看，國家的形成是一個連鎖反應的過程。一個強大的共同體把內部本來是自由孟浪的成員強行「嵌進一個固定的形式中」的時候，是向內和向外的暴力同時展開的時候。如果說對內而言，國家是一個契約的話，那麼尼采寧願（也是為了避免掉入民主制的「陷阱」）從外部去看，國家是強大共同體對弱小共同體的征服，把對內的暴力轉化為對外的暴力。不過，每一次征服的成功，每一次共同體變得更強大，它對內的暴力也必然更加強大，受其制約的成員相比之下也就更弱小，他的「壞良知」也將日益成長：

這個被強暴地潛伏著搞出來的自由本能——我們已經領會過它了——這個被抑制回去的、摒退回去的、被關到內部並且最終只是自己在向著自己釋放和發洩的自由本能：壞良知在其開端處就是這個，只是這個。（二—17）

這時，尼采相信系譜學考察會把讀者帶入人類歷史一個酷烈醜惡的階段，他提醒，「要提防，切莫因為這整個奇觀從一開始便醜惡不堪便不去多想它。」在這個階段，人類本身成為某種自身分裂、自身強暴、自身虐待的東西，而正是在這種悖亂和醜惡之上，國家建立，文明昭彰，孕育出「新穎陌生的美和肯定」。（二—18）正如弱者在強者的強暴下「怨恨變得有創力」，認識到自己就是主體，建立善惡的標準以對抗強者，在國家的強暴下，人類也通過「主動性的壞良知」建立起美德和負罪感為基石的價值體系，最終竟讓債權人替自己還債。最後這一點，尼采稱為「基督教義的神來之筆」：

> 上帝自己為人類的虧欠而犧牲自己，上帝自己給自己償付，作為唯一者的上帝，唯有他能把對於人類本身已變得無法償還的東西從人類這裡還掉——債權人為他的債務人犧牲自己，出於愛（應該相信嗎？——），出於對他的債務人的愛！……（二—21）

跟第一篇論文相比，第二篇論文所涉及的系譜演變要複雜得多，並導致尼采的分析遇到困難。在「壞良知」產生過程中，起作用的似乎主要是國家——羅馬，而不是宗教——猶大。他至少承認，在基督教之前，人類在他與共同體、祖先和諸神的債法關係中已經是「飽受折磨」的了（二—21）。尼采試圖在古典多神教和基督教關於「罪負」、「義務」、「許諾」等看法上劃出界限，但並非完全成功。比如，他說在希臘人那裡，諸神對人的關係——這是共同體整體和局部的債務關係的擴展（二—19）——是嘲諷和戲弄的關係（二—23），這跟懲罰

「乾枯陰沉的嚴肅」的平均作用難以兼容；基督教通過對負罪感的極端化而發明「恩典」觀念，也跟他之前懲罰並不必然產生負罪感的說法有矛盾（「恰恰在罪犯和刑犯中，真正的良知有愧是最最少見的東西」，二—14）。不過，系譜的複雜錯亂並不說明系譜學家的工作是無效的，尤其對尼采這個特殊的系譜學家來說。

四

「系譜學」（Genealogie，或又譯為「譜系」或「譜系學」）在傳統上亦稱為「家譜」或「家譜學」，中國古稱「譜學」或「譜牒學」。大略而言，古代中國的譜牒分昭穆、辨庶嫡，今日沿染此風者尤有攀附追認之習。現代家譜學則秉持科學的客觀實證態度，為歷史學的一個特殊分支，從家族史擴展至更廣泛的世系研究。尼采在開闢「道德譜系學」的路徑時，也大量採用了當時他所能利用的語言學、人類學、法律史等材料，並以「歷史精神」自詡（一—1）。他的方法跟傳統譜學和現代家族史或族裔史研究有相近之處，都是把考察對象視為一個歷史演化的結果，去追尋這種演化的來龍去脈，進而重新認識考察對象。不過兩者走向卻有很大的差別：一般家譜學研究所追尋的某種連續性和完整性，是建設性的；而尼采的系譜學卻是在找漏洞和缺口，首先是破壞性的，雖然他聲稱最終是為了建設。[10] 因為他的根本出發點是對當前狀態的不信任：他的「歷史精神」和系譜學就是為了推翻當下人們習以為常的基本設定和基本概念。這裡我想用一個比喻來說明，這個比喻推到極處或許會讓人吃驚。

如果把系譜考察比擬為地理考察，比如去追尋某片水域的幹支源流，那麼，一般家譜學會像一個嚴格的地理學家那樣，僅止於確認其歷史和現實之真實狀況（或者照傳統中國譜學—風水學的習慣，為源頭加上某種神聖的意義），而尼采卻絕不止於得出科學的結論（當然也不會像形而上學那樣重新為源頭封禪祝聖）。「所有科學都不得不為哲學家的將來使命做預先的準備工作」（一—17），而哲學的使命是重塑價值的等級順序，也就是去重新塑造這片水域。之所以有此必要，是因為他認為他所處的水域汙染淤塞，濁流四溢，將危害整個人類——包括他自己——生存。

所以，他的工作超越了一般的地理學家，而更近於——比如中國古

10 不過這裡又有一個小小的悖謬：尼采本人曾相信他與波蘭的一支同名貴族有血脈聯繫，但現在的研究否定了這一點。

代所稱頌的大禹。他考察傳統道德哲學及其現代版本的基本概念（受柏拉圖主義和基督教義所創立的「善」、「惡」、「良知」、「同情」、「愛」等）和糾結纏絆於這些概念中的人們（苦修理想）的系譜源流，就是要像大禹治水一樣，疏瀹決排，引江注海[11]，根據廣闊的歷史和未來圖景，對這些概念進行大批大改的疏通改造，使之適合於人類的生存與發展。一如大禹會以今日生態主義者和動物保護主義者無法接受的方式，去「烈山澤」、「驅龍蛇」，尼采在摧毀傳統道德哲學時，也完全違犯學術說理、教義辯難時的禮貌和規矩，以近乎惡毒酷烈的用語，直斥英國道德哲學家（注意第一篇第一節「陰冷無聊的老青蛙」和「沼澤」的比喻），痛詆基督教理想（注意同篇第十七節對重燃起「古老的烈焰」的期盼）。

我甚至願意把這個比喻推到這樣一個程度：眾所周知，禹之成功是踩著他父親鯀的屍體取得的，在方法上則是對父親事業的全盤否定；尼采也一樣，他對基督教和苦修理想的批判是對他個人家世和早年教育的踐踏和顛倒，並連帶使他與自己青年時代的偶像華格納[12]決裂，堪稱理論和審美上的弒父。但如果從更大的視野來看，二者既是在清

11 「禹疏九河，瀹濟漯，而注諸海，決汝漢，排淮泗，而注之江。」此段所引禹事參見《孟子．滕文公上》。

12 影響極大的尼采英文譯述者考夫曼在他的《尼采傳》中指出華格納與尼采父親同歲，在尼采生命中部分地扮演著精神父親的角色。參見：Walter Kaufmann, *Nietzsche, Philosopher, Psychologist, Antichrist*（fourth Edition）, Princeton University Press, Princeton, New Jersey, 1974, p.33。

理父輩——也就是他們自己系譜之所宗——留下的負面遺產，卻又是在完成父輩未竟的事業。因為所有這一切，都是為了使當前的生活不會「以未來為代價」（一—6），汙染淤塞的時代「潮流」能夠注於「大海」（跨越善惡之彼岸），為人類和大地贏得未來：「他把大地的目標回贈給大地，把人類的希望回贈給人類」（二—24）——這就是尼采系譜學的「掘地注海」工程的最終旨歸。

我得承認，之所以會用一個近於比附的比喻，首先是為了讓讀者預先對尼采的思想有一個正面的想像。這應該不會導致讀者有先入之見，因為本書讀到的尼采的思想，實在是恣肆凶猛，很容易衝決掉「把人類的希望回贈給人類」這樣的美好意象。更重要的是，這個比喻中包含著尼采思想中那個在我看來最核心的矛盾，它跟我在《善惡的彼岸》的導讀中指出的「自我指涉」的疑難有著直接關係。

跟科學系譜學不一樣，尼采所採用的我們估且稱之為批判系譜學的方法使得系譜學家自身處於一個臨界的位置：因為他自己也處在系譜之中，所以，他通過系譜學展開的考察和重塑，不可避免地一方面顛覆自己對自己的認識，另一方面建立新的（其實往往是「翻新」的）系譜中確定自己的位置，但這個新的系譜，按他自己的理論，因為是對舊的系譜的替代掩蓋，所以本身也難免被下一個系譜學家繼續改造和翻新，將在「驅龍蛇」、「烈山澤」的破壞中接受毀滅。

這個疑難，在心理上難免會對系譜學家產生嚴重的衝擊。在《善惡的彼岸》中，尼采——或尼采思想的那個主述者——尚自稱「狄奧尼索斯神最後的弟子和入室傳人」（第二百九十五節），在《論道德的系譜》中，他把敵基督的理想寄託在比他「更年輕者」、「更強健」、「更擁有未來」的查拉圖斯特拉身上（二——24、25）。而在他精神崩潰前夕（也就是本書寫成一年半之後）所寄出的所謂「瘋狂紙條」（Wahnsinnszettel）中，他——或者他思想的主述者——已自認為「敵基督者」或「狄奧尼索斯」。[13]如果我們不把這簡單地視為顛狂[14]，那麼，它至少反映出系譜學上自我認知的嚴重錯亂。

在理論層面，這個疑難導致在第三篇論文中對「苦修理想」的分析陷入困境。在社會和政治層面，它則可能引發更嚴重的困擾、衝突甚

---

13 在這些字條中，尼采偶爾署名為「尼采．凱撒」、「尼采．狄奧尼索斯」，或徑稱為「反基督者」、「狄奧尼索斯」甚至「被釘在十字架上者」（可參閱 Heinrich Detering, *Der Antichrist und der Gekreuzigte. Friedrich Nietzsches letzte Texte.* Wallstein, Göttingen, 2010）。其中署名為「狄奧尼索斯」的字條曾寄給華格納夫人，珂西瑪．華格納。據上引考夫曼的《尼采傳》（32頁），尼采早先曾視華格納為狄奧尼索斯，珂西瑪為艾瑞阿德妮，但後來卻視前者為棄她而去的忒修斯（相關神話情節及其寓意參見《善惡的彼岸》第二百九十五節及譯注，大家出版社，二〇一五年，336頁）。

至災難。簡言之就是：那個顛覆並再造世界（大禹）和概念體系（尼采）的工程，是不是會反過來要再次經受毀滅和重生呢？如果不是，那麼新的系譜——除非它變成「神譜」——豈不是會再次陷入淤塞汙濁？如果是的話，這種「相同者的永恆輪迴」到底意義何在，是不是只能導向赫拉克利特那樣對永恆戰爭的歌頌？

在一九四〇年代初，海德格引用尼采在寫作《曙光》時期（尼采在本書中多次回溯到自己在這一時期的思想）的一則筆記，認為尼采在大約六十年前就看到「爭奪地球統治地位的鬥爭的時代就要到了——這場鬥爭將打著**哲學基本學說**的旗號。」海德格認為，在這場「為了對作為原料庫的地球進行毫無限制的榨取，並對『人力資源』加以毫無幻想的應用的鬥爭』中，哲學不是直接的指導者，但也不是裝飾物。」作為「正在自我完成的形而上學」，哲學的作用是「把西方的歷史塑造為歐洲現代的歷史，並且促使它取得『世界統治』。」[15]

在中國政治史的神話敘事中，大禹治水的結果確實是建立了新的世界統治形式，這種形式顛覆了他自身所宗的「天下為公」的禪讓體

14 考夫曼提醒，尼采意識尚清醒階段的這些自我命名仍然跟他此前的思考是一致的，是有意義的（meaningful），參見上引《尼采傳》67頁。

15 海德格爾，《尼采》下卷，孫周興譯，北京，商務印書館，二〇〇二年，963頁。譯文略有改動。

制，開始家天下的時代，「九州攸同」，「眾土交征」，一個新的、更加強固的政治格局和王權系譜確定下來，但同時一種新的洪水猛獸——想想儒家關於「水深火熱」、「苛政猛於虎」和「率獸食人」的喟嘆——也開始孕育成長，它最終將把每一代看似穩固的系譜都滌盪斷絕、抹去重寫，如此代代循環相替。

而在歐洲，在尼采既怒其不爭又寄予厚望的歐洲人中，也確實有人想把尼采在本書和其他作品中再造的概念系譜加以形而上學化和政治化，以種族之「好壞」代替義理之「善惡」，視優秀統治者向劣等民族理應收回的「欠負」為「良知」，重建健康的「騎士—貴族」階層，重燃「古老的火焰」，驅除病態的猶大，建立新的羅馬。這個企圖，如我們所知的，至少在現實中，已被它自身所引發的洪水淹沒了。但是在理論上，我們禁不住要問，難道尼采的系譜學工作，真的是在為「爭奪地球統治地位的鬥爭」製作路線圖嗎？

倘若尼采確實試圖描繪「羅馬與猶大」這場長達數千年戰爭的路線圖的話，那麼，這幅地圖的線索最終是匯聚在「苦修理想」這裡。他對西方道德哲學系譜的改造，將始於對這一理想的徹底分析和「相反理想」的建立。在本書第三篇論文〈苦修理想意味著什麼〉中，我們會看到他是否能做到這一點。

五

第三篇篇幅差不多是前兩篇的總和，其冗長而難以結束也許是因為我之前提到的作者本身難以擺脫的疑難，也因為這個主題涵蓋的範圍更廣，從遠古時代、印度教、歐洲近代一直到尼采所身處的十九世紀末的許多文化現象，都被尼采視為是交匯在這一系譜的分支而給予了許多討論。許多地方是對《善惡的彼岸》和之前作品的重新發揮（或就是對之前素材的加工）。有時，比如對華格納和杜林等時人的批評、對吠檀多教義的引述蔓生出過多的枝節。他把教士階層、靜觀人、婆羅門、哲學家、科學家、自由思想者等苦修理想的不同變體，但對其親緣關係的描述多而對他們之前區別的描述少。這些都對我們理解這個概念造成了困難。

按照我在上面為前兩篇論文理出的思路，這個概念的關鍵是，他體現出人類的自我分裂。簡而言之，「苦修理想」就是上述人類在進入文明、建立國家和宗教之後自身分裂的產物，他希望克服此分裂而不能，反而加劇了這個分裂，成為人類災難的化身，是人類從古到今演化不已的「壞良知」病症的病灶。

在分析這個病灶時，尼采自己似乎也陷入他之前指責的把原因、效果、行為和行為者強行區分又混為一談的怪圈（一—13）。他一會說是苦修理想摧毀人類健康的災難（三—21），一會又說是在製造人類的創傷、治療它再對它下毒（三—15），而這是因為他強健得足以讓自己生病；他既是意志衰歇的產物，本身的權力意志又完整無缺，同時還在開出藥方以激發權力意志（三—10）；他既禁欲，又感覺過度，又能夠對感覺以機械的計算；（三—19）既仇視食肉動物般的健康生命，自己又是「新型食肉動物」（三—15）；既讓人以幸福為恥（三—14），又不斷開出小劑量的幸福和「『博愛』的小快樂」（三—18、19）。所有這些，熟悉黑格爾的人或許想要用辯證法來統一之（思想史上也確實有人這樣來解釋尼采），但尼采說，恰恰在苦修理想這裡是「辯證法取代了本能」！

這難免讓細心的讀者無所適從，並確實也表明尼采無法做出最後的肯定性的結論。混亂和悖謬一直沿伸到他針對苦修理想的解決方案。他提出要反其道行之，不要救治，要把健康者跟疾病者區分開來（三—14、16），卻忘了他在第一篇論文就說過教士階層本身就是起源於對純潔和不純潔劃分（一—6）。他說苦修理想真正的敵人其實是對這一理想虛偽的表演者，這倒呼應了全書開篇就提出的口號「前進吧！就當我們的古老道德該**演成喜劇**」和對狄奧尼索斯「這位抒寫我們此在的偉大的、古老的、永遠的喜劇詩人」的呼喚（前言—7），但在全書將近結束時又說：「我會無比敬畏苦修理想，只要它是**誠實的**！只要它自己相信自己，不要在我們面前插科打諢！」並怒斥今日歐洲人對興奮劑和酒精的需求。（三—26）苦修理想最終將把人類帶向虛無主義，但細讀下面這段話，我們會發現，原來他本身就是權力意志的化身：

> 苦修理想有一個**目標**，——此目標足夠普遍，用它來衡量，使人類此

在的一切利害皆顯得小氣而狹隘；它毫不留情地根據這唯一的目標自行解說諸時代、諸民眾、諸人類，它不讓任何其他解說、其他目標生效，它只在它所闡釋的意義（——而可曾存在過一個被徹底思考過了的闡釋系統呢？）上去譴責、否定、肯定、確認；它不屈居於任何權力之下，毋寧說堅信它在任何一種權力面前的特權，堅信它跟任何一種權力的絕對的**等級距離**，——它堅信，大地上凡有權力者，無一不是從它這裡出發才得到一種意義，一種此在權利，一種價值，無不一是作為它工作的工具，作為通向**它的**目標、那唯一目標的道路和手段……（三—23）

這段話表明，尼采的批判發生了何種逆轉——就是他在對善惡概念和良知概念的系譜學分析中指出的那種逆轉。不過，跟前兩次逆轉不同的是，這次逆轉已經沒有「主體」或「上帝的愛」作為最後的支撐點，在逆轉中，思想本身被甩到一個無法控制的軌道上。他為人類的自身分裂指認了一個罪魁禍首，似乎是苦修理想在損害權力意志，但這個認識的結果是，這個苦難本身只是權力意志主導下人類的自我毀滅。

《尼采著作全集》編者科利在他為第五卷《善惡的彼岸・論道德的系譜》[16]所寫的後記中指出：這種「把一切實在還原到『權力意志』的做法……之表象，這種把一切屬性追溯到一個唯一的、即便是一分為多的根源上的做法，是一種形而上學的姿態，儘管尼采的意圖是相反的。」就此而言，海德格把尼采視為最後一個形而上學家有一定的道理。不過，這是一個完全失敗的形而上學。

尼采這種系譜學方法在後世、尤其是對二十世紀下半葉的法國後現代思潮影響極深。其當代傳人就是此思潮的代表人物之一——法國思想家傅柯。下面我引用傅柯的這段話[17]部分地表明了尼采在當代思想史的遺產，同時也展示出尼采的系譜學方法本身的系譜學來源、也就是啟蒙哲學的親緣性。

傅柯這段話是在他那篇為了紀念康德的〈答「何為啟蒙？」之問題〉發表二百周年而寫的同名文章〈何為啟蒙〉中說的。在這段話中，傅柯表明他從尼采那裡發展出來的系譜學和考古學理論跟傳統以康德為代表的啟蒙哲學——也就是尼采所要打倒的苦修理想的哲

16 中譯本參見：尼采，《善惡的彼岸・論道德的譜系》，尼采著作全集第五卷，北京，商務印書館，二〇一五年。

17 此處所引傅柯參見：Michel Foucault, *What is Enlightenment?*, in Rabinow（P.）, ed., *The Foucault Reader*, New York, Pantheon Books, 1984。中譯參考：〈何為啟蒙〉，顧嘉琛譯，載於杜小真編，《福柯集》，上海遠東出版社，上海，一九九八年，部分譯文有改動。

學——的區別和聯繫。聯繫主要是體現在精神氣質（傅柯以希臘語「ethos」名之）的一致上，就此而言，傅柯承認自己仍然處於現代性之中，但他的批判工作不是對其教義的忠誠，「而是為了永久地激發某種態度，也就是激發哲學的『氣質』。這種『氣質』具有對我們的歷史存在作永久批判的特徵。」

這種批判氣質首先在否定的方向上表現為兩點：一是拒絕以簡單化或權威化的方式提出的啟蒙的要求（傅柯稱之為啟蒙的「勒索」），二是以對已經變得過於寬泛和空洞的人的概念。所以它不會走向新的形而上學。

以上傅柯的自表完全可以適用於對尼采的思想氣質和實質立場的解讀。在具體的操作方案上，他跟尼采也是一脈相承的：「批判在規劃上而言是系譜學的，在其方法則是考古學的。所謂考古學的——而不是超越論的——是指：這種批判並不尋求確認所有知識或所有可能的道德行為的普遍結構，而是要去處理那些話語的案例，這些案例把我們之所思、所言和所做所為當作歷史事件給明白地顯示出來。」

《論道德的系譜》中提供了許多傅柯所謂「話語的案例」的例子，最典型者即上述尼采對德爾圖良末世描寫的分析，它表明，受此神聖話語支配的基督徒或一切自以為彼岸得福報的善人之「所思、所言和所做」，不過是他們對遭受的殘酷壓迫——「歷史事件」——的反應，本身不具有他們自稱的道德內涵。但尼采這樣的攻訐，並不應只理解為對弱者的譏嘲，對強者的羨嘆。他這種「話語分析」的真正意圖，是區分幻象與真實，避免我們用某個必然的真理來為自己偶然的生存狀態的找藉口，而放棄對自己之「所是、所做和所思」進行反思和變革——這正是那麼多人在困境中投入幻想的原因。傅柯接下來是這樣來解釋系譜學方法的：「而這種批判之所以是系譜學的，是指：它並不想從我們之所是的存在形式中演繹出其實是我們不可能做或不可能認識的東西：它想做的是區分，把偶然性跟可能性區分開來，也就是說，我們是在某種偶然狀態下成為我們之所是的，而我們也有可能不再是我們之所是，不再做我們之所做，或不再去思考我們之所思。」

從這個視角來看，尼采對西方道德學說的最終擔當者苦修理想的系譜學批判，就是在把整個似乎是必然產生的道德主體之「所是、所做和所思」視為某種「偶然狀態」的產物——所謂的把迄今為止的道德看成喜劇，就是這個意思——，也就是說，它本身既是某種超乎它自我認識的系譜變化的產物，又是隨時有可能在新的系譜變化中產生的。這裡可以再次聯想一下大禹的例子。他能以疏導治水的前提是，他並不將天地間的一切水道當然地視為永恆神聖的，而認為它們本身是因勢而成的產物，所以也可以因勢而利導。這也正是尼采和傅柯的系譜學方法所要檢驗的那另一種「所是、所做和所思」的可能性，用尼采自己的話說就是：

> 苦修理想表達了一個意志：何處有相反的、在一種相反理想上表達出來的意志呢？……何處有針對這套由意志、目標和闡釋構成的封閉系統的對立面呢？為什麼缺少這個對立面？……何處有那別有不同的『唯一目標』？[18]

如果說苦修理想就是權力意志的話，那麼，尼采就不是在制定一個讓後者跟前者進行「爭奪世界統治權」的戰爭，而毋寧說是，伴隨著「苦修理想就是權力意志」這一總體性判斷的，正是對走出總體性

18 參見本書235—236頁。

的呼喚。尼采想說的或許是，人類不應該被他們自己迄今所處的殘忍而分裂的「偶然狀態」嚇倒，而要拚命去尋求「別有不同的『唯一目標』」。如傅柯所言，他的系譜學工作就是為了區分這兩者，因此——我用他下面的這句話結束本文——：「這種批判並不尋求使一種最終要成為科學的形而上學得以可能；它尋求的是，在盡可能遙遠和寬廣的範圍內，為尚未界定的自由提供新的原動力。」

趙千帆　二〇一七年三月　中國上海同濟大學

序言

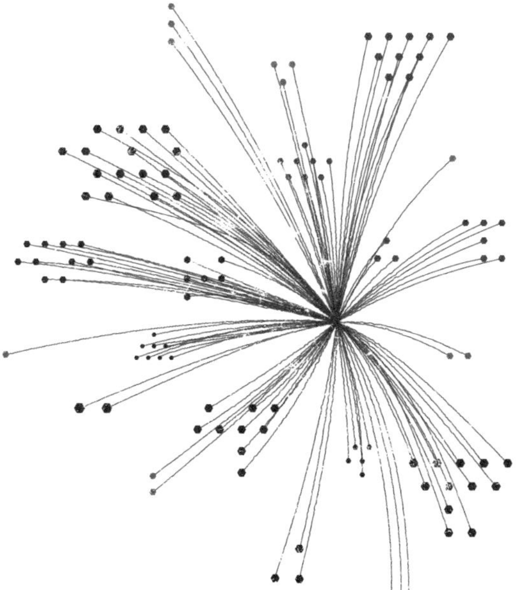

1

我們還不認識自己，我們這些認識者，自己還不認識自己：這裡面大有原因。我們從來不去尋找我們自己，——怎麼可能有這樣的事呢，我們竟會在某一天發現自己？有句話很有道理，「你的財寶在哪裡，你的心也在那裡」[1]；我們的寶藏就在我們的知識蜂巢那裡。我們總是在走向它的途中，作為天生的精神飛蟲和精神採蜜者，我們其實一心關注的只是——把什麼東西「帶回家去」。至於生命，亦所謂「體驗」[2]，此外還跟什麼相干，——對這個，我們當中誰會哪怕只是足夠嚴肅地對待過？或者有誰花過足夠的時間？就這些事情而言，我恐怕我們從來就不曾切實地「就事情而言」：我們的心從來不在那裡——我們的耳朵也不在！我們更像一個通神的走神者（Göttlich-Zerstreuter）和沉湎於自身者，當正午洪亮的鐘聲把他的耳朵震得嗡嗡響，他驀然回過神來，問自己：「這會兒究竟敲了幾下呀？」我們也這樣跟在後面不時搓著自己的耳朵，震驚不已，狼狽不已，自問道：「我們這會兒究竟體驗到了什麼？還有：我們究竟是誰？」並且像前面說過的那樣跟在後面去數，把前面那十二下顫抖的鐘聲全部重新數一遍，我們的體驗、我們的生命和我們的存在的鐘聲——啊呀！這裡數

---

1 「你的財寶在哪裡，你的心也在那裡」出自《新約．馬太福音》6：21。《聖熱羅尼莫書信》（*Epistola*，22：30）載，早期教會最偉大學者聖哲羅姆自言嘗醉心古典學，一次夢中面臨上帝審判，他自稱為基督徒卻受駁斥曰：「你說謊。你只是一個西塞羅式學者，而非一個基督徒，你的財寶在哪裡，你的心也在那裡！」遂盡棄舊學，專研神學及聖經學。——譯注

2 德語中「體驗」（Erlebnis，有時亦譯作「經歷」）一詞源自「生命」（Leben），後者又來自「身體」（Leib）。——譯注

錯了……我們就是必然會對自己保持陌生，我們不理解我們自己，我們必須混淆自己，對我們來說，有條永恆的法則叫作「每個人對於他本身皆是最遙遠者」[3]，——對於自身，我們並非「認識者」……

2

——我關於我們的道德成見之來源的思想——因為這是這篇論戰著作所要論及者——在一本格言集裡首次得到了簡潔和初步的表達，它的題目是《人性的，太人性的——一本為自由精神而作的書》，動筆於索倫托[4]，時逢冬季，這季節讓我可以停下來，像一個漫遊者那樣停步回望我的精神到那時為止漫遊經過的那片廣闊而危險的領地。那是一八七六年到一八七七年冬天的事了；那些思想本身則起於更早的時候。它們已道出跟這篇論文中將再次論述的大體相同的思想：——我們希望，這期間的漫長時日已經於它們有所裨益，已經使它們變得更成熟、更明亮、更強健、更完滿了！而我到今天還堅持這些思想，這一點以及下面這一點，思想們自己在這期間已經越來越彼此相互堅持，甚至已經生長到彼此之中，長到了一處：讓我愈發快活地篤信，這些思想從一開始就不想從我這裡個別、隨意和零散地產生，而是想

---

3 此段引文是對泰倫提烏斯的《安德羅斯少女》中格言（*Andria* IV，1，12）的顛倒，據《杜登引文辭典》，此格言當作 Proximus sum egomet mihi（每個人跟自己最近）；泰倫提烏斯（Publius Terentius Afer，德文或作 Tenrenz），活躍於西元前一世紀的羅馬喜劇詩人。——譯注

4 索倫托（Sorrento）：義大利南部小城。——譯注

要從一個共同的根柢中，從認識的某種**基本意志**中產生，這意志在深處發號施令，越來越確定地言說著，並且要求著越來越確定的東西。也唯有如此，於一位哲學家才合適。我們無論在何處都沒有理由成為**個別**：我們既不可以犯下個別的謬誤，也不可以撞上個別的真理。而毋寧說是帶著一種必然性，猶如樹必然要結果，我們的思想，我們的價值，我們的「是」與「否」、「如果」和「是否」就帶著這種必然性，從我們內部生長出來——所有東西都互有親緣，互帶關聯，都是一個意志、一種健康、一片土壤和一輪太陽的見證。——**你們**覺得我們的這些果子好吃嗎？——可這跟那些果樹有什麼相干！[5] 這跟**我們**、我們哲學家們有什麼相干！……

3

我有一個自己特有的、我並不樂於承認的顧慮——它涉及**道德**和到目前為止大地上一切被當作道德來頌禱的東西——，一個顧慮，在我生命中出現得如此之早，不請自來，不可阻擋，與我的環境、年齡、榜樣和出身相矛盾，我因而或者幾乎有理由稱之為我的「先天」（A priori），——由於這種顧慮，我的好奇和我的猜疑必定會在這個問題

5 依據利科版《尼采著作全集》注釋，「可這跟那些果樹有什麼相干」也許是在變相引用海涅的《盧卡浴場》第四章：「媽媽，那些綠樹同您有什麼關係？」。此句中的「樹」或當解為果樹，上下文意為「果實好不好吃與結果之樹不相干」。《尼采著作全集》注釋所引海涅原句其意本在嘲笑那些以為還有一個「完整的」自然景象並對之漫作感傷的人的。參見《海涅全集》第六卷，章國鋒譯，河北教育出版社，二〇〇三年，第118—119頁。——譯注

上適時停留一下：我們的善和惡到底來自何種起源？事實上，惡的起源問題在我還是個十三歲少年的時候就追著我了：在一個人們說「一邊玩耍一邊信上帝」[6]的年齡，我就把我第一篇兒戲之作，我的第一次哲學練筆獻給了它——至於我當時對問題的「解決」，則理所當然地是尊崇上帝，奉他為惡之父。這就是我的「先天」要我做的嗎？那個新的、非道德的，或至少是非道德主義的「先天」？以及從中道出的，嘿，如此反康德、如此詭秘的「絕對命令」，那個我在這期間越來越仔細地聆聽，而又不僅僅是在聆聽的律令？……幸運的是，我及時學會了把神學成見和道德成見分開，並且不再到世界背後去尋找惡的起源。一些歷史學和語文學方面的學術訓練，再加上對於心理學根本問題的天生挑剔的感受力，很快使我的問題轉化為另一個問題：人類是在何種條件下為自己發明那些善惡價值判斷的？這些價值判斷本身又有什麼價值呢？它們迄今為止是阻遏還是促進了人類的繁榮呢？它們是生命之窘困、貧乏和蛻變的標誌嗎？或者相反，這些價值透露出生命之飽滿、力量和意志，生之勇氣，生之篤信，生之未來？——對此，我在自己這裡發現並冒險嘗試了若干答案，我區分個體所屬的時代、民眾和等級，我把自己的問題專門化，從答案中又變出新的問

6 依據利科版《尼采著作全集》注釋，出自《浮士德》第一部，第三七八一—三七八二行。另一譯本譯為：「一半出於兒戲，一半是誠心信仰！」（周學普譯，志文出版社，二〇一四年）。——編注

題、研究、猜想和或然性[7]：直到最後有了一片自己的國土，自己的地盤，一個完整、隱蔽、時時生長和欣欣向榮的世界，彷彿秘密花園，沒有人會料到裡面有什麼……哦，我們多麼幸運啊，我們認識者——假如我們知道足夠長久地保持沉默！……

4

第一次有衝動要公布一些關於道德起源的假說，是因為一本清晰、簡潔和聰明的，而且聰明得太早的小書，書中有一種顛倒和反常的系譜學假說，道地的英國品種，第一次明確地攔住了我的去路，它把我吸引住了——以所有處於對立面和對蹠點上的東西都具有的那種吸引力。小書題為《道德感知的起源》，作者為保羅．瑞博士，[8]出版於一八七七年。我讀書時可能從來沒有讀到像對這本書那樣，讀到每一個句子，每一個結論，我都在心下說著不：但完全沒有不高興和不耐煩。在前述那部我當時正在撰寫的著作裡，我有意無意地涉及該書的論斷，不是在反駁——我哪要通過反駁來創立什麼東西！——而是，就像一個肯定的精神所應當做的那樣，以大概如此者代替未必如此者，[9]有時是用另一個謬誤代替一個謬誤。當時，如前所述，我是第

7 「或然性」（Wahrscheinlichkeiten），指通常肯定的、易於實現的可能性；在數學上即「概率」。——譯注

8 保羅．瑞（Paul Ludwig Carl Heinrich Rée）：德國學者和醫生。《道德感知的起源》是他於一八七六—一八七七年間與尼采共遊索倫托時著成，取拉馬克和達爾文的經驗主義立場，把道德看作特定環境下積累的習性。他對道德起源的研究曾被尼采激讚（《人性的，太人性的》第三十七、三十八節），據克拉克—斯文森，兩人因莎樂美而終結的關係是尼采「成年生命中大概唯一真實的知性上的夥伴關係」。——譯注

9 「大概如此者」（das Wahrscheinlichere）和「未必如此者」（des Unwahrscheinlichen）皆就「或然性」（Wahrscheinlichkeit，亦即概率）言，前者指或然性較高、很可能發生的，後者指或然性很低、不太可信者，其詞義亦與用詞者的自信程度相關，亦表明尼采所取的「疑慮」（Misstrauen）和「也許」（vielleicht）的姿態。——譯注

一次公開那個來源假說，亦即本論文的宗旨，那時我談得還不機靈，彷彿究竟還是想在自己面前隱藏自己一樣，談得還不自由，還沒有一種適用這件特殊事物的特殊語言，而且多有反覆與搖擺。倘若人們個別地比較一下我在《人性的，太人性的》中所說的，如第五十一頁關於善與惡的雙重前史（即源自高貴者和奴隸者兩個領域的）；又如第一百一十九頁及以下關於苦修道德的價值和來源；又如第七十八頁、第八十二頁和第二部第三十五頁關於「禮俗德教」[10]這種古老且原始得多的道德種類與那種利他主義的評價方式（瑞博士和所有英國道德系譜學家們一樣，從中看到的是自在的道德評價方式[11]）有天壤之別；又如第七十四頁、《漫遊者》第二十九頁、《曙光》第九十九頁中，關於正義的來源：幾乎同等強大者之間的某種平衡（均勢乃是一切契約，從而是一切法律的前提）；又如在《漫遊者》第二十五頁和第三十四頁[12]關於刑罰的來源，恐嚇的目的對於刑罰既非本質性的，亦非本源性的（不是像瑞博士所以為的那樣：——恐嚇目的毋寧一開始是在特定的情況下，而且總是作為一種額外的、附加上去的東西被添嵌到懲罰之中的）。

---

10 「禮俗德教」原文作Sittlichkeit der Sitte，字面意思為「習俗的道德性」。Sitte（「禮、禮教」）在古德語的本義為生活風俗與慣例，在現代德語中則逐漸強化了道德含義，表示某種符合了或表現出道德的行為方式，亦可解作「道德」，近於中文所謂「禮教」者。Sittlichkeit（「德教」）即符合禮教的品行。——譯注

11 「自在的道德評價方式」（die moralische Werthungweise an sich）或是對康德的「自在之物」（Dingansich）的戲仿，同時又可解為「在自己身上【看】這種道德評價方式」。——譯注

12 依據利科版《尼采著作全集》注釋，參看《人性的，太人性的》一八七八年版，第四十五、九十二、九十六、一百、一百三十六各節；一八七九年版第八十九節；《漫遊者和他的影子》第二十二、二十六、三十三節；《曙光》第一百一十二節。——譯注

5

歸根到底，在當時我正操心於某些事情，我自己或別人設立了哪些道德起源假說，遠不如這些事來得重要（或者更準確地說：設立假說只是為了一種目的，是達到此目的的多種手段之一）。我關注的是道德的價值，——對於這一點，我幾乎是獨自一人同我的偉大老師叔本華進行辨析，那本書及其中的激情與隱秘矛盾都是面向他的，就像當面有人一樣（——因為那也是一篇「論戰著作」[13]）。特別是關係到那些「非利己者」的價值，那些同情之本能、自我否定之本能、自我犧牲之本能的價值，就是對這些價值，叔本華進行了如此長久的粉飾、神化，將之置於彼岸，直到它們終於作為「自在之價值」在他那裡留存下來，他以此為基礎，對生命，也就是自己對自己說不。而恰恰是對此類本能，有一個越來越蝕及根本的疑心、一種挖得越來越深的懷疑論在勸我放棄它們！恰恰在這裡，我看到全人類的大危險，它最精巧的勾引和誘導——究竟要誘引到何處？到虛無裡去嗎？——恰恰在這裡，我看到終結的開端，看到佇留，看到往回望的疲乏，看到意志轉而反對生命，看到那最後的病在溫柔而消沉地宣告著：我是在把那個越來越廣為擴散的同情道德——它甚至侵襲了哲學家們，使他們生

13 原文為 Streitsschrift，字面義即為「論戰著作」，通常亦可指簡易裝訂的小冊子，用於及時地、非正式地公開表達政治、宗教方面的反對意見。——譯注

了病——理解成我們這個變得陰森叵測的歐洲文化的最陰森的症狀，理解成歐洲文化通向一種新佛教的歧途嗎？通向一種歐洲佛教？通向——*虛無主義*？……因為現代哲學家對同情的厚遇和高估是件新鮮事：恰恰是對同情之*無價值*，是迄今為止哲學家們一致認同的。我只舉柏拉圖、斯賓諾莎、拉羅什福科（François de La Rochefoucauld）和康德，[14] 這四個思想人物彼此的差別大得不能再大，可在一件事上卻是一致的：對同情的貶評。——

6

這個關於同情與同情道德之*價值*的問題（——對現代那種可恥的感覺軟化，我是一個反對者——）乍看之下，只是某種個別孤立的東西，一個孤零零的問號；然而誰若在這上面盤桓，在這上面*學習*提問，那麼，在我身上發生過的事，在他亦將發生：——一個陰森難測的新前景將在他面前打開，一種可能性抓住他如一陣暈眩，各種各樣的疑慮、猜忌、恐懼湧到跟前，對道德、一切道德的信念動搖了，——最後，一個新的要求響起來。讓我們說出來吧，說出這個*新的要求*：我們亟須一次對道德之價值的*批判*，*這些價值的價值本身*首

14 據《尼采頻道》，分別參見柏拉圖，《理想國》606a-b；斯賓諾莎，《倫理學》第五十節；拉羅什福科，《道德箴言錄》第264條；康德，《實踐理性批判》。——譯注

先有待質問——為此，對它們在其中生長、發展和遷延開來的那些條件和形勢（道德作為結果、症狀、面具、偽善、疾病、誤解；但也作為原因，作為藥劑、興奮劑、抑制劑、毒藥）的某種見識，就是必要的了，然則這樣一種見識直到現在都尚未有過，也尚未被追求過。人們把這些「價值」的**價值**當作給定的，事實性的，超越於一切質問之外；人們設定「善人」比「惡人」有更高的價值，也就是在對於**這種**人類一般[15]（包括人類的未來）而言有所促進、裨益、繁榮的意義上有更高的價值，對此人們迄今亦未曾有過最輕微的質疑和猶豫。怎麼辦？倘若真相是顛倒的呢？怎麼辦？倘若在「善」中亦有某種退化症狀，同時且有某種危險，某種誘惑，某種毒害，某種麻醉，通過它，當前之生活竟是**以未來為代價**呢？也許活得更愜意，更安全，卻也更小器（im kleineren Stile），更卑下？……以至於倘若，如果人這個類型本身原來可能達到的某種最高級的強大與壯麗從來沒有被達到過，而這恰恰該由道德來承擔責任呢？以至於恰恰道德才是那些危險的危險之處呢？……

15 「人類一般」連讀。——譯注

7

夠了，自從這般景象在面前打開之後，我自己便有理由去搜尋訓練有素、勤勞勇敢的同志（今天我依然在找）。這就要帶著全新的問題，彷彿帶著新的眼睛，在那片陰森廣漠而又如此隱蔽的道德領地——屬於那個現實地發生過、生活過的道德——上巡遊：而這，難道不就幾乎意味著對這片領地的首次揭示嗎？……如果我在此還想到上面提到的瑞博士以及其他人，那是因為我從來不曾懷疑過，本來，他該被他那些問題的本性逼到一個更加正確的方法論上去，去獲得那些問題的答案。我這可是在自欺嗎？我的願望至少是，把一個更好的方向、朝著現實的道德史學的方向，賦予一雙如此尖銳而又視若無睹的眼睛，及時警告他提防那種把假說設定到藍色中[16]的英國式做法。當然，對於一個道德系譜學家來說，哪一種顏色必定恰恰比藍色重要百倍，是一目了然的：那就是灰色，[17]可以說是那種有據可查的東西，現實中可以堅持的東西，現實地在場過的東西（das Wirklich-Dagewesene），簡而言之，就是一整套記述人類的道德的過去的冗長而難以譯解的象形文書！——這些是瑞博士所不認識的；不過他讀過達爾文：——所以，在他的假說中，達爾文式的野獸和最最現代而謙遜的、「再也不

---

16 「到藍色中」原文為ins Blaue，或亦雙關：在德語中「到藍色中」有「胡亂地、漫無邊際」的意思；另一方面，藍色又代表與大地相對的天空，以及和平和無辜（參見本書第三篇第十九節「藍眼睛」注，223頁）。——譯注

17 德語中「灰色」（Graue）與「恐懼」（Grausam），「恐怖」（grausam）的詞形聯繫是明顯的，適與藍色相對。——譯注

咬人」的道德寵兒，以一種至少可以逗樂的方式，乖巧地伸手相握，而道德寵兒的臉上則流露出一股特定的溫良而精細的冷淡，冷淡中甚至摻雜著一絲悲觀，一絲倦意：彷彿所有這些事情——這些道德問題——其實根本不值得這樣嚴肅對待。在我看來則相反，再沒有比嚴肅對待它們**更值得**的事了；其所值在於，比如，人們有一天也許會被允許去**更明朗地**對待它們。明朗，或者用我的語言來說，**快樂的科學**——就是所值：一種長久的、勇敢的、勤勞的和暗地裡的嚴肅的所值，這種嚴肅誠然不是每個人都行的。不過，當有一天，我們從心底說出：「前進吧！去把我們的舊道德也**演成喜劇**！」我們便為這齣關於「靈魂的命運」的狄奧尼索斯劇揭示了一種新的糾葛與可能——：可以打賭，他會把這些利用起來的，他，這位抒寫我們此在的偉大、古老、永遠的喜劇詩人！……

8

——如果這篇文字對哪個人來說是不可理解和難以入耳的，則其責任，依我之見，未必在我。它的意思是足夠清楚的，前提是（這是我所預設的），人們此前已讀過我早先的文字，並且頗花了些力氣去讀：

那些文字其實是不太容易入門的。以我的《查拉圖斯特拉如是說》為例，誰若不是被它的每一句話時而深深刺傷又時而深深迷醉，那麼我不算他是它的知音：因為唯有那樣，他才可以擁有特權，在那部著作得以誕生的靜穆元素中，在它那種陽光般的明亮、遙遠、廣闊和確切中，敬畏地分享到他那一份。在有些情況下，格言的形式造成困難：這種困難在於，人們今日把這種形式看得還不夠重。[18] 一部實實在在地鍛打鑄造出來的格言，當它宣讀之際，猶未得到「譯解」；而毋寧說，對它的解讀方才開始，為此就需要一種解讀的藝術。在本書第三篇中，對於我在這類情況下會稱之為「解讀」的東西，提供了一個範例：——篇首放了一則格言，它本身是對格言的評注。誠然，為了以此方式把閱讀作為藝術來練習，首先有一樣是必需的，而這也恰恰是時至今日荒廢得最嚴重的——因而要我的文字「可讀」，尚需時日——，要做到這一樣，人們必須近乎母牛，無論如何必須不做「現代人」：反芻……

塞爾斯—馬利亞，上恩加丁山谷
一八八七年七月

18 「看得……重」原文為 schwer...... nimmt，尼采利用 schwer 在德語中兼指「重」與「難」的雙關涵義。就字面亦可解為「看得……難」。——譯注

第一篇

「善和惡」，「好和壞」[1]

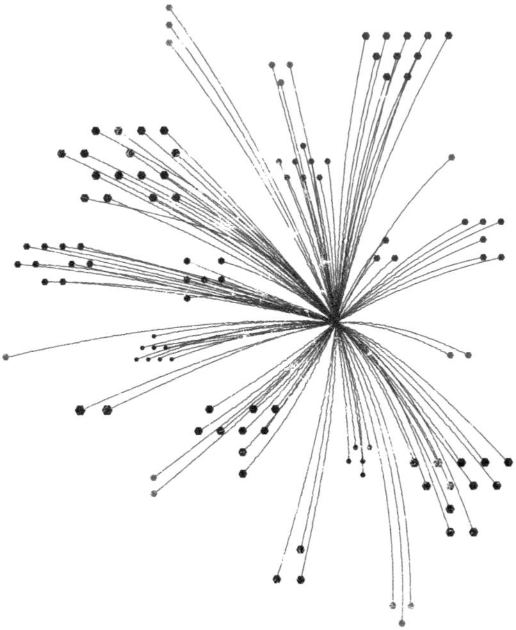

1

——那些英國心理學家們，人們迄今還不得不感謝他們為道德發生史的建立做了一些獨一無二的嘗試，——他們用他們自身給我們出了不小的謎語；甚至，我得承認，正是由於這一點，即作為生動的謎語，作為先於他們所著之書的某種本質性的東西——他們本身很有趣！這些英國心理學家們——他們究竟想要什麼呢？不管是有意還是無意，人們總是在相同的工作上遇到他們，這工作就是，把我們的內部世界的陰私[2]推到前臺，並且恰恰要在人類的知性自負最不願有所發現之處（比如在習以為常的 vis inertiae［慣性］裡，或者在健忘中，或者在盲目偶然的理念構架和理念機械中，或者是在某種純粹消極的、不自覺的、反射性的、分子組成的、徹底木然的什麼東西中）去尋找那種真正起作用的、引領性的、對於發展具有決定性的東西——究竟是什麼東西總是把這些心理學家們偏偏推向這個方向呢？是不是人類渺小化的本能，一種陰森、陰險、平庸、自己也許都不向自己坦白的本能？或者大概是一種悲觀的狐疑，一些失望、陰鬱、有毒、發青的唯心論者們的那種不信任？或者是一種對基督教義（和柏拉圖）暗地裡的，也許從未達到意識閾限的小小敵意和怨氣？甚或是一種貪

1 德語中「善」與「好」是同一個詞「gut」；下面根據上下文，凡在與「壞」（schlecht）並提的地方皆譯之為「好」，在單獨出現以及與「惡」（böse）對應時則譯之為「善」。尼采此書中偶爾還用到第三種類似的對應：gut — schlimm，譯為「優良—惡劣」或「優—劣」。——譯注

2 「陰私」，原文為法語，partie honteuse，其複數形式在德語中可以「Schamteile」［女性生殖器］譯之（參見《邁耶爾辭典》一九〇八年版等）。——譯注

婆的趣味，偏嗜異樣之物、刺痛人的悖論和此在之可疑與荒唐？或者最後——所有這些都有一點兒平庸，一點兒陰鬱化，一點兒反基督，再加一點兒搔癢和對黑椒的需要？……不過，有人對我說，說白了這是些陰冷無聊的老青蛙在人類周圍，有時還到人的裡面去又爬又跳，彷彿他們在那裡適得其所，也就是說，在一團沼澤裡。聽到這些話，我頗有抵觸，甚至不去相信；如果對所未知者以有所盼望，那麼我滿心盼望的是，但願他們的情形正相反，——但願這些靈魂的研究者和微觀者，從根本上是勇敢、大氣和自負的動物，他們知道如何駕馭他們的心靈以及他們的痛苦，已經把自身教育得可以為了真理犧牲所有願景，一切真理，甚至是直白、酸澀、醜陋、悖逆、非基督和非道德的真理……因為有這樣一些真理。——

2

那麼，向那些可能主宰著這幫道德歷史學家的好精神[3]致敬吧！可惜事情卻肯定是：歷史精神本身離開他們了，他們已經被所有歷史學的好精神棄之不顧了！他們統統，一如古老的哲學家慣例，在以本質上非歷史的方式思考；這一點不用懷疑。他們的道德系譜學之呆板，

3 「好精神」（gute Geister）為直譯；亦可解為「善良精靈、守護天使」。——譯注

從一開始，在著手追察「善」之概念與判斷的來源時，就展現出來了。「在源初時，——他們宣布說——人們稱讚非利己的行為並且稱之為善，是從這些行為所施予的那一方，亦即這些行為於之有用的那一方出發的；後來，人們遺忘了這種稱讚的起源，僅僅因為那些非利己行為合乎習慣，便總是把它們稱讚為善的，亦將之感受為善的，——彷彿它們自在地便是某種善。」這裡馬上可以見出：這第一步推理就已經包含了英國心理學家之特異反應[4]的所有典型徵兆，——我們被給定「有用性」、「遺忘」、「習慣」，得出結論為「謬誤」，一切都是對一種價值評估的佐證，較高等的人類迄今猶自負於這種價值評估，猶如自負於人類一般[5]的某種特權。這樣一種自負應該受鄙夷，這樣一種價值評估的價值應該受貶低：這一點有人做到了嗎？在我看來，首先一目了然的乃是，這種理論是到一個錯誤的地點去尋找和設定「善」的概念的真正發源地：「善」之判斷並非出自「善意」所施予的那一方！而毋寧說，是那些「善人」自己，也就是說，是那些高尚者、有權勢者、站得更高者、識見高遠者，是他們自己把自身和自身之所作所為感受和設定為善的，亦即第一等的，以對立於一切低等者、見識低陋者、平庸者和群氓之輩。從這樣一種間距之激昂[6]出

4 「特異反應」（Idiosynkrasie）：醫學概念，原指人體接觸某特定試劑時的特殊反應。——譯注

5 「人類一般」連讀。——譯注

6 「間距之激昂」，原文 Pathos der Distanz。Pathos［激昂］源於希臘語，本義是「疼痛、痛切、激動」，在古語所謂「憯怛」與「慷慨」之間；在德語中指面對苦難（Leiden）時莊嚴激昂的情感狀態。「間距」（Distanz）則指「禮主別異」意義上的身分距離。——譯注

發，他們才占有創設價值、鑄造價值之名稱的權利：有用性跟他們有什麼相干！恰恰在這樣一種進行著最高級的等級排序和等級對比的價值判斷的熱烈湧動面前，有用性視角是最為乖異而不適用的：這裡，感覺恰恰跟低溫（低溫是一切計算性的聰明、一切有用性運算的前提）處在一種對立之中，——不是一次性地，不是一時之例外，而是持續地對立。高尚與間距生出的激昂，如前所述，一個統治性的高等品種在一個低等品種、一類「下人」的相襯托之下所產生那種持續性和主宰性的總體感覺和基本感覺——這才是「好」與「壞」對立的起源。（授予名稱的主人權利是如此之廣，以至於人們應當敢於把語言起源本身領會為統治者的權力表達：他們說「這是這個和這個」，他們以一次發聲來蓋章核定每一個事物和事件，由此如同將它們據為己有。）這一起源決定了，「善」這個詞從一開始便不是跟「非利己」行為必然聯繫在一起：那是那些道德系譜學家們的迷信。而毋寧說，在貴族價值判斷衰落之時才有這樣的事，「利己」與「非利己」的全面對立才越來越被強加於人類良知之上——隨之終於開始發言（並且言而成信[7]）的是，用我自己的話來說，群盲本能。然後還要過很久，這種本能主宰了群眾，使道德的價值評估徑直盤踞和鑲嵌在那種對立裡

7 「信」，原文為Worten，即Wort［言］的複數，此處可解為「諾言」。——譯注

（例如當前的歐洲就是這樣的情況：將「道德的」、「非利己的」、「不計利害的」視為等價概念的成見，已經靠著某種「偏執理念」[8]和腦腫病[9]的勢力，大行於今日了。）

3

而第二點：且不說上述關於「善」之價值判斷的起源假說在歷史學上是站不住腳的，該假說本身是一個心理學的悖識[10]。說非利己行為的有用性應該是這種行為受到稱讚的起源，而這個起源應該被遺忘：——這遺忘何以竟又是可能的呢？這類行為的有用性也許在某個時候中斷了吧？事情正相反：這種有用性毋寧說一切時代的日常經驗，是總要一再被重新強調的東西；從而，它不是從意識中消失，不是變得易被遺忘，而必定是以越來越清楚的印象印在意識裡。相反的，比如由赫伯特·斯賓塞所代表的理論，倒是要更加理性得多（並不因而就更加真實——）：這種理論把「善」之概念設為本質上等同於「有用」、「合目的」等概念，以至於全人類在「好」和「壞」的判斷中恰恰是在合計和認同那些不被遺忘和不易遺忘的經驗：這是有用而合目的，那是有害而不合目的。按照這種理論，善就是向來證明為

8 「偏執理念」（fixen Idee）：此為直譯；十八世紀醫家用於精神病科中，指強迫性觀念（Zwangsvorstellung），屬偏執症症狀，以某個自以為是的觀念為標準解釋一切事情。——譯注

9 「腦腫病」（Kopfkrankheit）：當指一種傳染於家畜群中的疾病，與所謂「群盲」（Heerde，即「畜群」）相應。通常該詞指今稱牛惡性卡拉熱（Bösartiges Katarrhalfieber）的傳染病，一八七七年在瑞士被初次觀察到，症狀之一為頭部器官黏膜發炎及腫脹；《皮埃爾辭典》一八六〇年版則以為指一種雞瘟，病雞將頭腦腫脹破裂而死，治療則當以新鮮空氣與陽光。——譯注

10 「悖識」，原文為Widersinn，指包含矛盾的謬見，而字面義為「反感性」。——譯注

有用者：因此善可以作為「最高價值」、「自在價值」宣稱有效。這條解釋道路，如前所述，也是錯誤的，但至少這種解釋本身在自己這裡是理性的，在心理學上站得住腳。

4

——指點我走上**正**道的是下面這個問題：在不同語言中被鑄造出來的「好」之記號在語源學上究竟有什麼含義。我發現，那些記號皆可回推到**相同的概念變形**，——所有語言中，在等級意義上的「高尚」、「高貴」都是基本概念，從中必然發展出「好」，即在「靈魂高尚的」、「靈魂高貴的」、「靈魂得到高度培養的」、「靈魂有特權的」的意義上的「好」：這個發展總是平行於另一個發展，在那裡，「平庸的」[11]、「群氓的」、「低等的」最終轉化為「壞」的概念。這方面最有說服力的例子是「壞」[12]這個德語單詞本身：它同於「直樸」——比較一下「簡單直接」、「簡直」——源始意義是直樸、平庸的男人，還不帶嫌棄和鄙視，只是表明與高尚相對而已。大約在三十年戰爭的時代，即相當晚近的時候，這個意義才被移置入現在所使用的意義中。——在我看來，這是事關道德系譜學的一個**本質性**洞見；它這麼

11 「平庸的」，原文 gemein，另一義為「卑鄙的」；尼采於此固然意指雙關，然當時此詞實以「普通」為首義（參見《皮埃爾辭典》一八五九年版及《邁耶爾辭典》一九〇七年版）。其本義為「共同」，後乃轉而為「普通」，轉而為「平庸」，進而乃以「卑鄙」為主要涵義（類於漢語「庸」、「俗」之轉義）。——譯注

12 這裡涉及幾個詞的原文分別是：「壞」（schlecht）、「直樸」（schlicht）、「簡單直接」（schlechtweg）、「簡直」（schlechterdings）：它們同源於古高地德語 sleht（平、平直）。——譯注

遲才被發現，要怪民主成見在現代世界內部對所有出身[13]問題所產生的抑制影響。此影響一直擴展到表面上最客觀的自然科學和生理學領域，對此，這裡只能略作提示。這種成見——一度釋放為憎恨——能對尤其是道德和歷史造成怎樣的危害，在巴克爾[14]那聲名狼藉的例子裡可以見到；現代精神那產自英國的平民主義，又一次從它故鄉的土壤上爆發出來，其劇烈猶如一次泥漿的火山噴發，伴隨著那種加鹽太多、叫得太響的平庸雄辯，迄今為止的歷次噴發都在用這種雄辯說話。——

5

就我們的問題而言——有充分的理由可以稱之為一個靜謐[15]的問題，它只有選擇性地對少數的耳朵而發——，堅持下面這一點並非無關緊要：在表示「好」的那些詞彙和詞根中，從多個方面透射出高尚者在把自己乾脆感覺為更高等級的人類時所依據的那個基調。固然，在最常見的情況下，他們也許會直接按照他們在權力上的優勢來稱呼自己（為「有權勢者」、「主人」、「統率者」），或者按照這個優勢的明顯標誌，比如自稱為「富人」，「占有者」（這就是arya［雅利安］[16]

13　「出身」（Herkunft）即「來源」。參見《善惡的彼岸》第三十二節（大家出版社，二〇一五年，88頁，以下引述此書頁數皆依據此版本）。——譯注

14　巴克爾（Henry Thomas Buckle）：十九世紀英國史家，以《英格蘭文明史》（為其未完成的《文明史》之一部）知名，視歷史為嚴格的科學。——譯注

15　「靜謐」，原文為stilles，兼有「寂然不動」和「隱秘、潛藏」二義。——譯注

16　梵文，即「雅利安」（Arier）——譯注

的意義；在伊朗語和俄語中的相應詞語亦然）。但也會按照某種**典型性格特徵**來稱呼自己：這一點在此跟我們大有干係。比如他們會自命為「真誠者」：肇始者是希臘貴族，他們的鼓吹者是麥加拉的詩人蒂奧格尼斯。[17] 那個為此造出的單詞 ἐσθλός［好的、勇敢的］從詞根上看是說一個人，他**存在**（ist），有實在性，他是現實的，是真實的；然後在主格用法中，指作為真誠者的真實者：在概念變形的這個階段，它成為貴族的標誌性和提示性用語，並且完完全全地轉化為「高貴」的意思，從而跟**說謊**的平庸男人（蒂奧格尼斯即這樣看待和描述後者）劃清界限，——直到最後，在貴族衰落之後，這個單詞遺留下來，表明靈魂的 noblesse［高貴］，彷彿變得成熟、甘甜了。而在 κακός［壞的、醜的］和 δειλός［懦弱的、可憐的］（與 ἀγαθός［優秀的、出身好的、勇敢的］相對的平民）這樣的詞語中，強調的是懦弱：這也許給出一個角度，人們要循著這個方向去尋找有著多層含義的 ἀγαθός［優秀的、出身好的、勇敢的］在詞源學上的來歷。在拉丁單詞 malus［壞］（我將 μέλας［黑、暗］與之並列）中，平庸男人可能就被表作黧民[18]，首先是指黑髮人（「hic niger est［那人很黑］[19]——」），正如義大利土地上的前雅利安住民，他們跟成為統治者的金髮人、征服他們的雅

17 蒂奧格尼斯（Theognis der Megara）：古希臘詩人，詩中崇尚貴族思想；尼采早年的古典學訓練和成就始自對他的研究。——譯注

18 「黧民」原文為 Dunkelfarbige，直譯為「暗色之人」；《說文．黑部》：「黔，黎也。……秦謂民為黔首，謂黑色。周謂之黎民。」黎假借為黧。章太炎，《中華民國解》：「黎云、黔云，皆言其黑髮也。」——譯注

19 據考夫曼，這是引用賀拉斯的《薩蒂爾》（*Satires* Ⅰ. 4, line 85）：「那背後詆毀朋友……守不住秘密的人很黑，羅馬人啊，慎之慎之！」Nieger 本義為「黑」，亦表「不幸」，此處表示「卑劣」。相反的 candidus 表示清白、漂亮、光潔、誠明、幸福。而賀拉斯還寫道（*Satires* Ⅰ. 5, 41）：「地上所生過的最白的靈魂」（animae qualis neque candidiores terra tulit）。——譯注

利安族的最明顯對比就在於顏色；至少蓋爾語亦給了我一個完全相符合的例子，——fin（比如在Fin-Gal〔芬戈〕這樣的名字中）[20]，這個貴族的標誌性詞語，後來指的是好人、出身高貴者、純潔者，原義是金髮的頭，跟黧黑、黑髮的原住民相對。凱爾特人，順便說一下，是一個純粹金髮的種族；把一群本來是黑髮的居民所在的那些地帶，那些在德國做得分外仔細的人種學卡片上醒目標出的地帶，跟無論哪一種凱爾特起源和混血關聯起來，就像菲爾紹[21]所做的那樣，這是不對的：在那些地帶上毋寧是德意志土地上的*前雅利安*居民。（這同樣適用於幾乎全歐洲：基本上，臣服的種族最終在當地重新占得上風，在膚色和頭顱長短方面，也許甚至在知性本能和社會本能方面：誰能給我們保證，現代民主，還要更現代一些的無政府主義，尤其是現在歐洲所有社會主義者所共有的那種對於「公社」[22]、對於史前社會形式的偏好，不是主要竟意味著一陣森然的*尾音*[23]：——而征服者種族和*主人種族*，即雅利安人，即使從生理學上看，也是失敗者？……）我相信，拉丁語詞bonus〔善者〕可以解讀為「戰士」：前提是，我正確地把bonus〔善者〕追溯到更古老的duonus〔善者〕上去（試比較bellum〔战〕同duellum〔戰〕同duen-lum〔作對〕，我以為其中就帶著

---

20 蓋爾語是現居蘇格蘭等地的凱爾特人的語言。據《布羅克豪斯圖文百科全書》二〇〇四年版，在愛爾蘭傳說中有一個武士團體的首領名為「芬恩」（Finn），這個名字在蘇格蘭傳說中則為「芬戈」（Fin-gal）。——譯注

21 菲爾紹（Rudolf Ludwig Karl Virchow），當時德國著名科學家，猶精病理學。一八六九年創立「柏林人類學、民族學和史前史協會」，曾研究頭顱測量學。種族理論與當時的雅利安種族論相左，在一八八五年的人類學大會上指斥「北歐種族神秘論」，認為西歐主要種族皆為混血。政治上他是自由派，提倡社會醫療保障和社區自治，亦屬於下面尼采所說的偏好「公社」者。——譯注

22 「公社」（Commune）：源於拉丁文communis（共同、大多數），後由「巴黎公社」（Commune de Paris）而聞名。在德語中它還可指與「鄉社」（Gemeinde）近義的自治社區或行政區劃。——譯注

23 尾音（Nachschlag）：主要作音樂術語用，指顫音結束時或主音之後的裝飾音。喻指「現代理念」之訴求是之前的主奴倒置

那個 duonus［譱者］）。[24] 由此可以把 Bonus［善者］解讀為紛爭、對陣（duo［作對］）的男人，戰鬥著的男人：可見，在古代羅馬，是什麼在一個男人身上成就其「善意」[25]。我們德語本身的「善」：它的意思莫不該是「神性的男人」，屬於「神的世系」的男人？而且與哥特人的族名（原義則是貴族之名）相同？[26] 這個猜想的根據在此就不贅述了。——

6

如果最高種姓同時也是**教士**種姓，因而他們的總體稱號會首選一個會讓人記住種姓之教士功能的稱謂，這時，表示政治優先地位的概念便總是融匯到一種表示靈魂優先地位的概念之中：這個規則，眼下還沒有例外（儘管有導致例外的動因）。比如，「純潔」和「不純潔」最初是作為等級標記而相互對立的；隨後，便會有某種不再具有等級意義的「好」和「壞」也在這裡發展起來。順帶或許還該提醒一下，不要一開始就把「純潔」和「不純潔」這些概念看得太嚴重、太寬泛，甚或以為是象徵性的：較古老人類的一切概念，當其在開端處得到理解時，毋寧說是粗糙、笨拙、淺顯、狹隘的，恰恰且尤其是**非象徵性**

（「主音」）的後續效應而已。——譯注

24 此處尼采試圖勾劃出 bonus［善人，勇士］之古體 duonus 與 bellum［戰鬥］之古體 duellum（詞根為 duen［二］）的親緣關係；譯者以「善」之古體「譱」與「戰」分表之。譱為善之本字，從羊從誩（讀若競，競言也），亦表「對立而相爭」，與尼采所指的從 duellum 到 duonus 的「概念變形」竟若合符節。漢語古文字的造字理據於尼采的拉丁詞源考索工作或不無參證之功，估拈出以待識者。——譯注

25 「善意」（Güte）在德語中同時還有「好的品質」的意思。——譯注

26 德文中的「善」（Gut）、「神（一般）的」（göttlich）和「哥特人」（原文 Gothe，正字法作 Gote）形音相近。然據《杜登詞源辭典》，現有語源學考證似不支持尼采觀點。——譯注

的，其程度超出我們的設想。「純潔者」在開始時僅僅是一個清洗自己、禁用會造成皮膚病的特定食品、不跟低賤民眾的髒女人睡覺、對血有某種厭惡的人，——僅此而已，大體僅此而已！從另一方面看，從本質上是教士的貴族階層的整個種類中自然就可明白，為什麼在這時，恰恰在早期，那些價值對立就可能以一種危險的方式內向化和尖銳化；事實上，那些價值對立最終在人和人之間撕開了裂口，即使一個精神自由不羈的阿基里斯，在躍過這些裂縫時也難免發怵。從一開始，在那樣一種教士貴族制中，在那些踐位統治、不事操作、有幾分醞釀籌畫亦有幾分感情用事的習性中，從一開始就有某種不健康的東西，結果便出現了一切時代的教士幾乎都無法擺脫的腸道痼疾和神經衰弱；而他們自己發明出了什麼針對他們這種病情的藥劑呢？——且不說，這藥劑的後遺症最終證明比它所要解治的病情還要危險百倍。全人類甚至現在還患著教士們的這些素樸療法的後遺症呢！比如，想想一些特定的節食形式（不吃肉），齋戒、節制性事、遁入「荒野」（魏爾．米切爾式[27]隔絕療法，當然不算那些後續的增肥療法和營養加強，已包含治療苦修理想的所有癔症[28]的最有效的解藥）；再想想教士們那種與感官為敵、使人慵懶亦使人機巧的整套形而上學，

27 魏爾．米切爾（Silas Weir Mitchell）：美國醫生，首創禁欲節食的隔絕療法。——譯注

28 「癔症」（Hysterie）現通譯為「歇斯

他們按照苦修者和婆羅門的方式所做的自身催眠——被用作琉璃剎頂和偏執理念的梵[29]——和那種最終的、真是太好理解的普遍饜足，以及根治這饜足的猛藥，**虛無**（或者是神：對某種與神的 unio mystica［神秘合一］的嚮往，就是佛教徒進入虛無的嚮往，涅槃——僅此而已！）正是在教士這裡，**萬事**才變得格外危險，不只是治療手段和拯救技術，而且高傲、報復、敏銳、放縱、愛、統治欲、美德、疾病也一樣；——儘管如此，或許下面這個補充還是不無道理的：正是在這樣一種**本質上是危險的**人類此在形式[30]、也就是教士的此在形式所形成的土壤之上，人類一般才成了**一種有趣的動物**；正是在這塊土壤之上，人類靈魂在一種更高的意義上獲得**深度**並且**變惡**了，——這兩點，本來就是迄今為止人類對其他生物之優勢的兩種基本形式！……

7

——人們或許已經猜到，從騎士—貴族階層的評價方式那裡多麼容易就分生出教士的評價方式，後者進而再發展成前者的對立面；而每當教士種姓和戰士種姓相互嫉恨地對立起來，而彼此談不攏價錢的時候，又會觸發怎樣的特殊後果。騎士—貴族階層的價值判斷以為前提

底里」，泛指情緒失控。據史密斯，該詞在十九世紀中期用於概括精神病症狀，尤用於女性，與今日。——譯注

29 「梵」原文為Brahman，本梵語，意為「清靜」、「潔淨」、「無欲」，佛經亦有譯為「梵行」者。——譯注

30 「此在形式」原文為Daseinsform，此為直譯，通譯可為「生存形式」或「生活方式」。參見《善惡的彼岸》第六節「此在」譯注（48頁）。——譯注

的是一副強大的體格，蓬勃、飽滿，甚至是沸騰冒泡的健康，以及維持它們所需的條件，戰爭、冒險、狩獵、舞蹈、戰鬥競技，歸根到底就是所有包含了強健的、自由的和快意的行為的事物。教士貴人們的評價方式則——我們已見過——有著不同的前提：一旦涉及戰爭，對他們便相當不利！眾所周知，教士是**最邪惡的敵人**——是何緣故呢？因為他們無力。[31]在他們這裡，仇恨從這種無力中長成一種龐大森然之物，長成一種最精神性者和最具毒性者。世界歷史上最為偉大的仇恨者總是教士，他們也是最富有精神的仇恨者：——相對於教士復仇的精神，其餘一切精神從根本上都幾乎不值一提。倘若沒有這種精神，這種從無力之人中進入歷史的精神，人類歷史就是一件太過愚蠢的事情了：——我們馬上來舉一個最大的例子。大地上對「高尚者」、「強暴者」、「主人」、「掌權者」的所有反對，與**猶太人**曾經做出的反對相比，皆不足論：猶太人，那群教士民眾，知道最終如何通過一種對其敵人和制勝者之價值的徹底重估，也就是通過一種**最精神性的復仇動作**，令後者付出償還。只有這樣才正好適合一族教士民眾，這個教士之復仇欲被退縮得最深的民眾。當年正是猶太人在反對貴族階層的價值等式（善=高尚=權勢=美=幸福=神所愛），敢於以一種震懾

31 「無力」原文為 Ohnmacht，與 Macht（權力）同根，字面意思是「無權力」。——譯注

人心的推理做出顛倒，並且以深淵般仇恨（生自無力的仇恨）的牙齒牢牢咬住這個顛倒，也就是，「只有悲慘者才是善者，只有窮人、無力者、低賤者才是善者，也唯獨受苦難者、匱乏者、病人、醜陋者才是虔誠者，才是上帝所賜福者，福祉只為他們而存在，——相反，你們，你們這些高尚者和強暴者，你們在全部永恆中都是惡人，是殘暴者、貪求者、不知饜足者、不信神者，你們永遠是無福者、受唾罵者和受詛咒者！」……人們知道，曾經是誰留下了這份猶太式的價值重估的遺產……關於猶太人用一切宣戰中最徹底的這個宣戰所開啟的陰森叵測、超出一切尺度的充滿厄運的最初一擊，我回想起在另一個場合（《善惡的彼岸》第一百九十五節）[32] 已經提到過的那個命題——即，猶太人首創**道德的奴隸起義**：那場留下兩千年歷史的起義，今天它不在我們的視線之內只是因為，起義——已經勝利了……

32 參見《善惡的彼岸》，177頁。——編注

8

——然而，這些是你們所不理解的吧？你們的視線達不到某種需要兩個千年才獲得勝利的東西吧？……這沒什麼好奇怪的：一切**長久**事物皆難以看見，難以俯瞰。而那次事件就是**這樣**：從那棵復仇和仇恨

的樹幹上，猶太式仇恨——那個最深沉亦最精巧的，也就是能創作理想和改創價值的仇恨，大地上前所未有的仇恨——的樹幹上，長出了某種同樣是前所未有的東西，一種新的愛，一切種類的愛中最深沉亦最精巧的愛：——它還能從什麼別的樹幹上長出來呢？……人們千萬不要以為，它或許是作為對那個復仇渴望的真正拒絕，作為猶太式仇恨的對立面生長起來的！不，真相恰恰相反！這種愛就是從那種仇恨中生長出來的，長成它的冠冕，在最純潔的明亮和光芒中越張越大的凱旋的冠冕，當仇恨的根迫切地紮入一切有深度和曾經惡的東西中去，越來越透徹和貪婪，這種愛彷彿是在光線和高度的國度裡，以同樣的迫切沉迷於那個仇恨的目標，沉迷於勝利、掠奪、誘惑。這個拿撒勒的耶穌，作為愛的肉身福音，這個把福祉與勝利帶給貧窮者、患病者和有罪者的「救世主」——他難道不就是以最陰險和最難以抵抗的形式所施與的誘惑，不就是恰好引向那些猶太式的價值和理想革新的誘拐和歧途嗎？不就是在這個「救世主」、以色列人表面上的敵對者和分裂者所開出的歧途上，以色列人達到了它精巧復仇欲的最後目標嗎？以色列人自己必須在全世界面前，把他們真正的復仇工具當作一個死敵那樣否認掉，釘在十字架上，從而讓「全世界」，也就是以色列的全部對手能不假思索地一口咬上這個誘餌，這難道不算一種真正的復仇（一種長遠處著眼、暗地裡著手、徐徐圖之、預先算計的復仇）**大**政治所施展的隱密的黑色藝術嗎？從另一個方面，從精神的一切機巧裡，難道還有人自忖設想得出一個比這**更險**的誘餌嗎？設想得出某種東西，在引誘、昏眩、痳痹和腐蝕的力量上竟比得上那個「神聖十字架」的象徵，那個述及一位「**十字架上的神**」的駭人悖論，那種講述一種不可思議的終極殘暴，說神是為救治人類而把自己釘在十字架上的神秘教義？……至少可以肯定的是，迄今為止，sub hoc signo[33]〔匍匐於此符記之下〕，以色列以它對一切價值的復仇和重估，一再超出其他所有理想，所有**更高尚的**理想，凱旋而歸。——

9

——「可是，您還說什麼**更高尚的**理想呢！讓我們順應事實吧：民眾勝利了——或者說『奴隸』，或『群氓』，或『群盲』，或您愛怎麼說就怎麼說——這些已經通過猶太人發生了，那就幹吧！還從來沒有一群民眾有這樣一個世界歷史的布道使命呢！『主人』被幹掉了；平庸男人的道德勝利了。人們可以同時把這次勝利看作一次血液

33 蓋曲引拉丁讖語「In hoc signo vinces」〔以此符記你將征服〕，「此符記」指十字架。相傳羅馬皇帝康斯坦丁一世在米爾維安大橋戰役前行軍途中見到太陽中有十字架及述此文義的希臘文符瑞，後得基督托夢，戰役據信亦因神佑而得勝，此為基督教成為羅馬國教的一大轉捩。——譯注

毒化[34]（它使種族相互摻雜）——我沒有異議；然而這次中毒無疑是成功的。對人類世系的救贖（即從『主人』那裡救贖出來）正走在最好的道路上；一切都在眼睜睜地猶太化、基督化或者群氓化（用哪個詞有什麼關係呢！）。這次貫穿全人類整個肉身的毒化進程，看起來是無法停止的，其節奏和步伐從現在起甚至可以放得越來越緩慢、精細、悄無聲息、審慎周詳——人們有的是時間……在這個圖謀裡，今日的教會還負有什麼必要的[35]使命，從根本上說還有什麼存在的理由嗎？Quaeritur［有此一問］。看來，教會倒是在阻礙和抑制那個進程，而不是加快推進它？如今倒是這個才可能是它的用處……當然了，反抗一種更加細緻的知性，一種真正現代的趣味，這簡直有些粗魯而土氣。教會難道不應該至少機靈一些嗎？……它今天太疏遠了，以至於不能誘拐了……倘若沒有教會的話，我們中有誰還要當自由思想者呢？對抗我們的是教會，而不是它的毒……不考慮教會的話，我們還是喜愛這種毒的……」——這些是一個「自由思想者」對我的談話所做的收場白，一隻誠實的動物，正如他充分暴露的那樣，此外是一個民主黨人；他直到現在一直在我身旁聆聽，聽到我沉默，他就受不了。也就是說，對我而言，在這個地方有太多東西可以沉默。——

34　「血液毒化」（Blutvergiftung）：現代醫學通稱「敗血症」。——譯注

35　「必要」，原文為 nötwendig，跟 Note（「窘迫」）同根，表示迫於某種窘境而不得不做的。——譯注

10

道德中的奴隸起義開始於**怨恨**[36]本身變得有創造力並表現出價值之時：這樣一些造物們的怨恨，他們不被允許有真正的反應，即有所作為地反應，而只有通過某種想像的復仇來保護自己不受傷害。所有高尚的道德都是從一聲歡呼勝利的「肯定」中成長為自身，而奴隸道德則從一開始就對著某個「外面」說不，對著某個「別處」或者某個「非自身」說不：這一聲「**不**」就是他們的創造行動。對設定價值的目光的這樣一種顛倒——這樣一種不是回到自身卻根據外部而進行的**迫不得已**的指向——恰恰就是怨恨：奴隸道德，總是首先需要一個對立和外部的世界，才得以產生，從生理學上講，它需要外面的刺激才能有所動作，——它的動作從根本上說是反應。[37]高尚的評價方式則是另一種情況：它自發地動作和生長，它找出其對立面只是為了更得力地而快活地說「是的」，——它所用的否定性概念如「低賤」、「平庸」、「壞」，只是後出的蒼白對比圖案，好跟肯定性的、浸透了生命和激情的那些基本概念相比較，「我們高尚者，我們善人，我們美好的人，我們幸運兒！」如果這種高尚的評價方式搞錯了，對於現實情況嚴重誤判，那麼，這是發生在他們認識得尚**不充**分的領域，

---

36 「怨恨」，原文為Ressentiment，為法語，源自法語動詞ressentir（「感覺、感受」），特指情感性的、常常不自知的莫明嫉恨。——譯注

37 「反應」原文為Reaktion，與「動作」（Aktion）同根，字面意思為「反動」。可參看第二篇第十一節「主動性」譯注（參見本書第129頁）。——譯注

他們甚至會有些執拗地抵制對它的現實認知：在這種評價方式所鄙視的領域，即平庸男人、下等民眾的領域，它有時會誤認；另一方面，即令假定鄙視、俯視、居高而視的情緒偽造了被鄙視者的形象，也應該考慮到，這無論如何還遠不如人們把退縮的仇恨、把無力者的復仇施於其對手——當然，是通過象刑[38]——時所用的那種偽造。事實上，鄙視之中混雜著太多的疏忽，太多的不在乎，太多的不注意和不耐煩，甚至是太多的歡快，彷彿真的能夠把被鄙視的物件變形為怪樣和醜物。人們或許確實不該忽略那些幾乎是善意的在辭色方面的精微閃爍，比如希臘貴族在每一句話裡都會用上這樣的辭色閃爍，他們以此使自己迥然區別於下等民眾；一直夾雜著一種遺憾、顧慮、諒解，弄得微微發甜，到了最後，在說到平庸男人時，所有話語便只剩下「不幸」「令人遺憾」的表達（試比較一下 δειλός［懦弱的］，δείλαιος［無價值的］，πονηρός［卑賤辛苦的］，μοχθηρός［苦不聊生的］，[39] 最後兩個詞其實表示勞動奴隸和馱載牲口）——而從另一方面來看，對希臘人的耳朵來說，「壞」、「低賤」、「不幸」從來都迴響著同一個言外之音，帶著同一種音色，主要的意思是「不幸」：這便是古老高貴的貴族階層評價方式的遺韻，這種評價方式即使在蔑

38 「象刑」原文 in effigie，字面義為「在形象中」，指歐洲歷史上一種象徵性刑罰：焚燒或絞碎罪犯之肖像，中國古稱「象刑」。——譯注

39 這幾個詞在括弧中所標語義之外皆同有「可憐」、「苦命」之義。——譯注

視時也不假以辭色（語文學家們在這裡或許會想起，οἰζυρό［叫苦連天］[40]，ἄνολβος［運勢不佳］，τλήμων［苦命］[41]，δυστυχεῖν［命運不濟］，ξυμφορά［不走運］這些詞在什麼樣的意義上被使用過）。「出身良好者」感覺自己就是「幸運兒」；他們用不著通過瞥一眼他們的敵人，才做作地構造出他們的「幸運」，用不著在某些時候說服，甚至是騙取（就像一切怨恨之人所習慣的那樣）人們相信他們的「幸運」；同樣，作為飽滿的、洋溢著力量從而必然能動的[42]人，他們知道，行為與幸運不可分離，——在他們這裡，有作為必然地被歸入幸運（εὖ πράττειν［順遂］[43]即源於此）——所有這些，皆與無力者、被壓迫者、因為怨毒和敵意而起潰瘍者所處的水準之上的那種幸運截然相反，在這些人這裡，幸運本質上是作為麻醉、迷醉、寧靜、和平、「安息日」、放鬆心情和舒展肢體，簡言之，是被動地出現的。當高尚的人自信開朗地自己面對自己而生活的時候（γενναῖος，「貴胄」既有強調「率直」的精微之意，亦有「天真」之意），怨恨之人卻既不率直，也不天真，自己對自己也不開誠布公。他的靈魂是歪的；他的精神喜愛蟄藏的暗角，潛逃的暗道和後門，一切陰匿之物都讓他滿心感到，這是他的世界，他的安全，他的樂土所在。他擅長沉默，不忘

40 據迪瑟，該詞首碼「Oι」表示對痛苦的感嘆，整日多苦而多呻喚者即為οἰζυρός。——譯注

41 據迪瑟，該詞詞根τληναι表示忍受。必須忍受者即為τλήμων。——譯注

42 「能動的」（aktive）即「行動」（Aktion, agieren）的形容詞形式，通譯為「積極的」。——譯注

43 εὖ πράττειν本義為「幹得好」，但同時有「運氣好」之義。——譯注

懷，等待，暫時將自己渺小化，暫時地侮辱自己，這樣一個怨恨之人的種族最終必然比無論哪一個高尚種族都更**聰明**，他們也將在一個完全不同的程度上推崇這種聰明：即推崇為一個頭等的生存條件，而在高尚的人這裡，聰明卻很容易散發出奢華和機巧的精細味道：——正是在他們這裡，聰明遠非那麼本質性的，它是使調節性的**無意識**本能得以充分發揮的保障，甚至是一種特定的不聰明，是那種衝向危險或衝向敵人的勇往直前，或者是那種由憤怒、愛、敬畏、感激與復仇所引起的突發癡狂。高尚的人本身亦有怨恨，當其發生之時，就在一次立即反應中充分地發作出來、消散開去，而無所**毒害**：在另一方面，在無數個例子中，在弱者和無力者會不可避免地發生怨恨的情況下，高尚的人卻根本無所怨恨。甚至對他的敵人、他所遭受的事故和**胡作非為**[44]也不長久地耿耿於懷，能做到這個——是強健飽滿的天性的標誌，在這樣的天性洋溢著塑造、模仿、痊癒的力量，並且也是造就遺忘的力量（現代世界的一個好例子就是米拉波[45]，此人對施加於他的淩辱和下作毫無記性，他之所以不能原諒只是因為他——忘記了）。在其他人那裡會掘穴潛匿的那許多蠕蟲，一個這樣的人一抖就把它們從身上抖掉了；唯獨在這裡，才有可能存在著，假定大地上到底還是

44 「胡作非為」原文為 Untathen，字面義為「非行動」，暗示這些胡作非為來自奴隸無能的反抗。——譯注

45 米拉波伯爵（Honoré-Gabriel Riqueti, comte de Mirabeau）：法國革命時期溫和派代表，有意調和皇室與民眾而未果。——譯注

可能存在——真正的「對自己敵人的**愛**」[46]。一個高尚的人在他的敵人面前，竟已懷著多少敬畏呵！——而一種這樣的敬畏，竟已是一座通向愛的橋樑……他確實在為自己而渴望敵人，以之為自己的標記，他確實只瞧得上一個這樣的、不可蔑視而**大**可敬畏的敵人！與此相反，有的人卻在想像「敵人」，那種怨恨之人就在這樣構想——而他的作為、他的創造也就在於此：他構想出了「邪惡的敵人」、「惡人」，並且是構想為基本概念，由此出發，他又設想出一個「善人」作為殘像[47]和對立方，也就是——他自己！……

11

也就是說，在高尚者那裡情況正好顛倒過來，他會預先自發地，亦即從自身出發去構想出「好」這個基本概念，由此才為自己造出一個關於「壞」的表象！這樣一種起源很高尚的「壞」，和那種從沒餵飽的仇恨的燒鍋中釀出來的「惡」——前者乃是一個附帶創造，一個順便，一道互補色；後者則相反，是本原，是開端，是構想一種奴隸道德的真正**作為**[48]——「壞」和「惡」，這兩個與貌似是同一個概念的「善」之反義詞，是多麼的不同呵！但那並**不是**同一個「善」的概念。

---

46 據史密斯，參見《新約·馬太福音》5：44，「要愛你們的仇敵，為那逼迫你們的禱告」。——譯注

47 殘像（Nachbild）：視網膜長時間注視某種圖像後產生的後遺反應，會生成殘留原圖的摹像，有同色亦有反色的；此處尼采當以反色殘像（「負殘像」）喻之。——譯注

48 「作為」，原文為 That，在德語中本義為「行為」，亦有「罪行」的意思。——譯注

人們或者毋寧該自問，在怨恨道德的意義上，「惡」的到底是誰。十分嚴格的回答是：就是另一種道德裡的「善人」，就是高尚者、有權勢者、統治者，只不過是經由怨恨的毒眼被染了色，轉了義，變了模樣。在這裡，我們至少想拒絕一點：誰若只把那些「善人」當作敵人來認識，他所認識的也無非是些惡魔[49]，而這樣一些是惡魔的人們，他們是那麼嚴格地受限於禮俗、崇拜、習氣、感激，更多地還是受限於相互的警惕、同儕爭勝的嫉妒；而另一方面，在彼此相處的行為方式中，在顧慮、自制、體貼、忠誠、自豪和友誼方面他們又顯得如此花樣百出，——他們是衝著外部去的，衝著接壤於陌生之物和陌生之處[50]的地方而去，與出柙的食肉動物相去無多。他們在那裡享受著擺脫了一切社會強制的自由，他們在荒野中保護自己不受共同體中的緊張的傷害，那種緊張在共同體的和平中造成長久的封閉與隔閡，他們返回到食肉動物良心的無辜裡，成為歡欣鼓舞的巨怪，也許在一連串醜惡的凶殺、焚燒、褻瀆、拷掠之後，能夠帶著一種驕恣與靈魂的平衡悠然離去，彷彿只是要夠了一場學生鬧事，還確信詩人們現在又有了可以長期吟唱傳頌的東西了。所有這些高尚種族，根性裡錯不了都是食肉動物，都是堂皇地垂涎尾隨

---

49 「惡魔」，原文為 böse Feinde，語帶雙關：其字面義是「邪惡的敵人們」，本義為「魔鬼們」。——譯注

50 「陌生之處」，原文為 die Fremde，可解作「外國、陌生之地」，或「異國女子、陌生的女人」。尼采著重標示陰性冠詞，當有兼指後者之意。——譯注

51 「金毛野獸」，原文為 blonde Bestie，多有譯為「金髮野獸」者，易讓人聯想到種族學說。考夫曼及迪特列夫·布倫內克皆認為這不是一個種族主義的表達，所指原型當為追蹤獵物的獅子。——譯注

於獵物和勝利果實之後的金毛野獸[51]；而這個暗藏著的根性時時需要釋放，動物一定要再出來，一定要再回到荒野：——羅馬、阿拉伯、日爾曼和日本的貴冑們，荷馬時代的英雄們，斯堪的納維亞的維京人們——這樣一種需要，他們全都是一樣的。高尚種族，就是其所過之處皆可見到「野蠻」概念的種族；即使在他們最高等的文化中，仍然會流露出這方面的一種意識，一種自負（比如伯里克利在那篇著名的墓前演講中對他的雅典同胞們說：「我們的果敢開出了通向一切邦國和海洋的道路，無論好歹[52]，隨處立起了不朽的碑石」[53]）。高尚種族的這樣一種果敢，如其所展露的，如狂如癡，突如其來，這種甚至於他們的功業不可預測、未必可成的東西——伯里克利特加表彰了雅典人的ῥαθυμία［輕鬆］[54]——，他們對安全、身體、生命、舒適的漠然和不屑，他們在所有毀滅中、在戰勝後的所有淫樂和殘忍中所得樂趣的那種令人駭然的明朗和深湛——所有這一切，在為這些罹受苦難的人們那裡，皆歸入「野蠻人」和「惡魔」的形象中去，比如「哥特人」和「汪達爾人」的形象。德意志人一旦掌有權力便會激起的那種深深的冷冷的不信任（現在又是這樣）——一直都還是那次不可磨滅的驚駭的餘音，曾經有幾個世紀之久，歐洲帶著那種驚駭觀看過金毛

---

52 「無論好歹」原文為「im Guten und Schlimmen」，「（im）Sclimmen」［歹］在這裡既指惡劣的情勢，亦指意圖之凶惡。——譯注

53 出自修昔底德，《伯羅奔尼薩戰爭史》II，41。此句引文據德文譯出；另有中譯本作：「因為我們的冒險精神衝進了每個海洋和每個陸地；我們到處對我們的朋友施以恩德，對我們的敵人給予痛苦；關於這些事情，我們遺留了永久的紀念於後世。」參見修昔底德，《伯羅奔尼薩戰爭史》上冊，謝德風譯，北京，商務印書館，一九八五年，133頁。——譯注

54 「輕鬆」，考夫曼注引高默（A. W. Gomme）對該詞的注釋：「其原義為『心情輕鬆』，『毫不以為意』……但在特定的環境下，心情輕鬆則變為粗心、懈怠、輕慢：狄摩西尼斯（Demothenes）就用以指責雅典人rhathymia［輕率］……」。伯里克利原話為：「我們是自願地以輕鬆的情緒來應付危險，而不是以艱苦的訓練……」，參見修昔底德，《伯羅奔尼薩戰爭史》上冊，132頁。——譯注

的日爾曼野獸們的暴烈（雖然，在古日爾曼人和我們德意志人之間，幾乎沒有任何概念上的親緣關係，更不用說血緣了）。有一次我曾經提醒人們注意赫西俄德在構思黃金、白銀、青銅的文化年代順序時的尷尬[55]：荷馬那個如此壯麗卻又同樣如此駭人聽聞、如此殘暴的世界給了他一個矛盾，他不知道如何去消除，只有把一個年代做成兩個，使之前後相繼——一個是特洛伊和忒拜的那些英雄和半神的年代，那些高尚的世系在記憶中所保留的世界就是這樣，他們自家先王就源自於彼；然後是青銅年代，在那些被踐踏者、被掠奪者、被虐待者、被拖曳者、被買賣者的後代們看來，那個世界就是這樣：一個由青銅鑄成的年代，如前所述，堅硬、冷酷、殘忍，沒有情感與良心，一切皆磨為齏粉，抹以鮮血。假定，倘若現在被信為「真理」的東西不論如何竟是真的，全部文化的意義恰恰就是，從「人類」這種食肉動物中培養出一種馴順的文明動物，一種家養動物，那麼毫無疑問，所有那些幫助羞辱和強暴高尚世系的反應本能與怨恨本能，必將被看作真正的文化工具；但這可不是說，那些本能的托載者[56]們本身同時亦對文化有所表現。而毋寧說，相反的情形倒還差不多——不！今天已經是有目共睹了！這些托載著諸種低賤拂逆和復仇若渴的本能的東西，

55 赫西俄德把人類史分為黃金世系、白銀世系、青銅世系、英雄世系和黑鐵世系，此處尼采所謂「把一個年代做成兩個」即指後二者，然其所指「青銅年代」（das eherne Zeitalter，Zeitalter von Erz）非赫西俄德所以名之者，而是赫氏原著的黑鐵世系（Eisernes Geschlecht）。——譯注

56 「托載者」原文作「Träger」，同時還有「搬運工」的意思，與前文的「工具」（Werkzeug），後文的「奴隸」相呼應。——譯注

歐洲和非歐洲的所有奴隸階層，尤其是所有前雅利安人住民的後代們——他們表現的是人類的退步！這些「文化工具」是人類的一個恥辱，更確切地說，是一個讓人從根本上猜疑和反對「文化」的論據！人們消除不了對一切高尚種族根子裡的那隻金毛野獸的恐懼，對它分外提防，這完全是對的：不過，相對於不恐懼卻又在不恐懼的同時擺脫不了那些長壞了的、渺小化的、枯萎了的和受了毒害的東西的噁心景象，誰不是百倍地寧願要那種同時尚允許有所驚歎的恐懼啊？而那景象不正是我們的厄運嗎？是什麼造成今日**我們**對於「**人類**」的反感呢？[57]——因為我們**罹受**著人類[58]，這一點毋庸置疑。——**不是**恐懼；而毋寧說，對於人類我們再也沒有什麼好恐懼的了；而毋寧說，「人」這種蠕蟲已經爬上並且是蠢蠢簇集於前臺了；而毋寧說，「馴化人」、中等得無可救藥的人和令人不快的人本身已經學會覺得自己就是目標和頂峰，是歷史的意義，是「高等人類」；——當然，只要他覺得自己與那些長壞了的、患病的、疲憊的、生命消耗殆盡的到處湧出的人們（今日之歐洲已經開始聞得出這種臭味了）還保持著距離，他就有一定的理由這樣去覺得自己，從而覺得自己是至少相對長得算好的、至少還有生命力的、至少還對生命說著「是」的人……

57 此句中兩個加重了的「我們的」和「我們」指的是上句中那個寧願要恐懼者，跟為了不恐懼而忍受「不高尚種姓」的「人類」相對。——譯注

58 「罹受著人類」，原文為 leiden am Menschen，指如忍受病痛、苦難般地忍受人類。——譯注

12

——在此，我禁不住一聲嘆息，忍不住冒出一個確信的念頭。那個恰恰讓我完全不能忍受的東西是什麼呢？是那個我唯一對付不了的、令我窒息而飢渴欲死的東西？是惡濁的空氣！惡濁的空氣！是某種長壞了的東西在湊近我；是我必須嗅進某種長壞了的靈魂的內臟氣味！……除了這個之外，對困窘、匱乏、壞天氣、久病、勞累、孤獨又有什麼不能忍受的呢？從根本上說，如果生來就要過一種潛行於地下的拼搏生活，那麼就對付得了惡濁空氣以外的一切東西；人們總會反覆地來到光明之中，將反覆地體驗到他們勝利的黃金時刻，——到那時，他們會像生來就是的那樣過著，不可摧毀，緊張，為新的、更沉重的、更遙遠的東西做著準備，將如同一張弓，一切困窘都只不過把他們繃得更結實一些。——而時不時地，我竟幸而蒙受了——假定在善惡的彼岸是天上的女恩主們（himmliche Gönnerinnen）——一道目光，一道只投在某種完滿的、最終長好了的、幸運的、強大的、凱旋的，還有某些地方令人恐懼的東西之上的目光，竟投在我身上了！投到一個為此[59]人類辯白的人身上，投到人類的一個補償性和救贖性的幸運事件上了，因為這個事件，人們可以鞏固對人類的信念了！……

[59] 「此」，原文為den，定冠詞表獨一無二者。——譯注

因為，現在情況是這樣的：歐洲人的渺小化和平衡化中藏著我們的最大危險，因為這幅景象令人疲倦……今日我們看見的是虛無，它想要變得更大，我們有預感，它還要一直向下，向下落去，落到更單薄、更和善、更聰明、更愜意、更中庸、更無所謂、更中國式和更基督教式的東西中去——人類，無疑將變得越來越「好」……歐洲的厄運就在這裡——帶著對人類的恐懼，我們也失卻了對他們的愛，對他們的敬畏，對他們的希望，當然也還失卻了要成為他們的那個意志。人類的景象今後是令人疲倦的——今日，虛無主義不是這個，還會是什麼呢？……我們對人類厭倦了……

13

——但還是讓我們回過頭來：回到關於「善」的另一種起源的問題，關於善人的問題，怨恨之人是如何設想出這種人的，這個問題亟待論定。——羊羔們對大型食肉猛禽懷恨在心，這並不奇怪：沒有道理的卻是，去責怪大型食肉猛禽叼走小羊羔。如果羊羔們私底下說道，「這些食肉猛禽是惡的；誰若盡可能地比猛禽差，最好是它的對立面，是一隻羊羔，——那麼，難道它不就是善的嗎？」像這樣去樹立一個理想，是無可指摘的，甚至那些食肉猛禽們對此也將略帶嘲笑地瞥上一眼，也許它們將對自己說：「我們對它們毫不懷恨，這些好羊羔們，我們甚至愛它們哩：沒有比一隻溫柔小羊羔更美味的東西了。」——指望強勢不把自己表現為強勢，指望它不是一個制服意願，一個壓倒意願，一個成為主人的意願，一個尋求敵手、抵抗和凱旋的渴望，這恰恰跟指望弱勢表現為強勢那樣，是悖謬的。一個分量的力就是一個這般分量的衝動、意志、作用——毋寧說，不折不扣地，它就是這樣一份同等的衝動、意願、作用本身，只是在語言（以及理性那僵化在語言中的基本謬誤）的誘導下，才顯得好像不是這樣；語言的誘導把一切作用理解和誤解為受著某個作用者、由某個「主體」[60]的制約。也就是說，正如民眾把閃電和它的照耀分開而把照耀當作做為（Thun），當作一個叫作閃電的主體的作用，與此完全相同的是，民眾道德也把強勢和強勢之表現區分開來，彷佛在強勢後面還有一個置身局外的基底，任由它隨意表現出或者不表現出強勢。可是沒有這樣一個基底；在做為、作用、生成後面沒有「存在」；「作為者」[61]僅僅是因為那個作為才被追加撰述出來的，——做為是一切。民眾根本是把做為雙重化了，如果說閃電照耀了，那就是做為之

60　「主體」（Subjekt）在其拉丁字源中義為「置於……之下」，與下句的「基底」（Substrat）近義。——譯注

61　德語中，正如「作為」（That）兼表「作惡、犯罪」，「作為者」（Thäter）亦兼表「作案者、罪犯」。「做為」（Thun）則為其動詞形式的名詞化。——譯注

做為：同一個事件，一下被設為原因，一下又被設為其作用。那些自然研究者也好不了多少，他們說「力推動了，力作為原因導致」，而同樣，——我們的整個科學，儘管它是那樣地冷靜，那樣地不受情緒干擾，卻也處在語言的誘導下，沒有擺脫那群被調了包的怪嬰[62]，那些「主體」[63]（比如，原子就是一個這樣的怪嬰，跟它相同的還有康德的「自在之物」）：如果那些消退了、暗中閃爍的復仇和憎恨情緒為自己利用了這些信念，並且從根本上甚至比對一切信念都更加炙熱地秉持那個信念，即**任由強者隨意**，成為弱的，成為讓食肉猛禽自由支配的羔羊，這有什麼好奇怪的：——它們倒確實由此在自己這裡贏得權利，要食肉猛禽為它們是食肉猛禽而負責……如果被鎮壓者，被踐踏者，被強暴者，從無力卻渴望復仇的狡詐出發，勸自己說：「讓我們不同於那些惡人吧，也就是說，成為善的！而善人即每個不施強暴、不傷害任何人、不去攻擊的人，每個不報復而將復仇託付給上帝的人，每個像我們一樣把自己隱藏起來、為一切惡讓開道路、對生命所望至微的人，每個跟我們這些有耐心者、謙卑者和公正者相像的人。」——冷靜而不帶成見地聽來，這其實無非是在說：「我們弱者就是這樣弱；如果我們不去做**我們未足以強健得可以做**的那些事，就

62 「那群被掉了包的怪嬰」，原文為「Wechselbälge」，字面義即「被調包的寶寶」，原指民間傳說中被惡靈調包後產下的醜惡畸型的嬰兒。——譯注

63 「主體」，原文為Subjekte，複數，它同時還有「臣民」、「受命者」之義，在科學中又指「科目」、「（研究）主題」，在經濟法律領域指「作用發生者」，就「誤導」的語言而言，它還指「主語」。——譯注

是好的」——可是，這種酸澀的實情，最低等級的這種聰明（甚至連昆蟲都有這種聰明，它們在遇到重大危險為了不做得「太多」而裝死），已經借助無力狀態下的那種造假和自身喪失，把自己包裹在那種放棄的、闃寂的、觀望的美德衣飾之中，彷彿弱者的弱勢本身——亦即他的**本質**，他的作用，他整個唯一的、不可避免和無法去除的現實性——可以是一項自願的成就，是某種由他所意願、所選擇的東西，一次**行為**，一番**功業**。這個種類的人出於某種自保自是的本能，**迫切**需要那種中立可選的「主體」，每個謊言都慣於在那主體中把自己神聖化。也許主體（或者，說得更流行一些，靈魂）之所以是到現在為止大地上最好的信條，是因為他使一切種類的終有一死者、弱者和被鎮壓者中的絕大多數，可以玩那種微妙的自欺，把弱勢本身解讀為自由，把他們如此這般的存在解讀為他們的功業。

14

——有人想要稍微俯視一下那個秘密，看看人們怎樣在大地上**製作**[64]**理想**嗎？誰有這樣的勇氣？……來吧！這裡對著這個昏暗作坊的視野很開闊。再稍等片刻，我的狂徒先生和莽漢先生：你們的眼

64　「製作」，原文 fabriziert，專指在作坊或工廠中進行的生產製作。——譯注

睛先要習慣這種閃爍著的虛假光線……好了！可以了！您現在說吧！下面發生了什麼事呀？您，有著最危險的好奇心的男人，說出您看到的東西吧——現在，我來當聽眾。——

——「我什麼也看不見，聽到越來越多的東西。是從各個角落裡匯成的一陣悄然潛匿的低沉的竊竊私語。聽起來是有人在撒謊；每個聲響都黏著一點甜甜的和氣。弱勢應該被謊稱為功業，毫無疑問——看來事情就像您說的那樣。」——

——接著說！

——「而無所報復的無力，被謊稱為『好意』；膽怯的卑微，被謊稱為『謙恭』；在為人所憎恨者面前的屈服，被謊稱為『順從』（也就是順從於一個據他們說在命令著這個屈服的他，——他們稱之為上帝）。弱者的無所冒犯，他所富有的卑怯（Feigheit）本身，他的侍立門外，他不可避免的恭候義務，在這裡有了好名稱，被謊稱為『耐心』，也完全可以被叫作唯一的（die）美德；不能復仇被叫作不願復仇，也許甚至被叫作諒解（『因為他們所做的，他們不知道[65]——他們所做的，唯有我們才知道！』）。還談到『對敵人的愛』[66]——談得流汗。」

——接著說！

「他們是悲慘的，毫無疑問，所有這些竊竊私語者和角落裡的偽幣製造者，不管他們蹲在一起是不是就暖和了——不過他們對我說，他們的悲慘是上帝的一個選擇和一個嘉獎，人們只揍自己最喜歡的狗；也許這個悲慘也是一次準備，一次考驗，一次訓練，也許還不止如此——是某種將來會還清並且是利息高得嚇人地以金錢，不！以幸福償付的東西。他們稱之為『福祉』[67]。」

——接著說！

「現在他們要我明白，他們比那些有權勢者、大地的主人們、他們要舔其口水（可不是由於恐懼，完全不是由於恐懼！而是因為上

65 《新約．路加福音》23：34，「因為他們所做的，他們不曉得」。——編注

66 《新約．馬太福音》5：44，「要愛你們的仇敵，為那逼迫你們的禱告」。——編注

67 「福祉」，原文為Seligkeit，和合本聖經或譯為「救恩」，《新約．提摩太後書》2：10，「所以我為選民凡事忍耐，叫他們也可以得著那在基督耶穌裡的救恩和永遠的榮耀。」——譯注

帝吩咐，要尊敬一切居高位者[68]）的那幫人不僅更好——他們不僅僅更好，而且也『更命好』，不管怎樣總有一天會更命好。可是夠了！夠了！我再也受不了了。空氣很差！空氣很差！這些人們製作理想的作坊呀——據我之見，撒謊撒得發臭了。」

——不！慢著！您還沒有說到這些黑術士們[69]的傑作呢，他們從每一樣黑中生產白、奶和無辜：——您沒有注意到，他們精巧地完成的是什麼東西，他們那最大膽、最精細、最機靈、最富於謊言的藝人的手腕？請您注意！這些滿懷仇恨和憎恨的流浪動物們——他們從仇恨和憎恨中弄出來的可都是什麼東西啊？您可曾聽過這些話？只要信了他們的話，您哪會想得到，您是處在十足的怨恨之人當中呢？……

——「我懂了，我再豎起耳朵聽一次吧（呸！呸！呸！呸！鼻子可得捂住）。現在我才聽見，他們說了這麼多是在說些什麼：『我們好人——我們是正義者！』——他們所期望的，他們不稱為報復，而是稱為『正義的凱旋』；他們所憎恨的，不是他們的敵人，不！他們憎恨『不正義』，『不信上帝』；他們所信仰和希望的，不是復仇之希望，復仇

68 參見《新約．羅馬書》13：1，「在上有權柄的，人人當順服他，因為沒有權柄不是出於神的」。——編注

69 「黑術士」，原文Schwarzkünstler，通義為「魔法師」，字面義為「黑色藝術家」，它在早期德意志傳說中可指浮士德，並指涉著浮士德的雙重身分：作為變戲法者和印刷技師。後者所用技術又稱「黑色藝術」（Schwarzkunst），蓋用刮刀等工具在銅面上打出一層均勻的淡黑底色，故下云「從每一種黑色中生產」。參見《布羅克豪斯圖文百科全書》二〇〇四年版及《邁耶爾辭典》一九〇五年版。——譯注

的甜蜜沉醉（——荷馬[70]就已經把復仇稱為『比蜂蜜還甘甜』了），而是上帝的勝利，正義的上帝對不信上帝者的勝利；大地上剩給他們所愛的，不是他們的憎恨中的兄弟，而是他們『愛中的兄弟』[71]，照他們的說法是，大地上所有好人和正義者們。」

——而他們又是怎麼稱呼那個用作抵禦生命所有苦難的慰藉之物——他們那個前定的未來至福的幻術？

——「怎麼？我沒聽錯吧？他們把它叫作『末日審判』，他們的國度，『上帝之國』的到來——他們不過是暫且生活『在信仰中』，『在愛中』，『在希望中』[72]。」

——夠了！夠了！

15

是在對什麼的信仰中？在對什麼的愛中？在對什麼的希望中？——這些弱者們——也就是說，他們也想有朝一日成為強者，他們的「國

70 荷馬所言當為阿基里斯之怒：「還有憤怒（χόλος），它使聰明的人陷入暴戾，／它進入人們的心胸比蜂蜜還甘甜，／然後卻像煙霧在胸中迅速鼓起。」參見《伊利亞特》，羅念生譯，《羅念生全集》第五卷，上海人民出版社，二〇〇四年，464頁。——譯注

71 《新約．帖撒羅尼迦前書》3：12，「又願主叫你們彼此相愛的心，並愛眾人的心都能增長、充足，如同我們愛你們一樣」。——編注

72 《新約．帖撒羅尼迦前書》1：3，「在神我們的父面前，不住的記念你們因信心所做的工夫，因愛心所受的勞苦，因盼望我們主耶穌基督所存的忍耐」。——編注

度」在有朝一日的某個時候到來——在他們那裡，如上所述，就直接把它叫作「上帝的國度」：真是處處謙恭！就是為了體驗這個國度，必須活得長久，超過死亡，——不錯，人們必須有永恆的生命，由此也就能夠在「上帝的國度」中為那段「在信仰中，在愛中，在希望中」的塵世生活挽回損失。為什麼要挽回損失？怎麼樣挽回損失？……但丁，據我之見，是犯了一個嚴重的錯誤，當他以令人駭異的坦蕩在那扇通往他那個地獄的門上寫下那句銘文的時候，「永恆的愛也創造了我」[73]：——在那扇基督天堂及其「永恆至福」的門上，無論如何可以有更好理由題上這樣的銘文：「永恆的恨也創造了我」——假定在通往謊言的門上可以題上真理的話？……我們也許已經猜中了；不過更好的是確鑿地引用一位在這些事物上不可低估的權威，聖多瑪斯·阿奎那，偉大的學者和聖徒。「Beati in regno coelesti」[那些得享天國之福者]，他說，柔弱得像隻羊羔，「videbunt poenas damnatorum, ut beatitudo illis magis complaceat」[將看見受詛咒者所受的懲罰，這樣他們的福樂就更讓他們高興]。或者，如果人們想在一種更強大的調式下聽到這個，比如從一位歡呼凱旋的教父口中，他把他的基督徒們勸離那些殘忍的淫樂——為什麼呢？「信仰確實給了我們

73 依據利科版《尼采著作全集》注釋，此句出自《神曲·地獄篇》第三章，5–6行。現有中譯本作：「神聖的力量、最高的智慧、本原的愛／創造了我。」（但丁，《神曲·地獄篇》，田德望譯，人民文學出版社，一九九〇年，16頁。）「我」當指地獄。——譯注

更多東西，」——他說（《論觀劇》，第二十九章及以下），「——強大得多的東西；借助救贖，會有完全不同的諸般快樂供我們享用；替代競技者的，有我們的殉道者；如果我們想要血，現在，我們有了基督的血……然而只有當他歸來和凱旋的那一天，我們會有何等的東西可以期待啊——」然後這位出神的天眼通[74]繼續說道，「是的，還有其他的景象：末日審判，那些民族所意想不到的日子，他們所嘲弄的論點，當世界隨著年歲而老邁，它所有的造物都將消融在一場大火之中！那時湧入眼中將是一場多麼宏偉的景觀呵！那裡激發起我的讚美的，會是什麼啊！又是什麼會惹出我的嘲弄？怎樣的景象會讓我歡樂？會振發起我的狂歡？——當我看見那麼多傑出的君主，曾經宣示眾人將會進入天堂的，現在卻跟大神朱庇特他自己一起，在最深的黑暗中呻吟，而那些曾經見證其狂歡的人們也一樣；追查過基督徒名冊的官長們（行省總督們）也一樣，呻吟在比他們當初誇耀著向基督的追隨者們放出的那些大火更加猛烈的火裡。此外，還有怎樣一些世界的智者，就是那些哲學家們，事實上，他們曾經教導門人說，神對月下世界的一切皆了不關心，他們慣於叫人確信，要麼他們沒有靈魂，要麼他們再不會回到死亡時所離開的那些身體上，現在他們都在那些

74　「天眼通」，原文為Visionär，指能預見未來者；其詞根Vision則有「假象」之義。——譯注

可憐的被蠱惑者們面前被羞恥所籠罩，當火焰吞噬他們的時候還有詩人，不是在拉達曼提斯或米諾斯[75]的判席前，而是在未曾意料到的基督的判席前顫抖！到那時，我該有更好的機會聽見那些悲劇家在他們自己的慘禍中大喊大叫（聲音越美，叫得越淒厲）；看見那些戲劇演員們，在蕩平一切的烈焰中再『蕩』一些[76]；觀看那些賽車手，在他們的烈焰戰車裡通體烤紅；注視那些摔跤手們，不是在他們的操練場上，而是在滾滾熱浪中翻騰；除非就是到那個時候，我都不會關注這樣一些犯罪的禍首們，在我的熱切願望裡，我寧願盯著那些向我主叫囂洩憤的人們，百看*不厭*。『這』，我要說，『這就是那個匠人或賣身者的兒子（從這裡開始，下文皆然，尤其是這一段傳自《塔木德》的對耶穌母親的稱呼，德爾圖良意在向猶太人說話。）[77]，那個不守安息日者，那個撒馬利亞人和附罪者，你們從猶大那裡買到的是他！你們用棒和拳抽打、輕侮地摔過耳光、吐上尖酸毒辣的言辭的，就是他！就是他，你們說是被他的門徒們悄悄偷走，這樣就可以說他又復生了，或者騙開了警衛，這樣他的萵苣[78]就可以不受朝聖人群的傷害！』什麼樣的官員或祭司們會慷慨地賞給你們這樣一些景象，*讓你們在這樣一些事情上狂歡*呢？而甚至就在現在，我們在一定程度上已

75 拉達曼提斯（Lhadamanthus，宙斯和歐羅巴之子）、米諾斯（Minos，克利特島國王）皆列冥府三判官。——譯注

76 「蕩」，原文為 solutiores，考夫曼注：「另一種譯法是『肢體更加柔軟』。」——譯注

77 考夫曼注：「Quaestuaria 指不是匠人，而是妓女：參見尼采此處的按語。」此處他把 Quaestuaria 譯為 Hireling［出賣身體、氣力者］。——譯注

78 「萵苣」（lactucae）所指未詳，疑喻指耶穌的屍體。——譯注

經因著信在精神想像中已經享有這些了。但是那些眼睛所未曾見到、耳朵所未曾聽到、人心甚至未曾朦朧想見的，會是些何等的情形啊？（《哥林多前書》2：9）無論是什麼，那些，我相信，比競技場、那兩種戲劇（第一或第四等級，或者照其他人的看法，悲劇和喜劇的舞臺）和一切賽馬節目更加高貴。」[79]——Per fidem［**因著信**］[80]：就寫下了這些。

16

我們可以下結論了。「好和壞」、「善和惡」這兩對相互對立的價值，在大地上打了一場可怕的、長達數千年的戰鬥；儘管後面這一方價值[81]肯定很久以來就處於優勢，但直到現在，戰鬥還在某些方面不分勝負地繼續進行。甚至有人可以這樣說，這場戰鬥在此期間已打得越來越高明，並同樣打得越來越深刻，越來越精神性了：以至於在今日，「**更高等的天性**」[82]、更精神性的天性的最具決定性的標誌也許就是，它在那樣一種意義上是分裂的，它對那樣一種對立來說其實就是一個戰場。一篇歷經全部人類歷史而迄今仍然可以讀懂的文字記載了這場戰爭的象徵，叫作「羅馬對猶大[83]，猶大對羅馬」：——迄今

79　依據利科版《尼采著作全集》注釋，此段引文為德爾圖良《論觀劇》（*De spectaculis*），原文為拉丁文，括號中為尼采所加德語按語。——譯注

80　《新約．羅馬書》3：28，「所以我們看定了，人稱義是因著信（justificari hominem per fidem），不在乎遵行律法」。——譯注

81　「後面這一方價值」指「壞」與「惡」。——譯注

82　「天性」原文為Natur，引號內短語亦可譯為「更高級的自然」。——譯注

83　猶大（Judäa），或譯為「猶太地」、

最偉大的事件莫過於這一場戰鬥，這一個質問，這一對至死相敵的矛盾。羅馬在猶太人中看到某種東西，有如反自然本身，彷彿是跟他們處於相反一極的畸形[84]；在羅馬，猶太人被公認「罪在對整個人類世系的憎恨」[85]：這是有理由的，因為人們有理由把人類世系的救治和未來繫於貴族價值、即羅馬價值的絕對統治。相反地，猶太人對羅馬有什麼感受呢？有千般跡象可以揣知；但只要再回顧一下約翰啟示錄[86]就夠了，回顧一下在一切形諸文字的向良心復仇的發作中最狂暴的那次發作。（順便說一下，基督教本能地用愛的使徒的名字為這本書冠名，並把那部為人所鍾愛而癡迷的福音歸於這同一位使徒，可別低估這種本能在深處的邏輯連貫性——：這裡隱藏著一塊真理，無論曾有多少文獻出於這樣的目的被偽造出來。[87]）羅馬人確實是強健和高尚的，比他們更強健和更高尚的，迄今大地上從來未曾有過，甚至從來未曾想見過；跟他們有關的每件遺物、每段銘文皆令人迷醉，假定人們猜得到上面寫的是什麼。猶太人則倒過來，是怨恨的教士民眾中的最優秀者，具有一種無與倫比的民眾性和道德性之天分：人們只要把有著相似稟賦的民眾，比如中國人或德意志人跟猶太人比較一下，就可以體會到，什麼是第一流的，什麼是第五流的。他們中哪一方

「裘蒂亞」，指南巴勒斯坦由猶大支派建立的王國，基督教之發源地，耶穌時屬羅馬帝國的敘利亞行省；亦可表示建立此王國的猶大部族。——譯注

84 「畸形」，原文為 Monstrum，可用「Ungeheuer」（尼采常用作形容詞，本書譯作「陰森叵測」）解之，故除表示「畸怪」，亦有「陰森恐怖」之義，參見《皮埃爾辭典》一八五七年版。——譯注

85 據迪瑟，對猶太人的類似指摘見於塔西佗，《歷史》第五章。此說似在古代世界流傳甚廣，可參見塔西佗，《歷史》，王以鑄等譯，北京，商務印書館，一九八五年，335頁注五。

86 《新約》最後一章，和合本徑作「啟示錄」；天主教思高本作「若望默示錄」，內多述末日大難和天國景象。約翰（若望）是十二門徒中「為主所鍾愛的門徒」，故下文又及「愛的使徒」。——譯注

87 據史密斯，此影射歷史對《約翰福音》和《啟示錄》的作者是否為使徒約翰的爭議。——譯注

是暫時**勝利**了呢，羅馬還是猶大？而無可置疑的是：人們該考慮一下，在今日羅馬本土，他們是在誰跟前、把它當作一切最高價值的總體而向它鞠躬呢——不只是在羅馬，而是幾乎在一半的大地上，在所有人類已經或者願意變得馴順之處，——是在**三個猶太男人**跟前，眾所周知，和一個**女猶太人**（拿撒勒的耶穌、漁夫彼得和織毯工保羅和前所稱耶穌者之母、名為瑪利亞者）。這是相當值得注意的：無可置疑，羅馬被壓倒了。固然，在文藝復興中，古典理想、對萬事萬物的高尚評價方式又光芒萬丈地重新生長了一次：在那個新的、在它上面建立起來的猶大化了的新羅馬的推動下，羅馬本身像一個被重新喚醒的假死者一樣動著，這個新羅馬呈現出一個普世猶太會堂[88]的面貌，叫作「教會」：但是很快，借助於那場徹頭徹尾群氓性的（德意志和英格蘭的）怨恨運動，人們稱之為改革的那場運動，再加上必然由此導致的教會的重生——亦是古典羅馬墓前的死寂的重生，猶大又一次獲勝了。通過法國大革命，在一種甚至比當時更加決定性和更加深刻的意義上，猶大又一次戰勝了古典理想：歐洲尚存的最後的政治高尚，在第十七和第十八的**法蘭西**世紀中，崩潰於民眾所喜歡的怨恨本能下，——大地上從未聽到過比這次更為盛大的歡慶和更為喧嘩的激

88 「普世猶太會堂」中「普世」（ökumenischen，本指作為一個整體的全世界基督徒及其組織），與「猶太會堂」（Synagoge，指特定猶太社區及其教堂）構成形容詞矛盾的修辭。——譯注

動！雖然，此間其中發生了最陰森叵測、最不可逆料之事：古典理想本身有血有肉地以聞所未聞的壯麗走到人類的眼睛和良心跟前，——又一次，面對怨恨所發那句古老的謊言口號，**大多數優先**，面對要降低、貶低、取平衡的意願，面對著讓人類下落、落向黃昏的意願，比以往更強健、更單純、更迫切地奏響了那句可怕的、令人癡狂的反對口號，**最少數人優先**！猶如朝著那**另一條**道路的最後一次指示，拿破崙出現了，那個比向來有過的都更加孤單而晚生的人，和那個在他身上具成肉身的關於**自在的高尚理想**[89]的問題——人們真該考慮一下，這是**怎樣**一個問題：拿破崙，這個**非人**[90]和**超人**的綜合體！

17

——事情就這樣過去了嗎？所有對立之理想中最偉大的那一對，就這樣終迄了嗎？或者只是延遲了，長久地延遲了？……難道，那場古老的烈焰，不會必定不知何時又一次突然燃燒起來，燒得更加嚴重得多和長久得多嗎？而且：會不會是**這個**，才值得用盡一切力量去盼望呢？甚至是去意願？甚至是去支援？……誰在這個地方開始，像我的讀者們那樣，跟著和接著去思考，都很難對此一下做個了斷，——

89 「自在的高尚理想」，原文為des vornehmen Ideals an sich，又可解為「就自身而立的高尚理想」。——譯注

90 「非人」，原文為Unmensch，此為直譯，德語中指「不通人情之人，忍人」。——譯注

我則有充分的理由自己來做個了斷，前提是，我所意願者，我用那句危險的口號恰恰想要的那個東西，已經徹底澄清了，這口號專為我最後一本書而作：《**善惡的彼岸**》[91]……這當然**不是**說「好和壞的彼岸。」——

附注：我感到，這第一篇給了我機會，得以對一個迄今我只是在與學者的隨機談話中有所表述的願望，做出公開和正式的表達：但願有某家哲學系用系列學院有獎徵文來獎掖推進這種**道德歷史學**的研究吧：——這本書也許正是在這個方向上助了強勁的一臂之力。鑒於此種可能性，下面這個問題可納入建議：這個問題理應受到語文學家和歷史學家們，以及已樹立志業的真正哲學學者們的注意。

「對於道德諸概念的發展歷史，語言科學，特別是詞源學研究提供了何種指示？」

——另一方面，當然同樣也必須爭取生理學家和醫學家對這個問題（關於迄今為止那些價值評估的價值）的參與：在這一點，在專業哲

91 《善惡的彼岸》，原文為 Jenseits von Gut und Böse，更通達亦更符合此處語境的譯法是「超越於善惡之外」或「超然無關乎善惡」。惟「彼岸」之說已成通譯，故從眾。同理下句「好和壞的彼岸」亦可解作「無關乎『好壞』」。——譯注

學家成功地把哲學、生理學和醫學之間那種在起源上如此乖張和可疑的關係在極友好和極富成果的交流中重新塑造過之後，就可以委任他們，在這種個別的情況下也充當代言人和仲介人。事實上，歷史或人種學研究所知的一切財富表[92]、一切「你應該」，首先需要的無論如何不是心理學方面，而毋寧說是*生理學*方面的啟發和闡述；一切皆有待從醫學科學方面做出批判。這個問題：這樣或那樣的財富表和「道德」有何*價值*？應該放到儘量歧異的視角下來看；尤其是，人們可能沒有足夠精細地把「*對什麼*有價值？」這個問題剝離開來。比如，某種對於某種族盡可能賡續的能力（或是對於提升某種族對某種特定氣候的適應力，或是對於維持最大數量）會有明顯價值的東西，在事關培養出一個更強健類型的情況下，或許就完全不具有同等的價值。最大多數人的福利和最少數人的福利是相對立的價值視點：*自在地*以為前者有著更高的價值，且留待英國生物學家們的質樸吧……從今而後，所有科學都不得不為哲學家的將來使命做預先的準備工作：對這個使命我是理解到這個程度的：哲學家不得不去解決*價值問題*，他不得不去確定*價值的等級順序*。——

92 「財富表」，原文為 Gütertafel，此乃據字面直譯；本指對諸種值得追求之善的表列，此做法源自柏拉圖《斐列勃篇》（*Philebos*），在此語境下可譯為「善值表」或「善表」。其中 Güter（財富，所有物）與 gut（「善」）同源。——譯注

第二篇　「虧欠」[1]、「壞良知」[2]及與此相關者

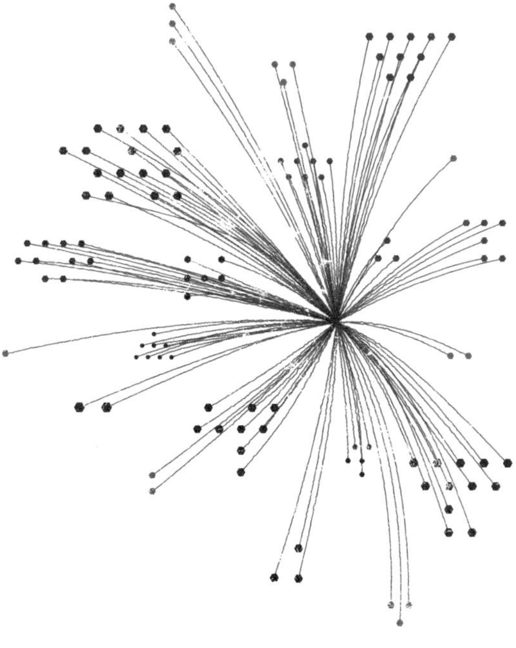

1

教養一種**可以去許諾**的動物——就人類而言，這不正是自然加諸自身的悖謬使命嗎？這不是真正的**屬於**人類的問題嗎？……誰若越是知道充分估量相反的作用力量，即健忘的力量，便越會覺得驚訝，此問題竟在一個很高的程度上得到了解決。健忘並非如膚淺者以為的那樣，純然是 vis inertiae［慣性］，而毋寧說是一種積極的和肯定（在這個詞最嚴格的意義上）的阻礙機能，虧得這個阻礙機能，只要是被我們體驗、經驗和吸收了的東西，就處在消化狀態（可以稱之為「化入靈魂」[3]），很少進入我們的意識，跟我們身體攝食（就是所謂的「化入肉身」[4]）時所進行的那一整個千迴百轉的進程一樣。意識的門窗時不時地閉合；我們熱心服務的器官們在地下世界彼此相反或相成地工作時的喧嘩與爭鬥，始終不曾被照亮；從而，意識的一小段寂靜，一小塊白板，一再為新來者，尤其是為更高尚的功能和職能以及治理、預見、謀劃（因為我們的有機體是安排成寡頭制的）騰出地方——如前所述，這乃是積極健忘的用處，它彷彿一位守門人，靈魂秩序、安寧和禮節的一位維護者：由此立刻可以想見，在何種程度上，沒有健忘便可能沒有幸福，沒有明朗，沒有希望，沒有自豪，沒

1　「虧欠」原文為 Schuld，兼有「罪責」、「債務」二義。——譯注

2　「壞良知」原文為 Schlechtes Gewissen，通譯「良知不安」；尼采以此欲矯正一般從道德角度看良知之安寧或不安的看法，獨指「罪負」意識乃自怨恨之人所發明的品質惡劣的「良知」而來。參見《善惡的彼岸》第二百一十四節「好良知」注（222頁）。——譯注

3　「化入靈魂」原文為 Einverseelung，蓋為尼采所生造。——譯注

4　「化入肉身」原文為 Einverleibung，本義為「吸收、同化」。——譯注

有當前[5]。身上這種阻礙器損壞和中斷了的人，可以和一個消化不良者相比較（而且不只是比較——）他什麼都對付不「了」[6]……恰恰是這種必然健忘的動物，在它們身上，健忘表現出一種力量，強健的健康狀況的一種形式，然後它養成了一種相反機能，一種記憶，借助此記憶健忘會在特定的情況下被叫停，——也就是在應該被許諾的情況下：這因而絕不是對某個一度刻下的印象的消極的不能放下，不僅僅是對一度被應許卻沒有得到了結的諾言的鬱積不化，而是一種積極的不願放下，是對一度意願過的東西的某種再接再厲的意願，是一種真正的意志記憶：以至於一個由新穎陌生的事物、形勢，乃至意志行動所組成的世界，竟可以不待思索地被嵌放到那個原初的「我意願」、「我將做」和意志的真正釋放即意志之行動當中去，而同時意志的這條長長鎖鏈卻沒有崩斷。而這個又要有怎樣的前提呵！為了在這樣一種程度上占有未來，人類首先必須怎樣地學習啊，學習區分必然的和偶然的事件，按因果律思考，把久遠視為當前，並預先設立何為目的、何為達到此目的之手段，從根本上說就是必須能夠計算和估算，——為此，為了最終能夠照某位許諾者所做的那樣，把自己當作未來加以擔保，人類自身必須怎樣預先變成會算計的、合規則的、必然的啊！

5　「當前」原文為 Gegenwart，字面義為「相對而守候」，與前述「守門人」（Thürwärterin）因「wart」（守，候）而同根；由它而來的形容詞 gegenwärtig 則有「記得」的意思。——譯注

6　對付不「了」原文為 wird......nicht "fertig"，雙關語，既指「對付不了」，也指「了結不掉」。——譯注

2

這正是關於**責任**[7]之來源的久遠故事。那種任務，即教養一種可以許諾的動物的任務，正如我們已經領會到的那樣，包括了那個作為條件和預備的較切近的任務，即首先把人**弄得**[8]必然、形式單一、在同類中相同、合乎規則，達到一定程度，從而弄得可以估算。那項與我稱之為「禮俗德教」者（參見《曙光》第9、14、16節）有關的陰森叵測的工作——在人類世系最漫長的時間段中人類自己對自己所做的真正工作，他的全部**史前**工作，其意義，其偉大的正當性，皆在於此，無論其中包含了多少強硬、霸道、麻木和胡言亂語：人類在禮俗德教和那些社會縲絏（Zwangsjacke）的幫助下，被**弄得**確實可以估算了。面對這種情況，如果我們站到這個陰森叵測的進程的終點，站到這棵樹最終結出果實的枝端，在社群及其禮俗德教最終嶄露之處（社會只是到達這一步的手段）：那麼，我們就會發現在社群之樹上最成熟的果實是**全權自主的個體**[9]，他自成一類，重又逸出禮俗德教之外（因為「自治」和「禮教」是相互排斥的），簡言之，就是有自己獨立而長久的意志的人，**可以許諾**的人，——其中有一種自豪的、在所有肌肉中顫動的意識，對那個於此最終贏得的、在自己內部化為肉

7 「責任」原文為Verantwortlichkeit，法律上亦指「責任能力」，亦與尼采所探究的人類基本的契約關係相關。——譯注

8 此處與下處著重標出的「弄得」所對應的德語動詞為「machen」，通譯為「（把……）做成」，與「權力」（Macht）為同根詞。——譯注

9 「全權自主」（souveraine）本指「有最高主權或絕對治權」，多用於形容國家或元首，能行此權者亦即下文所稱「全權自主者」（Souverain），通指絕對君主。——譯注

身的那個*東西*的意識，一種真正的權力意識和自由意識，一種根本上的人類的完滿感。這個變得自由的人，這個真正*可以*許諾的人，這位意志*自由*的主人，這位全權自主者——他應該還不知道吧，他因此會以一種怎樣的優勢，遙遙領先於一切不足以許諾者、不足以為自己擔保者，他喚醒了多少信任，多少畏懼，多少敬畏——此三者皆為他所「*應得*」[10]——而且隨著這種對自身的統治，那種對形勢的統治，對自然和所有意志短淺者以及不可信賴的生物的統治，也將怎樣必然被放到他的手中啊？這種「自由」的人，一個長久的、未被摧毀的意志的秉有者，正是在此秉有中有其*價值尺度*：他從自己這裡向其他人望去，或是尊敬，或是蔑視；對於那些與他同類者，對於那些強健者和可信賴者（他們*可以*許諾），——也就是每個像一個全權自主者那樣去許諾的男人，許諾得沉重、稀少、緩慢，吝惜自己的信任，他的信任便是*表彰*，把自己的諾言當作某種可以信託的東西給出，因為他知道自己強健得足以在即使面對事故、「面對命運」時也信守這些諾言——：對每個這樣的男人，他必定尊敬，正如對那些羸弱輕誇、其人不足以許諾而許諾之輩，他必定隨時準備著揣上一腳，給那些話尚未出口已為其所食的撒謊者，他必並隨時準備好戒尺。這種自負的

10 「應得」原文作「verdient」，既有「應得、值得」，又有「賺得、贏得」的意思。——譯注

對於**責任**特權的知曉，對於這樣一種稀有的自由、這樣一種對自身及命途所負權力的意識，在他這裡，已經潛到最深的底層，已經成為本能，統治性的本能：——他會怎樣稱呼它，稱呼這種統治性本能呢，假定他不得不在自己這裡對此給出一個說法？毋庸置疑：這位自主之人會稱之為他的**良知**[11]……

3

他的良知？……可以料到，我們在這裡所遭遇的那個處在其最高的、幾乎是陌生的擴張形態中的「良知」概念，其背後早有一段很長的歷史和形式嬗變。可以為自己擔保，而且為之自豪，也就是對自己**可以說是**——如前所述，這是一顆成熟的果實，不過也是**晚熟**的果實：——這顆果實必須粗糲生澀地在樹上掛多久啊！而且還有一段更加長久得多的時間，是從這樣一顆果實上看不出來的，——哪怕可以確定，樹上一切都已經準備好，都只為這顆果實而生長，也沒有人可以就此作許諾，——「怎樣給人類動物搞出一個好記性？怎樣給這種半是遲鈍半是輕躁的瞬間知性（Augenblick-Verstande），這種肉身的健忘狀態鑄進什麼東西，使它始終記得？「……這個亙古的問題，可以

11 「良知」（Gewissen）的字面義是「已然知曉之事」，對應上文所說的對責任之特權的「知曉」和對自由、權力的「意識」。——譯注

想見，不是以溫柔的答案和手段得到解決的；也許，人類的全部史前史之可怕和陰森叵測者，莫過於人的記憶術。「人們烙進某些東西，讓它留在記憶裡：只有那些疼痛不止的，才留在記憶裡」——這是從大地上最最古老（不幸也是最最長久）的心理學中得到的一個基本法則。甚至得說，現在大地上人類和民眾的生活中，凡是尚有莊敬、嚴肅、奧秘、幽暗色彩的地方，皆是某種與恐怖相關的東西的後續作用，早先，大地上的許諾、擔當和讚揚到處都是以這種恐怖被給出的：當我們變得「嚴肅」時，便是那個過去，那個最長、最深、最硬的過去，在向我們哈氣，在我們內部鼓脹。如果人類認為有必要給自己造成某種記憶，則從來沒有不流血、不受折磨、不作犧牲就可以過關的；那些最令人毛骨悚然的犧牲和當品（頭生之獻[12]即屬此類），那些最令人反胃的殘害（比如閹割），所有宗教祭禮最殘忍的儀式（宗教最底下的根子裡無不是殘忍的體系）——這一切的根源都在於那樣一種本能，那本能猜到，提高記憶術的最強手段即在疼痛之中。在某種意義上，全部苦修皆可歸結於此：一些理念應該被弄得不可磨滅，隨時記得，應該被牢牢「執」[13]住，目的是通過這些「偏執理念」對整個神經和智力系統進行催眠——而那些苦修的程式和生活形式是手

12 頭生之獻（Erstlingsopfer），泛指初民把大地初熟的穀物或頭生牲畜獻祭神靈，亦有獻出第一胎嬰兒者。《聖經．出埃及記》載，上帝與摩西約定，他把以色列人帶出埃及後，「以色列中凡頭生的，無論是人是牲畜，都是我的。」——譯注

13 「執」，原文為fix，此暗指本書第一篇第二節述及的「偏執理念」（fixe Idee）。——譯注

段，為的是使那些理念從跟所有其餘理念的競爭中脫穎而出，使之「不可忘卻」。人類越做不到「記憶清楚」[14]，他們習俗的這個方面就越是可怕；刑法的強硬特別提供了一個標準，表明人類付出了何等辛勞以戰勝健忘，使這些情緒和欲念的瞬間奴隸們能將社會性共同生活的一些原始要求銘記於當前[15]。我們德意志人肯定不會自認為是一群特別殘忍和硬心腸的民眾，更加不會自認為是一群特別輕率、過一天算一天的民眾；可只要看一看我們的刑罰條款便可明白，要在大地上教養出一群「思想者民眾」[16]（我想說：是唯一從中還能找到最大限度的信賴、嚴肅、不講趣味和實事求是的歐洲民眾，憑這些特性，這群民眾有資格去教養所有種類的歐洲官人[17]）需要多少辛勞。這些德國人以可怕的手段使自己有了記憶，從而駕馭於自己群氓的基本本能和粗暴的笨拙之上：想想古德意志懲罰吧，比如石刑[18]（——傳說中就有磨盤落在有罪者的頭上[19]），輪刑[20]（德意志天才在懲罰領域最本色的發明和特產！），以尖木樁投刺，用牲口撕扯或踩踏（「四分刑」[21]），把罪犯放到油或者酒裡煮（在十四和十五世紀還有），還有很受青睞的剝皮（「剪皮帶」[22]），從胸口把肉切下；當然還有這樣的做法，把做壞事的人塗上蜜，烈日下扔給蒼蠅。在這樣一些情形和

---

14 「記憶清楚」原文為 bei Gedächtnis，據克拉克－斯文森，此蓋為尼采仿照「頭腦不清楚」（nicht bei Verstand, nicht bei Sinnen）的自造之詞。——譯注

15 「當前」（gegenwärtig），參見上節「當前」注。——譯注

16 據克拉克－斯文森，「思想家與詩人的民族」這句對德意志民族的著名描述源自德·斯戴爾夫人的《論德國》（*De l'Allemagne*）。——譯注

17 「官人」原文為 Mandarin，出自梵語，原義為「下命令者、顧問」（參見布羅克豪斯圖文百科全書二〇〇四年版），十六世紀西洋人對中國高級官員的稱呼，在現代德語和英語中又指「官話」；通譯「滿大人」，然易誤解為與「滿清」相關。——譯注

18 「石刑」（Steinigen），眾人將受刑者投石砸死，最早見於《舊約》，尼采所指者

過程的幫助下，人們最終在記憶中留住五、六樣「我不會」，他給出了對這些「不會」的許諾，以在社會的成見中生活下去，——而且，下面這點可是真的！在這樣一種記憶的幫助下，人們最終會「達到理性」！——哈，理性，嚴肅，對於諸般情緒的駕馭，這整個陰暗的事情，被叫作思索[23]，人類的所有這些特權和瑰寶：它們昂貴的賣價多麼合算哪！在所有「好事物」的根底裡有多少血和戰慄啊！……

4

而其他那些「陰暗的事情」，對罪負的意識，那整個「壞良知」，又是怎麼來到世界上的呢？——在此我們回到我們的道德系譜學上來吧。再說一次——還是我根本還沒說到這一點？——它們毫無用處。自己那一截五拃長的純然「現代」的經驗；沒有對過去的知識和求知欲；更沒有歷史學的本能、一面在這裡恰恰必需的「第二張臉」——卻還要去搞道德史：其結論最終跟真相處於一種頗為彆扭的關係，便是情理之中的事了。這些迄今為止的道德系譜學家們可曾哪怕是遙遙夢見過如下這些說法，比如說，把「罪負」這個基本道德概念的起源追溯到那個非常物質化的「負債」概念上去？或者，懲罰，作為一種

蓋古日爾曼人的風俗。——譯注

19 據克拉克—斯文森，尼采此則與此段中關於中古刑法的材料皆源自阿爾伯特・赫爾曼・波斯特：《基於比較族群學的普遍法學預備考察》，奧登堡，一八八〇年，第一卷，第192頁以下。阿爾伯特・赫爾曼・波斯特，德國法律人類學和法律族群學的先驅，是第一位研究非洲及其他土著民族的法律狀況的學者。他這部今已被遺忘的著作的第一卷，尼采曾通篇圈注。——譯注

20 「輪刑」（Rädern），中世紀刑罰之一，將受刑者四肢生生以輪擊碎，將其身體纏繞於輪輻之中，懸輪於木樁上待死。波斯特言此刑為德意志部族所獨有。——譯注

21 「四分刑」（das "Vertheilen"），殆類似中國所謂「五馬分屍」者。——譯注

22 「剪皮帶」（das "Riemenschneiden"），從罪犯身上剪切下帶狀皮膚，亦歐洲中古刑罰之一種。波斯特將之與亞述和中國古時的剝皮刑相比。——譯注

23 「思索」，原文為Nachdenken，字面義為「之後思考」。——譯注

報復[24]，竟是獨立於一切自由或不自由的意志而發展完善的？後面這一點還考慮到這樣一個程度，即這裡毋寧總是首先需要一個**高等**的人類化階段，「人」這種動物在這個階段上才會開始弄出那些原始得多的差別如「故意」、「過失」、「偶然」、「有責任能力」以及這些差別的對立，並且在措置懲罰時將這些考慮在內。「罪犯應受懲罰，**因為**他本來可以不這樣做的」，這個現在如此廉價、表面上如此自然、如此不可避免的思想（它不得不去解釋清楚，正義感到底是如何在大地上出現的），其實是人類判斷和推理的一個相當遲才達到的且確實頗為機巧的形式；誰把這個形式錯放到那些開端上，就粗疏地誤解了更古老人類的心理狀態。人類歷史上那段最長的時期，自始至終從**未**有過懲罰，**因為**人們讓那些始作惡者為他的行為負了責，也就是說，不基於罰當其罪這一前提：——而毋寧說是，就像現在父母在懲罰他們的孩子時還會做的那樣，只是把對某個所遭受損害的怒氣發洩在損害者身上，——而這種怒氣因為如下這種觀念而受到限制與調和：任何一種損害都在某個方面有其等價物，確實能夠被償還，哪怕是通過損害者的某種疼痛。這樣一個遠古的、根深蒂固的、也許現在再也不可消除的觀念，損害與疼痛相等的觀念，其力量來自何處呢？我已經猜到

24　「報復」，原文作Vergeltung，據《杜登詞源辭典》，其本義（由Geltung而來）正是「報償」、「酬答」。——譯注

了：來自債權人和債務人之間的契約關係，這關係跟自古的「權利主體」一樣古老，其本身則可以追溯到買、賣、交換、通商貿易這些基本形式。

5

然而，根據一開始所作的說明就可以想見，對這樣一種契約關係的回想，喚起的卻是針對那種創設或者認可這一關係的更古老人類的種種蔑視和反對。就是在這裡有許諾了；就是在這裡，重要的是要給那個許諾者弄出一份記憶；就是在這裡，可以這樣猜測，首次發現了強硬、殘忍、苛細。欠債者，為了給他償還的諾言注入信任，為了給他諾言的嚴肅與神聖提供一個保證，為了在自己這裡把償還作為義務和職責向良知反覆叮嚀，便借助一份契約的力量，把自己尚且「占有」、尚可處置的某種東西，給予債權人，作為對不還債的情況下的擔保，比如他的身體，或是他的女人，或是他的自由，或是他的生命（或者在特定的宗教設定下，甚至是他的至福、他靈魂的得救，最後甚至是他在墓中的安息：在埃及就是這樣，債務人的屍身即使在墓中對債權人也不得安息，[25]——當然也正是在埃及人這裡，這樣一種

25 據克拉克—斯文森，此處引自約瑟夫．科勒爾的《作為文化現象的法：法律比較學導論》第18—19頁：「如果債務人沒有自動將罰金交給債權人，則他必須把他自己抵押給債權人。他抵押他的身體，他的自由，他的名譽，他抵押他的血親，他的社會地位，他甚至抵押他靈魂之救贖……」，以及「如果債務人死了，那麼人們會傷害其屍身：埃及人有這種不讓債務人在墳墓中安息的風俗……」。著重號部分均為尼采所標注者。約瑟夫．科勒爾（Josef Kohler）比波斯特稍後，亦為法律人類學的先驅。——譯注

安息是頗為重要的）。尤其是，債權人可以對欠債者的身體施以一切種類的侮辱和折磨，比如從其身上割下跟所欠債務顯得大小相當的東西：——早先，從這樣一個視點出發，到處都有對各個肢體和身體部位的確切的、有時驚人地精細化了的估價，**公正**的估價。[26]當羅馬的十二銅表法規定，在某種此類案例中，債權人割下的是多還是少並無干係，「si plus minusve secuerunt, ne fraude esto」［如果他們割下的多了或少了，亦不為罪］[27]，我把它當作進步，當作更自由、計算得更遠大、**更具羅馬特性**的法律立義的證據。讓我們搞清楚這整個補償形式的邏輯吧：它可是夠怪異的。等值物是這樣給出的：承認債權人可以某種**快感**（Wohlgefühl）作為償付和補償，以代替某種直接與損害相抵的得利（即代替某種以錢、土地、財產所作的任何一種補償），——這種可以肆意施加其權力於某個失去權力者之上的快感，這種「為了作惡的快樂而作惡」[28]的淫樂，這種在強暴中的享受：債權人在社會秩序紮根越深，級別越低，這種享樂就受到越高的評價，可能很容易被他以為是最美妙的品嘗，說不定以為是對某個更高等級的預先品味。借助於對欠債者的懲罰，債權人分享了某種**主人權利**：最終他也達到一次高升的感覺，可以把一個活物當成一個「自己下面的」來蔑視和

---

26 據克拉克—斯文森，此引波斯特：《基於比較族群學的普遍法學預備考察》，第一卷，第334頁以下，其中舉例說明，若犯約者應償付之肢體已有損傷，則其人應付出相應數目的牲口或鞭打以彌補之。——譯注

27 此處拉丁文出自古羅馬的十二銅表法，原文見第三表債務法第六條：「至第三個市集日，債務人得被砍切成塊。至於砍切大小，則並不歸罪於他們。」據世界著名法典漢譯叢書編委會編，《十二銅表法》，法律出版社，二〇〇〇年，第12頁。——譯注

28 參看普羅斯佩．梅里美：《致陌生女子的信》，巴黎，一八七四年，第一卷，第8頁；相同引用見《人性的，太人性的》一八七八年版第五十節。梅里美原文作：「一般原則：永遠別把女人當作知心人；你遲早會後悔。同樣注意：為了作惡的快樂而作惡，沒有什麼事比這更為普遍的了。去掉你那些樂觀主義的觀念，好好地想一想，我們在這個世界上，是為了與一切作戰。在這個問題上，我告訴你，我有一個認識古埃及字的朋友，曾對我說，在埃及人的木棺上常可以讀到這兩個詞：生活，戰爭；這就證明，我剛告訴你的格言並不是我發明出來

虐待——或者至少，在真正的刑事暴力、懲罰實施已經被讓渡給「當局」的情況下，可以輕蔑和施虐地觀看。也就是說，補償就在某項對殘忍的許可令和權利狀中。——

一的。」——譯注

6

道德的概念世界，「虧欠」、「良知」、「義務」、「義務之神聖」，其發源地就在這個領域，即在債法中，——它的開端，正如大地上一切偉大事物的開端一樣，是用鮮血徹底而長久地澆灌出來的。是不是可以不用再補充說，那個世界的根柢上從來就沒有完全斷過血和刑具的氣味？（甚至在老康德那裡也沒有：絕對律令聞著就很殘忍……）同樣是在這裡，那個陰森叵測的、也許已變得最無法分離的理念連環鎖（Ideen-Verhäkelung）「虧欠與苦難」首先勾連在一起。再問一次：苦難在什麼時候會是一種對「虧欠」的補償？在造成苦難帶來快感的時候，在被損害者用一種超乎尋常的還施彼身來交換損失（包括損失造成的不快）的時候：造成苦難，——是一種真正的節慶，如前所述，這種事跟債權人的等級和社會地位越是相悖，價格就越高。這些是猜測之言：因為這種檯面下的事物很難放到檯面上來看，且不說它很難堪；誰這當兒把「復仇」這個概念笨拙地扔到中間來，則與其說使這個見識更容易懂，不如說把它變得隱蔽和朦朧起來（——復仇本身恰恰是回到了那個相同的問題：「造成苦難何以能是一種滿足呢？」）。盡全力地讓自己對之設身處地想像，直到那殘忍造就古老人類的偉大節日歡樂的程度，宛如幾乎他們的每種歡樂成分都攪拌進去了，在我看來，這跟馴順的家養動物（我想說的是現代人類，是我們）的細謹、更跟他們的那種偽善相違背；另一方面，他們對殘忍的需要在出現之時，又是多麼質樸，多麼無辜，那種「無動於衷的惡意」（或者用斯賓諾莎的話說，那種 sympathia malevolens［惡意同情］[29]）是多麼根本地被他們設定為人類的正常特性——：從而設定為某種良知發自內心地對之說是的東西！在一雙更為深沉的眼睛看來，對這樣一種最古老而又最徹底的節慶歡樂，也許到了現在還有足夠的感受；在《善惡的彼岸》第一百九十七節以下（更早是在《曙光》第十八、七十七、一百一十三節）[30]，我已經謹慎地指出過那種持續發展的殘忍的精神化和「神化」，此二者貫穿了（並且在某種重大的意義上說，甚至是造就了）較高等文化的整個歷史。無論如何，還不是很久以前，人們還不能設想，恢宏的王侯婚禮或民眾節慶上會沒有處決、拷打或者比如一

29 據克拉克—斯文森，當出自斯賓諾莎：《倫理學》第三部分命題三十二，「假如我們想像著，只有一個人能夠單獨占有之物，為某人所享受，則我們將盡力使他不能占有那物。」——譯注

30 據考夫曼，尼采標記有誤，實當對應第二百二十九節。（參見《善惡的彼岸》，241—243頁）——譯注

次異端審判[31]，同理，沒有一個高貴的家族會沒有些能供人們肆意發洩惡意和殘忍嘲諷的東西（——可以回憶一下比如公爵夫人宮廷中的堂吉訶德[32]：今天我們是帶著舌頭上的苦味、幾乎有些受罪地閱讀整本《堂吉訶德》，而對它的作者及其同時代人來說，這是非常奇怪、非常陰暗的，——他們是良心十足安寧地讀的，認為是最開朗的書，他們對著它簡直是笑得要死）。觀看苦難有快感，造成苦難更有快感——這是一條強硬的法則，卻是一條更古老、更強大、更加人性—太人性的基本法則，順便說一下，它也許也在猴子那裡已經被認可了：因為據說，它們對多般詭異的殘忍的設計，已經是對人類豐富的預告，彷彿是在「預演」了。無殘忍則無節慶：最古老、最長久的人類歷史如此教導——且在懲罰上亦有如許多的**可歡慶**者！——

7

以這些思想，順帶說一句，我絕不是想要幫助我們的悲觀主義者們，在他們那個刺耳的、吱吱作響的生命之厭煩的磨盤上澆上水；相反，這些思想應該已經確切證明，當時，當人類尚不以其殘忍為恥之時，大地上生命比悲觀主義者所在的今日更加明朗。當人類**在人類**

31 「異端審判」原文為Autodafé，出自葡萄牙語，原義為「信仰行為」，指對異端的公開宗教審判，包括遊行、祈禱等公開儀式，後多以火刑而聞名。——譯注

32 參見《堂吉訶德》下卷第三十章以下，尤其是第四十四章。——譯注

面前滋生出羞恥之時，人類頂上天空與之俱增地越見陰鬱。那疲憊的悲觀主義目光，那對生命之謎的不信任，對生命之噁心所吐出的冰冷的不——這些不是人類世系的那些最邪惡年代的標誌：而毋寧說，當它們所屬的那個沼澤形成的時候，它們才，作為沼澤植物，出現於白晝光線之中，——沼澤指的是那種病態的柔弱化和道德化，「人」這種畜牲因此最終學會恥於他的一切本能。在朝著「天使」（這是為了不使用一個更強硬的詞）的路上，人類餵養著那個腐爛的胃和那個長苔的舌，通過這樣的胃與舌，不但動物的歡樂和無辜變得令他反胃，而且生命本身也變得沒有味道了：——以至於他有時自己對著自己捂住鼻子，跟諾森三世[33]一起，反感地列出一份令自己作嘔之物的目錄（「不潔淨的生育，子宮中令人噁心的滋養，人體成形於其中的惡劣材質，令人作嘔的惡臭，唾液、尿液、糞便等排出物」[34]）。到了現在，在反對此在的論證中，苦難必定總是列於第一排，作為論證最嚴重的問號，這時回憶一下那些時代是有益的，當時人們做出了相反的判斷，因為造成苦難對他們是不可或缺的，他們從中看到一種至高的魔力，一種引他們趨向生命的真正誘餌。也許當時——這麼說是為了安慰那些柔弱者——疼痛還

33　諾森三世（Innocenz III，今作 Innozenz III）：十三世紀初羅馬教宗，教會權勢在其任內至於頂峰。——譯注

34　據克拉克—斯文森，此引洛塔尼奧樞機主教（即諾森三世）《論人類境遇之悲慘》第二、三、四、八節，其書盡敘人類從出生到死亡之不幸，在中世紀流傳極廣。——譯注

不似今天那麼痛；至少一位治療過黑人[35]（且把他們當作史前人類的代表——）的醫生可能會得出這樣的結論，會令最有組織性的歐洲人幾近絕望的嚴重內部炎症，——在黑人身上**卻**不致如此。（事實上，一旦經歷了擁有過度文化[36]的上等階層或上等族群之後，人類疼痛能力曲線便呈現超常的、突然的下降；我個人並不懷疑，迄今為止所有為了獲取科學答案而接受尖刀的提問的動物，它們的疼痛全部加起來，跟某個獨身的歇斯底里的有教養小女人的一夜疼痛相比，簡直算不了什麼。）也許甚至可以容許有這樣的可能性，其實毋需斷絕對殘忍的樂趣：它只需要某種跟今日疼痛增長之情形成比例的崇高化和精微化，尤其是，在出現時要已經轉譯為形象性和靈魂性的東西，並且名字要根本不讓人多想，即使假裝虔誠的最細膩的良知從中也無所置疑（「悲劇之憐憫」就是一個這樣的名字；另一個是「緬懷十字架」[37]）。真正與苦難相抵忤的，不是苦難本身，而是苦難的無意義：不過，無論是曾經把一套完整隱秘的治療機械裝置安裝到苦難之中以解釋之的基督徒，還是更古老的年代善於從觀看者或造成苦難者的角度出發去解讀苦難的質樸人類，都不認為這樣一種**無意義**苦難竟終究存在。為了使這種隱蔽的、未被揭示的、沒有見證的苦難可能從這個

35　「黑人」，原文為 Neger，特指非洲深色人種，尼采之世並不具有貶義。——譯注

36　「過度文化」，原文為 Übercultur，表示發展得過於精細化的文化，此詞蓋源自赫爾德，他認為人類歷史皆由質樸發展為文化進而發展為過度文化。——譯注

37　「緬懷十字架」原文為法語 les nostalgies de la croix，其中 nostalgies［緬懷］指對過去事物的懷舊。——譯注

世界被創作出來並且被誠實地否定掉，當時人們幾乎是被迫去發明諸神，發明高處與深處的中間物[38]，簡言之就是發明某種東西，它們也漂浮在隱蔽物之中，也在黑暗中觀看，不會輕易錯過一場有趣的痛苦演出。而也就是在這樣一些發明的幫助下，當時生命擅長耍把戲，它向來擅長以把戲來為自己辯白，為它的「過惡」[39]辯白；現在，也許為此它需要其他的輔助發明（比如把生命當作謎，把生命當作認識問題）。「每種有一個神祇怡然於其景象的過惡皆已得到了辯白」：史前的感覺邏輯聽起來就是這樣的——而且真的只是史前邏輯是這樣的嗎？把諸神設想為殘忍演出的同夥——哈，這樣一種遠古想像甚至已經多麼深入地嵌在我們歐洲人的人化過程之中！關於這一點，可以思量一下加爾文和路德[40]。無論如何可以肯定，希臘人不知道為了他們的幸福還有什麼比殘忍的歡樂更加美味的配饗可以獻給他們的諸神。你們以為，荷馬讓他的諸神用怎樣的眼睛來看待人類的命運？特洛伊戰爭及類似悲劇性的恐怖在根本上有什麼最終的意義呢？根本沒什麼好懷疑的：在諸神看來他們就是節慶之遊戲：而且，就其中詩人被造就得比其他人更有「神性」而言，在詩人看來他們大概也被認為是節慶之遊戲……並無不同地，後來希臘的道德哲學家也認為神的眼睛還

38　「中間物」，原文為 Zwischenwesen，據《布羅克豪斯圖文百科全書》二〇〇四年版「Geister」條，天主教教義學中以指神與人之間的造物，尤指邪靈（Dämon）或幽靈（Geister）。——譯注

39　「過惡」原文為 Übel，據《杜登詞源辭典》，蓋源出於印歐語中與 über、ob 相關的「超過、之上」的詞族，本義為「過度、過分」；未知尼采是否暗涉此詞源，估拈出以待考。——譯注

40　路德有名言曰：「為避大惡，須承小過」（Um größere Übel zu vermeiden, muß man kleinere auf sich nehmen.）。——譯注

在俯視著道德上的搏鬥，注視著英雄業績和有美德者的自我折磨：那個「義務的赫拉克勒斯」[41]站在一個舞臺上的，他也知道自己在舞臺上；沒有見證的美德對這群演員民眾來說根本無法設想。那個如此魯莽、如此災難性的哲學發明，當時對歐洲來說第一次被弄出來的關於「自由意志」和人在善與惡中之絕對自發性的發明，難道首先不應該是為了自己創立一種想像的權利，想像諸神對人類、對人類之品德的興趣**從來不會耗盡**？在這個大地舞臺上，應該從來不乏真正的新事物，不乏真正聞所未聞的緊張、紐結、災難：一個被設想為是完滿的、決定論的世界對於諸神來說會是可預測的，從而簡單地說也會令他們倦然，——哲學家們，這些**諸神之友**們，有足夠的理由不用這樣一個決定論世界來苛求他們的諸神！整個古代人類，作為一個本質上是公開的、本質上一目了然的世界，沒有演出和節慶則不知幸福為何物的世界，始終飽含對「觀看者」無微不至的照顧。——而且正如已經說過的那樣，偉大的**懲罰**也有如此多的可慶祝之事！……

8

重新接續我們的研究進程，負罪感、個人義務感，如我們所見，其

41 赫拉克勒斯（Herakles），一譯海克力士，此處當指著名的寓言「赫拉克勒斯的抉擇」，赫拉克勒斯最終選擇美德女神之路，即辛勤工作的道路；希臘神話中，赫拉克勒斯的不少業績可視為以勞役的形式對義務的履行。——譯注

起源就在那種曾經有過的最古老、最本源的個人關係中，在買者與賣者、債權人與債務人之間的關係中：在這裡，個人第一次反對個人，個人第一次以個人來衡量自身。找不出一個低等文明，其中會沒有某些與這樣一種關係相關的值得我們注意。制定價格，估量價值，設想等價物，交換——這些先行占據了人類最初的思維，先行到這樣一個程度，乃至某種特定意義上這就是唯一的（das）思維：這裡培養出最古老的那種敏銳，或許可以猜測，那種人類的自豪，他在考慮到其他畜牲時的那種優越感，其最初的發端也恰恰在於這裡。也許我們說的「人」（末那[42]）這個詞正好表達了某種跟這種自身感覺相關的東西：人把自身標識為那種對價值進行衡量、評價再衡量的造物，「自在估價的動物」[43]。買和賣，連同其心理學的附屬物，甚至比任何一個社會組織形式或者社會聯繫都更為古老：從個人權利的最初等形式起，關於交換、契約、債、權利、義務、償還的萌芽感覺毋寧是首先轉移[44]到那些最粗糙和最初級的共同體複合物[45]（處在跟相類似複合物的關係當中）上去，同時伴隨著用權力對權力進行比較、衡量和估算的習慣。眼睛於是一下調整到這樣一個視角：通過那樣一種粗俗的推論，較古老的人類那緩慢運動、卻是無情地朝著同一方向行進的思考

42　「末那」，原文為manas，梵語之音譯，漢譯佛典或譯為「心」、「意」、「意念」；末那識（manovijnana）為佛教八識中之第七識，指凡人所區分人我之知。——譯注

43　「自在的估價動物」，原文為（das）abschätzende Tier an sich，是對康德「自在之物」概念的戲仿（本書其他地方已多出次現），所謂「自在」（an sich）蓋強調估價活動既為人之自性具足者，是後發的主觀反思所無法觸及者。——譯注

44　「轉移」，原文為übertragen，同時含

所特有的那種推論，人們立即在大範圍的概括中得出「物物皆有其價格；**一切**皆可被償付」——得出關於**正義**的最古老和最質樸的道德圭臬，大地上所有「好心腸」、所有「合情理」、所有「善良意願」、所有「客觀性」的開端。處在這個第一階段上的正義，乃是權勢大致相等者之間相互報償、通過某種償還而彼此重新「達成一致」的善良意願——以及，對於權勢較小者，則**強迫**他們彼此間作出某種償還的善良意願。——

9

若一直用遠古的尺度來衡量（順便說一下，這個遠古時代在一切時代都存在或者有可能重新存在）：公共體[46]與其局部也處在那種重要的基本關係、即債權人與債務人的關係之中。人們生活在一個公共體中，人們享受一個公共體的利益（哦，是怎樣的利益呵！我們今日會時不時地低估了這個），人們受保護、受照顧地居住在和平和信任中，不用為特定的損害和敵對擔憂，而**外面**的人即「被褫奪權利者」則暴露於這些損害和敵對之下——一個德意志人會理解，「困頓」，即 èlend 的本義[47]——，正如人們恰恰是鑒於這些損害和敵意而把自己

有「轉譯」、「轉印」、「轉記（轉帳）」、「傳染」等意思。——譯注

45 「共同體複合物」，原文為 Gemeinschafts-Complexe；Complex 表示某種由雜多合成為一體的複合物。——譯注

46 「公共體」，原文為 Gemeinwesen，特指政治性集體，今有以此翻譯拉丁語中的 res publica［共和國］者。此譯借取日語譯名。——譯注

47 德語中「困頓」（Elend，形容詞讀作 èlend）源於中古高地德語的 ellende，表示「在陌生的國土上，流離失所」。——譯注

抵押給集體，為其負義務。**如若不然**，會怎麼樣呢？共同體，失望的債權人，會盡其所能自行尋求支付的，這是可以計算的。這裡至少要包括損害者所造成的直接損失：除此之外，那罪犯首先還是一個「破壞者」，一個反對**全體**而打破契約和諾言的人，直到那時為止，就共同體生活的一切好處和便利來說，他是擁有過這個全體的一份的。這個罪犯是一個債務人，不但沒有償還已供給他的那些收益和預付款項，甚至還要侵奪他的債權人：所以，從此刻起，合乎情理地，他不但喪失所有這些好處和收益，——現在他更會意識到，**這些好處意味著什麼**。受損害債權人即公共體的怒火把他趕回到那種蠻荒的被放逐狀態，直到那時為止他是一直受到保護不致落入其中的：它把他推開，——現在種種敵意皆可朝他傾瀉。在開化（Gesittung）的這個階段，「懲罰」簡直就是那個受人憎惡、被去除了防護、被打倒在地的敵人所反襯出來的合規範行止的反像、**謔仿**[48]，他不但要倒扣掉一切權利和保護，還要倒扣掉一切恩典；也就是那種 vae victis［被征服者是該死的］[49]極盡無情與殘忍的戰時權利和勝利慶祝：——從中也表明，戰爭本身（包括戰時的殺牲祭禮）提供了歷史上懲罰所藉以出現的所有**形式**。

48 「謔仿」（Mimus），指源於古希臘喜劇的促狹甚至醜化的模擬，多有喜劇效果。——譯注

49 西元前三九〇年，高盧圍羅馬城，羅馬以黃金乞降，受降之日羅馬人抗議料量不公，敵酋布倫努遂擲劍於秤上，說出這句話。參見李維，《羅馬史》第五卷第四十八章。——譯注

10

權力增強時，一個公共體則不再認為單個人的違法行為有多麼重要，因為對它來說，這些行為對全體不會再具有早先那種程度的危險性和顛覆作用了：為惡者不再被「褫奪權力」和驅逐，普遍的怒氣不再可以像早先那樣無節制地傾瀉於他身上，——從現在起毋寧是，在這種怒氣、特別是在那些直接受害者跟前，為惡者要受到全體這方面的謹慎防護。對惡行之首先牽涉者的怒氣做出妥協；付出某種努力，將案件限於局部，避免某種擴大甚至是普遍的參與和攪亂；嘗試去找出等價物，調停整個交易（贖刑[50]）；尤其是那種越來越明確地出現的意志，要把每件違法行為當作在無論哪種意義上*可償付*的，也就是至少可以在某種特定的程度上把罪犯和他的罪行*分隔*開，——這些是在刑法的進一步發展中越來越清楚地烙上的特徵。如果一個公共體的權力和自身意識增長了，則刑法亦越發溫和；而每逢虛弱或較深重的危局，則刑法的較強硬形式便再度顯著。「債權人」越富有，便總是在相應的程度上變得越人性；最後，衡量他財富的*尺度*甚至是他可以承受多少損害而不以之為苦。社會有一種*權力意識*或許並非不可想像，以此意識，社會可許以它所有的最高尚的奢侈，——任由損害社會的

50　「贖刑」，原文為 compositio，指用支付特定財物給受害者親屬以贖免罪犯的刑罰。據《尼采頻道》，引自波斯特：《基於比較族群學的普遍法學預備考察》，第一卷，第171頁，181頁以下。——譯注

人不受懲罰。「我的寄生蟲其奈我何？」它那時可以這樣說。「且讓它們活命和壯大：對付這些我還足夠強健！」……正義，起於「一切皆可償付，一切必須償付」，訖於對無支付能力者寬以釋之，——如同大地上的每件好事物一樣，它揚棄自身而終止。正義的這種自身揚棄：人們知道它以何種美名自命——恩典[51]；不言自明，它始終是最有權勢者的特權，或不如說是最有權勢者超然於法律之彼岸的特權。

11

——跟新近出現的一些嘗試不同，這裡有一種對立的說法，要到一個完全不同的地基上去尋找正義的起源——到怨恨那裡去找。這是衝著那些心理學家們的耳朵說的，假定他們還有興趣切近鑽研一下怨恨本身：這種植物今時在無政府主義者和反閃族主義者們中間開得最美麗，順便說一下，跟它們向來開花時那樣，是開在隱蔽處的，像紫羅蘭一樣，當然氣味有所不同。正如從同類中永遠必然只會產生同類，不足為奇，恰恰是從這些圈子裡能看到有一些嘗試在出現，正如它們多次存在過的那樣——參見前篇第十四節[52]——，在正義之名下將復仇神聖化——彷彿正義從根本上不過是受傷害的感覺的某種進一步發

51 「恩典」，原文為Gnade，亦可譯為「仁慈」，在基督教中特指人需信靠的上帝的恩典。——譯注

52 參見本書第90–94頁。——編注

展似的——，並且隨著復仇，把那種一般**反應性**情緒全面地在事後加以尊崇。對於後者本身我最不會排斥：我以為，從整個生物學問題（與此問題相關，那些情緒的價值迄今皆被低估了）的角度來看，它甚至是有**功勞**的。唯獨令我注意的是這種情況，即正是從怨恨精神本身中，生出了科學之公允的新變調（有利於憎恨、嫉妒、忌憚、狐疑、怨氣、復仇）。這種「科學之公允」，一旦事關另一個情緒群，便立即停步不前，騰出地方讓抵死的敵意和先入之見擊響重音（杜林[53]：《生命之價值》；《哲學教程》；其實處處可見），這另一個情緒群，依我之見，比那些反應性情緒有著高得多的生物學價值，因而它們才首先當之無愧值得**從科學上**受到估量和高估：即真正的**主動性**[54]情緒，如統治欲、占有欲及類似者。針對這個普遍的趨勢就說這麼多：不過關於杜林的個別命題，即要到反應性感覺的地基上去尋找正義的發源地，人們必須，為真理之故，以生硬的顛倒，用下面這個命題來反對：**最不堪**為正義精神所占據的，就是反應性感覺的地基！如果真的有這樣的事，即正義的人甚至在反對其損害者之時，亦保持正義（而且不只是冷漠、有節制、陌生、無動於衷地這樣做：正義總是**肯定性**[55]的行止），如果那雙正義的、**正視**的眼睛的客觀性，那種高明而

53 Eugen Dühring，德國哲學家、經濟學家。恩格斯著名的《反杜林論》即針對其論點所著。——編注

54 「主動性」（aktive）與「反應性」（reaktive）相對，後者為對前者的「回應」。參看本書第一篇第十節（參見本書第77頁）。——譯注

55 「肯定性」原文為positives，亦可解為「積極」，義同「主動性」。——譯注

清晰、深沉又溫和地注視著的客觀性，即使受到個人之傷害、嘲弄、嫌棄的衝擊，仍然沒有陰霾，那麼，這乃是大地上的一份完滿和最高的化境，——甚至是某種人們聰明的話在這裡就不會期待的東西，某種人們無論如何都不應該輕易相信的東西。肯定，平均而言，即使是對最正派的人士來說，一份小劑量的攻擊、惡意、猜忌也已經足以把血驅到他們的雙眼裡，而把公允擠出視線。具有主動性、攻擊性、侵犯性的人，總是比反應性的人離正義更近一百步；他恰恰不需要以反應性的人所做的那種方式去做，去虛假和先入為主地評價他的對象。因此事實上在任何時代，侵略性的人，作為更強健者、更勇猛者、更高尚者，在他那一方面總是有更自由的眼光，更好的良知：人們已經猜到，相反地，那個昧了良知地發明「壞良知」的到底是誰，——怨恨之人！最後可以回顧一下歷史：看看迄今為止大地上到底在哪塊地盤上，對法的全盤操控、對法的真正需求是家傳的本行？是在反應性的人類那裡嗎？完全不是：毋寧是在行動者、強健者、自發者、侵略者們的地盤上。從歷史學的角度看，大地上的法——說起來真是掃了上面提到的那位煽動家的興（他本人有一次關於自己的坦白：「復仇學說，作為正義的紅線，貫穿了我的一切工作和辛勞」）——恰恰是在進行對抗那些反應性感情的鬥爭，站在行動性、侵略性的權力一邊對它們進行戰爭，這些權力把它們的強力部分地用於禁止和節制這種過分的反應性的感情用事，對之作出強行的調解。凡是正義被實施和樹立之處，人們總是看到，一個跟屈居其下的弱者相對而言更為強健的權力（可以是群體或者個人）在尋求手段以結束怨恨那無意義的暴怒，有時是把怨恨的物件拉出復仇之手，有時是在自己這邊發動針對和平與秩序的敵人的戰鬥以取代復仇，有時是發起、建議、有時是強迫償還，有時是把某些特定的損害等價物提升為規矩，一錘定音，讓怨恨今後准此施行。針對那些對立性和後遺性的感情，最高暴力所實行和貫徹的最具決定性的舉動——它一旦強得足夠這麼做便會這麼做——是法律[56]的建立，對於在它眼中究竟何者須視為允許與合法、何者為禁止與非法所做的律令性解釋：法律建立之後，它把個人或整個群體的觸犯和專斷行動當作對法律的褻瀆，當作對最高暴力的抗命不遵來處置，由此，它將它的屬民的感情從此類褻瀆所造成的直接損害那裡引開，積以時日，就走到所有只從受害者視角去看待、只讓受害者視角起作用的復仇心意的反面——：從現在起，將使眼睛熟習於對罪行做一種越來越非個人的評價，即使是受害者本人的眼睛也是如

56 「法律」原文為Gesetz，特指由國家建立的法，其字源（setzen）有「設置」、「固持」之義，另一義是「規律」；與下文的「法」（Recht，即Gerechtigkeit［正義］的字根）皆可指法律，而後者含義較廣，既指法律，亦指規範，另一個意義則是「權利」。——譯注

此（當然，如之前點出的，這是最後一步）。——與此相應，自法律建立始（而並非如杜林所想的，自傷害的行動始）乃有「法」與「非法」。本質上，亦即就它的基本功能而言，生命發揮著傷害、強暴、剝削、消滅的功能，沒有這種特徵生命不可設想，就此而言，談論法和非法本身缺乏任何意義，某種傷害、強暴、剝削、消滅，其本身當然可能並無「非法」之處。甚至還必須承認某種更加值得思慮的事：從最高的生物學立場出發，合法狀態只可以是例外狀態，作為對追逐權力的真正生命意志的部分約束，而且作為單個手段從屬於整體目的之下：也就是說作為創建更大的權力統一體的手段。把某種法律秩序想成是絕對主導和普遍的，不是把它當作諸種權力複合物的鬥爭手段，而是當作根本上反對一切鬥爭的手段，比如按照杜林那種共產主義範本，一定要把每個意志都等同起來，則是一條與生命相敵對的原則，是人類的毀壞者和消融者，是對人類未來的一次謀殺，是疲憊的一個信號，是折向虛無的一條秘道。——

12

這裡對懲罰的起源還要說一句——有兩個分開或應該分開的問題：

可惜人們習慣於把它們扯在一起。在上述問題上，迄今為止的道德系譜學家們搞得究竟怎麼樣呢？一如既往地天真——：他們隨便從懲罰中找出某個目的，比如復仇或恐嚇，然後不多想，把這個目的設到開端，當作刑罰的 causa fiendi〔始發原因〕，然後——就完了。可是，「法之目的」卻是最不該用來解釋法的發生史的：而毋寧說，對於一切種類的歷史學來說最重要的莫過於如下這番花費如許辛勞贏得、而其實也應該是贏了的法則，——即：一件事物的起因、它最終的有用性、它事實上被置於一個體系中的使用和分類，迥然有別於目的；某種現有的、不管以哪種方式臻於完成的東西，總是一再被一個對其占優勢的權力重新看待，重新收歸己有，為了某種重新使用而接受改造和扭轉；有機世界中的每個事件，都是一次征服，是某物成為主人，而所有征服和成為主人則都又是一次重新闡釋和編造，此時，之前的那個「意義」和「目的」必然要被掩蓋甚至抹殺。對於不管哪種生理器官（或者是一個法律機構，一種社會禮教，一種政治慣例，藝術或者宗教儀式方面的一種形式），如果還照這樣去深入把握它的有用性，那麼，人們在其發生問題上就一無所獲：不管那些老耳朵們聽到這個有多麼不舒坦，不痛快，——因為自古以來人們已經相信，要到某件事物、某種形式、某個機制的可證明的目的和它的有用性中去把握它發生的根據，把眼睛當作是為了看而造出的，手是為了拿而造出。所以，人們也把懲罰想像成為了懲罰而發明的。可是，一切目的、一切有用性都只是標記，表明的是，一個權力意志壓倒某個權勢較小者則成為主人了，從自己出發把關乎某種功能的意義烙在後者身上；照此方式，一個「事物」、一個器官、一種慣例的全部歷史可以是由不斷更新的闡釋和編造相繼組成的記號鏈條，它們的諸種原因本身毋需彼此有所關聯，毋寧僅僅是時或偶然地彼此先後跟進和交替。與此相應，一個事物、一種慣例、一個器官的「發展」決不是它朝向某個目標的 progressus［進步］，更不是一次合乎邏輯的、最便捷的、耗費最少的力量和代價達到的進步，——而是由多個在它這裡進行的征服進程組成的前後序列，這些進程的深入程度不同，彼此或多或少是獨立的，然後還包括每次耗去的相反的抵抗，出於防衛和反應的目的所嘗試的諸種形式變換（Form-Verwandlungen），以及成功的對應行動的諸種後果。形式是流動的，「意義」更是流動的……即使在每個單個器官內部也無不同：隨著整體的每次本質性生長，單個器官的「意義」也在滑動，——有時，它一步步地臻於完成，它在數量上的減少（比如通過肢節的消失）可能是生長力和完滿性的一個標誌。我願意說：一步步變得無用，枯萎和蛻變，意義和合目的性的喪失，簡而言之即死亡，乃是真正進步的條件：進步總是以一個朝向更大權力的意志和道路的形態表現出來，總是以大量較小權力為代價得以達成。一次「進步」之偉大，甚至是以所有必須為之犧牲者為尺度來度量的；把全人類（Menscheit）當作某個單一的更強健物種的壯大的尺度而犧牲掉——這或可為一個進步……——我高舉歷史學方法論的這一首要觀點，尤其是當它從根本上背離於時下盛行的那種本能和時代趣味，後者更樂於忍受所有事件的絕對偶然性，也就是機械論的無意義性，而非接受論述一個在所有事件中自行演進的權力意志的理論。那種民主式的、反對一切統治和意願統治者的特異反應，那種現代的厭治主義[57]（對一件壞事得造個壞詞）已經逐漸地移置並偽裝到精神性、最精神性之物中去了，並到了這樣一個程度，使它今日已然一步一步地滲入、可以滲入到最嚴格的、貌似最客觀的科學中去了；是的，在我看來，它已經主宰了整個心理學和生命學說，不用說是在損害著它們，念著咒語，讓一個基礎概念、真正主動性的概念從它們這裡消失了。在那樣一種特異反應的壓力之下，人們大肆宣揚與之相

57　「厭治主義」原文為Misarchismus，蓋由意為「mis-」（希臘語中意為「憎恨」）與「archi-」（希臘語之意為「政府、統治」）結合，再加通常譯為「主義」的「-smus」，直譯可為「厭惡政府主義」；它或是由較常見的「Misanthrophie」（厭惡人類、憤世、厭世）和「Anarchismus」（無政府主義）而造。——譯注

反的「適應」，即一種第二等的主動性，一種純然的反應性，人們確實把生命本身定義為一種對外在形勢越來越合目的的內在適應（赫爾伯特・斯賓塞）。生命的本質，生命的權力意志，卻由此被誤解；那些自發的、進攻性的、侵犯性的、做出新解讀、指向新方向和塑造新形態的力量（隨著這些力量的作用而來才有了那個「適應」）所具有的原則上的優勢，由此被忽略；有機體中最高職能（生命意志就行動性地、賦形性地表現於這些職能中）的統治性角色，由此被否認。人們回想起赫胥黎[58]給斯賓塞們提供的母題[59]，——他的「行政虛無主義」：不過，這裡涉及的可不止是「行政」……

13

——回到正題，我們在懲罰上要區分兩樣東西：一方面是懲罰這件事上相對有延續性之處，慣例、行動、「排演」[60]、某一套特定嚴格的程式[61]步驟，另一方面是它流動不居之處，即此類程式的履行所關係到的意義、目的、期望。在這裡且直接假定，根據剛才演繹出的那條歷史學方法論的首要觀點，**per analogiam**［依此類推］，比起程式在懲罰方面的應用，程式本身是某種更古老、更早的東西，那種應用最初是

---

58 據克拉克—斯文森，此處引自赫胥黎：〈行政虛無主義〉，《雙周評論》（一八七一年十一月一日），第525—543頁。此文重述自由民主體制對政府（統治）職責之理解，主張應不分貴賤，對全民進行教育。

59 此句尼采表述易引誤解。「為……提供的母題」原文為zum Vorwurf…… gemacht，多種英譯均譯為「對……的指責」，不通。Vorwurf除了通常表「指責」之外，還有一個更古老而少見的意義表示「母題」，此處當指赫胥黎對斯賓塞的社會達爾文主義的影響。赫胥黎於一八六四年創建X俱樂部，同年頒科普利獎章給達爾文。這個俱樂部九名成員中包括斯賓塞（故尼采這裡說「斯賓塞們」），尼采寫作此書時它

被增解到、深文周納到（早就存在的、只不過是在另一種意義上很常見的）程式中去的，簡言之，事情並不像我們那些天真的道德系譜學家和法律系譜家們迄今所以為的那樣，他們統統認為，程式是出於懲罰的目的而發明的，猶如早先是出於抓握的目的而發明了手似的。至於懲罰的另一方面因素，其流動不居之處，它的「意義」，在一個相當晚期的文化狀況（比如在今日之歐洲）中，「懲罰」概念其實不再是給出一種意義，卻是對諸種「意義」的一個完整的化合物——：迄今為止的一般懲罰歷史，為各種不同目的而極盡利用懲罰之能事的歷史，最終結晶成某種統一體，難以溶解，難以分析，還必須強調的是，完全不可定義。（今日不可能確切地說，到底為什麼受懲罰：所有藉以從症候學方面[62]對一次完整訴訟程式作出總結的概念，皆無從定義；可定義的只是那種無歷史之物）在一個早先的階段則與此相反，那種「意義」化合物似乎還是比較容易分解，也更容易滑動；人們還可以體會到，在各種個別情況下化合物中元素的化合價是怎樣改變並相應地重組的，從而使得時而這種、時而那種元素會以其他元素為代價而占據上風和主導，有時甚而一種元素（如恐嚇的目的）似乎會抵消其他元素的所有餘值。至少可以想像一下，懲罰的「意義」是怎樣不確定

在科學界的影響正處頂峰；據說俱樂部「唯一的規則就是沒有規則」，此可見赫氏的進化論及「厭治主義」立場。——譯注

60 「排演」原文為Drama，通義為「演戲、戲劇」，尼采於此蓋指涉此詞的希臘文母詞δρᾶμα［行動］。——譯注

61 此節中的「程式」（Porzedur）與「訴訟」（Prozess）同源，皆出於表示「進程、一系列推進的執行步驟」的拉丁詞pro-cedere。——譯注

62 「從症候學方面」原文為semiotisch，蓋指「能概括所有刑罰現象的（概念）」。Semiotik［症候學］今日最常用義為「符號學」或「記號學」，在尼采當時則主要從醫學上解（雖有經院哲學及洛克提到過「記號學」，其義於此則難通），指對某類疾病所有症狀的系統研究：症候本為疾病之後果，不可倒以為因。——譯注

的、事後的和臨時的，同樣一套程式可能怎樣依據根本不同的意圖而被運用、讀解和編造：因此這裡是有成規的，在我看來，甚至是基於某種照比例來看甚是微小和偶然的佐證而定出的成規。懲罰作為對損害的消除，作為對進一步損害的阻止。懲罰作為對受害者所受損害的償還，不管是以什麼形式（即使是以一種情緒代償的形式）。懲罰作為為了防止干擾的進一步蔓延而採取的平衡性干擾。懲罰作為對決定和執行懲罰者之恐懼的灌輸。懲罰作為罪犯此前所享有好處的償還（比如把他作為礦山奴工來加以利用）。懲罰作為對某種蛻變成分的排除（有時是排除一整個分支，就像按照中國的法律那樣：由此懲罰作為使種族保持純潔的手段或者把某種社會類型固定下來的手段）。懲罰作為節慶，也就是作為對一個終於被打倒的敵人的強暴和嘲弄。懲罰作為一種記憶之製造，或是給那個遭受懲罰者——即所謂的「改善」[63]，或是給那些執行時的見證者長記性。懲罰作為保護作惡者免受過度報復的權力一方要索取的某種酬謝。懲罰作為對復仇之自然狀況的折中，只要這種自然狀況還為掌權的世系所維持並收為特權。懲罰作為對某個和平之敵、法律之敵、秩序之敵、當權者之敵的宣戰和戰爭處分（Kriegs-maassregel），這些敵人據信危及了公共體，就契約

63 「改善」原文為 Besserung，此照字面譯，法學界通譯為「矯治」、「矯正」等，指用某種特定刑罰以對違法者進行矯正改善，預防重犯。——譯注

的前提來看破壞了契約，是作亂者、叛變者與和平破壞者，懲罰之手段則就是戰爭所賜予的那些手段。——

14

上面這份清單當然是不完整的；懲罰顯然過多承載了各種各樣的有用性。尤其可以從它上面扣除一種人們**以為**的有用性，即便流行意識認為這是懲罰最本質性之處，——今日出於許多原因已經動搖了的對懲罰的信念，恰恰是在這一點上，還找到一個最強有力的支撐。懲罰應該有能喚起債務人**虧欠感**的價值，在懲罰中人們尋找那種被稱為「良知不安」、「良知有愧」[64]的靈魂反應的真正工具。而由於這一點，時至今日，人們自己還在強行擺弄現實，擺弄心理學：而在人類最長久的歷史上，在他的史前史上，他們所強行擺弄還要多得多呢！恰恰在罪犯和刑犯中，真正的良知有愧是最最少見的東西，囚徒、監犯**不是**這個咬蟲類物種所偏愛滋生的菌室：——對此所有有良知的觀察者都會同意，他們在許多情況下會相當不樂意和違背最本真願望地給出這樣一種判斷。從大處來看，懲罰是鍛打和淬冷；它使人專注；它磨尖了疏離感；它強化了抵抗力。如果出現這樣的情況，即

64　「良知有愧」原文作 Gewissenbiß，字面義為「良知在齧咬」，與下文的「咬蟲」（Nagewurm）相應；康德曾用這個德語詞翻譯下節出現的拉丁詞 morsus conscientiae（參見《康德文集》第四卷，《道德哲學講稿》）。——譯注

懲罰摧毀了能量，導致一種可憐的虛脱和自身貶屈，則這樣一種結果肯定比懲罰的平均作用要更加不舒服：那種平均作用的特點本是一種乾枯陰沉的嚴肅。不過，且想想在人類史前的那些個千年吧，我們就可以不假思索地斷言，虧欠感的發展恰恰通過懲罰被最強有力地中止了——，至少對於懲罰之暴力所加諸的那些犧牲者們來說是這樣。也就是說我們不要低估，在何種程度上恰恰是法庭上和執行中的訴訟程式本身，阻止罪犯把他的罪行、他的行為種類本身感受為應當譴責的：因為他清楚地看見，相同種類的行為為了服務於正義而被犯下，而且是受到稱許、心安理得地被犯下：刺探、使詐、行賄、設陷阱，那整套取巧鑽營的員警和檢察技巧，然後又清楚地看見，正如在各種不同的懲罰中展露出來的那樣，那種最基本的、甚至不曾用一時激動來諒解的剝奪、壓制、辱罵、逮捕、拷打、殺害，——由此他清楚地看見一切沒有被他的法官們就其本身、而只是基於某個特定的考慮和利益指向才加以譴責和判決的事情。「壞良知」，我們的地球植被中這株最隱秘和最有趣的植物，不是在這片土壤裡生長的，——事實上，在那些審判者、懲罰者本身的意識裡，在最長的時間裡並沒有什麼表達，說人們跟某種「虧欠」有關。有關的是某個造成損害者，某件不負責任的禍事。而那個隨後懲罰也會像一件禍事落到他頭上的那個人自己，在那時，除了當某種未曾逆料之物、一次恐怖的自然事件、一塊猛然砸落的石頭突然來到時造成的之外，是不會有什麼其他「內在痛苦」[65]的，面對那塊石頭，他是不會再有任何抗爭的機會了。

15

這一點曾一度讓斯賓諾莎相當尷尬（說句讓他的解釋者們不高興的話，他們，比如庫諾·費舍爾[66]，全力以赴要在這個地方誤解他），在一個下午，誰知道呢，他在不知哪一塊回憶上蹭癢癢，沉浸在這個問題裡：對他自己來說，在那個有名的 morsus conscientiae[67]［良知有愧］中剩下的到底是些什麼——他把善和惡降格為人類的想像，憤然反對那些瀆神者，捍衛他那個「自由的」上帝的榮耀，那些瀆神者主張：上帝 sub ratione boni［出於善的理由］作用於萬物（「今謂神為受命運支配，則關於神的看法實沒有比這更不通的了」——）。對斯賓諾莎來說，世界又退回到它在壞良知被發明之前就在擺在裡面的那個無辜之中去了：這個 morsus conscientiae［良知有愧］會變成什麼東西呢？「gaudium［欣慰］的對立面，他最後說，——一種悲傷，伴隨著

---

65 「內在痛苦」（innere Pein），蓋源自聖多瑪斯·阿奎那對外在與內在之痛苦孰強的討論（《神學大全》第二集第一部第三十五問論題七）。——譯注

66 庫諾·費舍爾（Kuno Fischer），當時海德堡大學教授，其哲學史著作在當時負有盛名；據迪瑟，此處引用他的《現代哲學史》，海德堡，一八六五年，1.2。——譯注

67 斯賓諾莎原文作 conscientiae morsus［有愧的良知］，現有相應漢譯作「悔恨」或「惋惜」，見斯賓諾莎：《倫理學》，賀麟譯，北京，商務印書館，一九九七年，第114—115頁和第156頁。——譯注

對過去一件違背所有期望落空的事物的表象。」《倫理學》第三部分命題十八附釋一、二。[68] 數千年來，那些挨受懲罰的作惡者們對他們的「過失」[69]的感受，無非就跟斯賓諾莎一樣：「沒想到這次居然失手了」，而不是：「我本來不該這樣做的」——，他們屈服於懲罰，就像人們屈服於疾病、災禍或者死亡一樣，帶著那種由衷的宿命論，毫不反抗，憑著這種宿命論，比如今日的俄國人，在操控生命方面對於我們西方人還占有優勢。如果當時曾有過對罪行的批評，作出批評的也是那種聰明：對聰明的某種強化，對記憶的某種延長，某種決定今後幹活要幹得更謹慎、多留個心眼和更加隱秘的意志，對人們太過虛弱而經不起許多一勞永逸之事的洞見，以某種自我評判所作的改善，無疑，我們必須在這些方面去尋找懲罰的真正作用。在人和動物而言，通過懲罰大體能夠達到者，是恐懼的增長，聰明的強化，欲望的臻於純熟：懲罰以此馴化人類，不過也不是而使之「改善」，——人們倒有更多理由作相反的主張。（民眾說，「吃虧使人聰明」：凡吃虧使人聰明之處，也使人變壞。幸運的是，它相當常見地使人變蠢。）

---

68 此據德語譯出，可參見斯賓諾莎，《倫理學》，賀麟譯，第115頁；斯賓諾莎原文作「morsus est tristitia opposita gaudio」[悔恨是與欣慰相反的一種痛苦]，此處「悔恨」（morsus）即「良知有愧」（conscientiae morsus）之「愧」。——譯注

69 「過失」，原文為Vergehen，有兩層意思，既指違法行為，也有「消逝、過去」的意思。——譯注

16

到這裡，為了幫我自己關於「壞良知」起源的假說給出一個初步的、暫時的表達，再也不必繞什麼彎子了：這個假說不容易呈現給聽眾，它要長久的考慮、醒察和夢思。我把壞良知當作深重的病患，人類在他們所曾體驗的一切變化中最徹底的變化的壓力下，必然為它所腐蝕，——那種變化就是，他們發現自己最終處在社會與和平的制約之中。這些最適應荒野、戰爭、遊蕩、冒險的半獸人所處的境況，無非就跟水生動物一樣，它們必定被迫要麼變為陸生動物，要麼毀滅，——它們所有的本能一下子都失去價值，被「擱置」了。在此之前它們為水所負載，今後則應該用腳行走，「自己承載自己」：一份要命的重量壓到它們身上。要做最簡單的事務，他們都感到自己不聽使喚，對於這個新的未知世界，他們不再擁有那些古老的嚮導，不再具有那些給出規則的、無意識地安全指引的衝動，——那些衝動被還原為思考、推理、計算以及原因和作用的聯結，被還原為這些不幸的傢伙的「意識」，他們那最貧乏、最抓不住東西的器官！我相信，大地上從未有過這樣一種艱難的感覺，這樣一種累贅的彆扭，——而同時，那些古老的本能從來沒有停止提出它們的要求！只不過，很難、很少有可能遂它們的願：它們最主要的事必定是為自己尋找些新的、如在暗中的滿足。所有沒有釋放到外部去的本能，都**轉向內部**——這被我稱為人類的**內向化**（Verinnerlichung）：由此才從人類上面長出後來人們稱為其「靈魂」者。這整個內在世界，超初單薄得就像夾在兩層皮膚之間，會依照人類向外釋放時所受**阻礙**的程度，發散開來，蔓延開來，成其深度、廣度和高度。國家組織藉以保護自己不受那些古老的自由本能（Instinkte der Freiheit）之害的諸般恐怖壁壘——其中首推懲罰——導致那個野蠻、自由、遊蕩的人類的所有那些本能幡然向後，**轉而反對人類自身**。敵意、殘忍，對追蹤、襲擊、奪改、摧毀的樂趣——所有這一切都轉而反對這些本能的擁有者自身：這**是**「壞良知」的起源。人類，這個因為缺乏外部的敵人和抵抗而被擠到一個逼仄的角落裡，擠到禮教的合規則性裡，不耐煩地撕扯、追逐、齧咬、驚擾、虐待自己的人類，這個人們想要「馴服」的、在自己的籠柵上撞傷的動物，他若有所失、被對荒野的懷鄉病弄得憔悴，他必須從自己這裡造出一段冒險，一間刑訊室，一片不安穩的、危險的荒野——這個小丑，這個有所嚮往而又絕望的囚徒，成了「壞良知」的發明者。由壞良知卻引起了那個最重大、最陰深難測的病患，全人類直至今日仍未痊癒的病患，人類於人類、在其自身所罹受的病：作為跟動物性過去的一次猛然分離的後果，一次似乎進到新的境況和此在條件中來的跳躍和突進的後果，一次向他的力量、樂趣和恐怖迄今所依以為據的那些古老本能宣戰的後果。讓我們馬上補充下面這一點：另一方面，伴隨著一種自己轉而反對自身、自己跟自身作對的動物靈魂這一事實，大地上竟有了某種如此新穎、深沉、前所未聞的謎一樣的東西，充滿矛盾和充滿未來的東西，以至於，大地上的視線方位（Aspekt）已經隨之而本質性地轉變了。事實上，要評判這齣由此開幕、其結局且全然尚未可知的演出，需要神性的觀者，——一齣太過精妙、太多奇跡、太過悖謬的演出，在某個可笑星球上亦不可能毫無意義、不受矚目地演過！自那時起，人類是和那些最出乎意料、最激動人心的博彩算在一起了，赫拉克利特所說的那個「大孩子」——無論他叫宙斯還是叫偶然——所玩的那些博戲，——他為自己喚醒了一點興趣，一分緊張，一個希望，近乎一種確定性，彷彿有種東西隨著他而預告要到來，某種東西在準備著，彷彿人類不是目標，而只是一條道路，一次意外事件，一座橋樑，一個偉大的許諾……

17

這個關於壞良知起源的假說的前提首先包括，上述那樣一種轉變並非緩慢和自願的，並沒有表現為一次融入新條件中去的有機的生長，而一個斷裂，一次跳躍，一陣強制，一場不容拒絕的厄運，沒有反對這場厄運的戰鬥，甚至連怨恨也沒有。其次則是，一群到那時為止未受羈絆、未曾有形式的居民被嵌進一個固定的形式中去，正如他們通過一次暴力行動創得開端，亦只有通過純粹的暴力行動而得其結局，——與此相應，最古老的「國家」作為一種可怕的霸權、一架毫無顧惜的碎壓性機器登場並且持續運轉，直到這樣一團民眾和半獸人的原材料最終不但是被揉搓透徹，柔軟順從，而且還被賦予形式。我用的是「國家」這個詞：指的是誰，不言自明——一夥金毛食肉動物，一個劫掠者和主人的種族，他們以戰爭的方式組織起來，以組織的力量毫不遲疑地把他們可怕的爪子搭在某個在數量上也許遠遠超出卻還沒有形態、還在遊蕩的居民之上。「國家」確實是以此方式在大地上開始的：我想，那種以為它是從一個「契約」開始的迷狂已被破除了。誰若能夠下命令，若天性即為「主人」，若以暴力行事而成其作品和姿態，——他要用契約來幹什麼呢！人們沒有料到有這些傢伙，他們像命運一樣到來，沒有來由、理性、顧慮、藉口，他們到了就像閃電到了，太可怕，太突然，太有說服力，太「別有不同」[70]，乃至於還沒被憎恨。他們的作品就是一種本能的形式創設，形式嵌壓，這是所曾有過的最非自願、最無意識的藝術家：——簡而言之，當他們出現，即有某種新東西，某種**活著**的統治構形，其中諸部分與諸功能被劃分好並關聯起來，凡是在其中有什麼位置的，無不首先根據它與整體的關係而被賦予某種「意義」。他們不知道，什麼是虧欠，什麼是負責任，什麼是顧慮，這些天生的組織者們；在他們中，是那種可怕的藝術家式的利己主義在掌管，這種利己主義猶如青銅般閃著光，知道自己在「作品」中，就像母親在她的孩子們中那樣，已經永遠先行有了理由。「壞良知」可不是**在他們**身上生長起來的，這從一開始就很清楚，——不過，倘若沒有**他們**它也不會生長起來，這根醜惡的株苗，倘若不是在他們的錘打、他們那藝術家式強暴的壓力之下有一塊巨大分量的自由從世界中、至少是從可見層面中被創設出來並且彷彿是被**潛伏**著搞出來，是不會有它的。這個被強暴地潛伏著搞出來的**自由本能**——我們已經領會過它了——這個被抑制回去的、摒退回去的、被關到內部並且最終只是自己在向著自己釋放和發洩的自由本能：**壞良**

70「別有不同」，原文為 anders，與下節的「另一種（人類）」、「另一些（人類）」義同，當尼采用其表示「不同」時，所重不只是差異，而是根本範疇或情形的不相類。——譯注知在其開端處就是這個，只是這個。

18

要提防，切莫因為這整個奇觀從一開始便醜惡而令人痛苦便不去多想它。在根本上，確實就是那一股行動的力量，那股在那些暴力藝術家和組織者們中相較而言是壯觀地投入作品中去並建立國家的力量，在這裡，在內部，相較而言是微小地，小氣地，向著後方，用歌德的話說，在「胸中的迷宮」[71]裡，造出壞良知，建立否定的理想，那股力量恰恰就是自由本能（用我的話來說，即權力意志）：只不過在這裡，那股力量的造型和強暴本性所朝之釋放的那個材料，就是人自身，是他整個動物性的古老的自身——而並非，像在那種相較而言偉大和顯著的奇觀中那樣，是另一種人類，另一些人類。這種隱秘的自身強暴，這種藝術家式的殘忍，這種自己把自己當作一個沉重的、抵抗著的、承受著苦難的材料而賦予某種形式，烙上某種意志、批判、矛盾、蔑視、否定的做法，這項出自一個甘願自己與自身相分裂的靈魂——它出於對製造苦難的興趣而讓自己罹受苦難——的陰森難測、興致高得駭人的工作，這一整個主動性的「壞良知」，最終——人們

71 依據利科版《尼采著作全集》，語出自歌德〈在月亮上〉。歌德原句為：「人們所不知道的／或者不曾想到的那些東西／穿過了胸中的迷宮／在夜晚徜徉。」——譯注

已經猜到了——作為孕育理想的和想像的事件的真正子宮，它也彰顯出一份充足的新穎陌生的美和肯定，也許首先是彰顯了美**本身**（die Schönheit）……倘若首先不是矛盾自己來到意識這裡，倘若首先不是醜陋者自己對自己說「我是醜的」，什麼又是「美」的呢？……至少從這個角度看來，只要在矛盾性的概念——如**自身喪失**、**自身拒絕**、**自身犧牲**等——中能夠闡發出一個理想、一種美，那個謎語就不再那麼像謎一樣了；我毫不懷疑，自此之後，人人皆認同一件事——即，自身喪失者、自身拒絕者、自身犧牲者所感受到的那個**樂趣**，在一開始時是怎麼回事：樂趣是殘忍之事。——關於作為一種**道德**價值的「非利己」[72]的來源，和對這種價值所生長的那塊地面的勘界，暫時就說這麼多：首先是壞良知，首先是求自身虐待的意志為非利己的**價值**提供了前提。

19

這是一種病，壞良知，這一點不容置疑，不過其為一種疾病，正如懷孕之為一種疾病一樣。且來探尋一下，這種疾病是在怎樣的條件下達到其最可怕和最精巧的極致：——我們將看到，那個隨之才來到這

72 此處「非利己」原文為名詞 das Unegoistische。——譯注

個世界上的，到底是什麼東西。不過，這需要長久的堅持不懈，——首先人們還必須再次回到一個早先的視點上去。之前已經談到的債務人和債權人之間的私法關係，已經又一次，而且是以一種在歷史學上極值得注意和疑慮的方式，被闡釋到一種對我們現代人來說也許是最難以理解的關係裡去：闡釋到**當前之人**與其**祖先**的關係。在原初的同一世系成員內部——我們說的是原始時代——，活著的世代在面對更早的，尤其是最早的開創世系的那個世代時，總會承認某種法律義務（而絕非純粹一種感情束縛：對於這後者，在人類世系的最長一段時期，人們甚至或許可以不無理由地從根本上予以否認）。這裡是如下信念在主導：世系從根本上只因祖先的犧牲和業績才得以**賡續**，人們要以犧牲和業績**回報**祖先之所作所為：人們由此承認**虧欠**，這個虧欠還在持續增長，因為先人們作為有權勢的神靈，在其持續的實存中，並未停止從他們的力量出發，為世系提供和預先提供新的福澤。大約是不計回報的吧？可是，對於那個粗野而「靈魂貧乏」的年代來說，沒有什麼是「不計回報」的。人們能向祖先回贈什麼呢？犧牲（起先是為了最粗略意義上的供養）、節慶、頌禱、尊榮，而首先是順從——因為一切風俗（Bräuche），作為祖先的作品，亦是他們的法令——：對他們的回贈可曾足夠？這份猜度始終留存，而且還在增長：它一次又一次迫使舉行一次通盤的大償還，付給「債權人」一份巨大無比的報償（比如，臭名昭著的頭生之獻，無論如何總是血，人的血）。照此邏輯，在先王及其權力面前的**恐懼**，對之有**虧欠**的意識，必然恰恰要隨著世系本身之權力所增長的程度，隨著世系本身已越來越常勝、獨立、受敬信、受恐懼的程度而增長。而決不是相反！世系凋零的每個步驟，一切悲慘的偶然事件，蛻變和瀕於瓦解的一切標誌，毋寧總是**減少**了對世系創建者之神靈的恐懼，總是越來越削弱對於此神靈的聰明、遠見和當場生效的權力的想像。且設想，這種粗野邏輯推到最後的結果：經過不斷增長的恐懼的幻想，終於，那些**權勢**最大的世系的先王們甚至長成為巨大無匹的怪物，被推回到某種神一般的陰森叵測和無可想像的昏暗之中：——先王最後必然變身為一個**神祇**。也許這甚至就是諸神的起源，也就是說，一個出自**恐懼**的起源！……誰若似乎覺得還有必要加上一句「不過也是出自虔敬呢！」但對於人類世系那段最長的時期，對於人類的原始時期來說，或許很難站得住腳。對於那段**中間**時期來說，即高尚世系形成的那段時期，就更是如此了：——其實就是這些高尚世系的人們把一切品質連本帶利回贈給了他們的創始者，回贈給先王（英雄，諸神），那些品質是此間在他們自己身上彰顯出來的，那些高尚的品質。後面我們還將對諸神之貴族化和高貴化（當然絕不是「神聖化」[73]）的過程略作窺探：現在，讓我們把這整個虧欠意識發展的進程暫且結束掉吧。

20

這種於神祇有所虧欠的意識，正如歷史所教導的，在「共同體」的血緣組織形式衰落之後，亦未中止；人類從貴族世系那裡繼承到「好」與「壞」等概念（連同他們設立等級順序的基本心理傾向），以相同的方式，通過世系和部族神祇的傳承，他們還額外繼承到跟未償之債的壓力和償還此債的期望有關的概念。（那些廣大的奴隸居民和從屬居民則導致演變，他們或是通過強制，或是通過臣服和模仿，適應了他們主人的神祇崇拜：這份遺產於是從他們那裡朝各個方面氾濫開來）。好幾千年以來，對神祇的虧欠感沒有停止增長，而且是按照神的概念和對神的感覺在大地上增長並被引向高處的比例而增長。（族群的戰爭、勝利、自行和解、自行融合的全部歷史，每一次偉大的種族

73 「神聖化」（Heiligung）在此特指基督教意義上的「聖潔化」，亦即「救治」。——譯注

綜合中所有民眾元素的最終等級順序確立之前所發生的一切，就反映在他們的諸神的譜系紛雜之中，反映在關於諸神的戰鬥、勝利與和解之中；朝向一個普世帝國的進程始終也是朝向普世神祇的進程，而專制及其對獨立貴族的駕馭，亦始終是在為某種一神論開出道路。）所以，基督教之神，作為迄今所達到的最大級的神，其興起亦使得大地上出現了虧欠感的最大值。假定我們總算進入了**相反**的運動，那麼，根據對基督教上帝的信仰的無可阻擋的衰落，要推斷說現在也已經有了一次人類虧欠意識的顯著衰落，卻是一點可能性也沒有的；以為無神論完全而徹底的勝利可能把全人類從這樣一整個虧欠感覺——即他們對他們的開端、對他們的 causa prima［第一因］有所虧欠——中贖換出來，這個指望斷乎得不到證實。無神論和某種**第二次無辜**[74]是相輔相成的。——

21

對「虧欠」「義務」概念和諸宗教前提之間的關聯，姑且簡短粗略地說這麼多：我是故意一直到現在都撇開這些概念**真**正的道德化過程（即這些概念反推到良知的過程，更確切地說，是壞良知跟上帝概

74　「第二次無辜」（zweiter Unschuld），此處「無辜」（Unschuld）又可作「清白、貞潔」解，此蓋諷刺「無神論者」想通過抹除已發生之事（道德史）以贏得「第二次清白」。——譯注

念之間的糾結）不談，在上一節的結論中甚至說到，這個道德化是怎樣彷彿從來沒有存在過，從而，在那些概念的前提，對我們的「債權人」、對上帝的信仰失落之後，那些概念是怎樣從今以後彷彿必然不中用了。實際形勢以一種可怕的方式偏離於我的說法。隨著虧欠和義務概念的道德化，隨著它們被反推到壞良知上去，人們其實就在進行嘗試，去倒轉上面描述的那個發展方向，至少是要制止它：現在，恰恰是對一次一勞永逸的最終償還的指望，應該悲觀地閉合了，現在，這個目光應該毫無慰藉地從一個剛硬的不可能性上彈開、彈回來，現在，「虧欠」、「義務」這些概念應該向後轉——對著誰呢？無可置疑：首先是轉向「債務人」，從今而後，壞良知在他這裡在相當的程度上紮根、侵蝕、擴散，朝著一切的廣度和深度息肉般地生長，直到最後，隨著虧欠之不可償還，懺悔之不可償還，即懺悔之無法支付（關於「永罰」[75]）的想法，亦被構造出來——；然而最後甚至還會轉向「債權人」，人們大概會在這裡想到人類的 causa prima［第一因］，人類世系的開端，他們那些此後被詛咒纏身的先王（「亞當」，「原罪」，「意志的不自由」），或者想到人類從其懷抱中誕生、此後邪惡的原理被灌入其中的自然（「自然的妖魔化」），或者想到那個作為

75　「永罰」（der ewigen Strafe）或譯「永刑」，參見《新約・馬太福音》25：46：「這些人要往永刑裡去，那些義人要往永生裡去。」——譯注

無價值者自在地剩餘著的此在一般[76]（以虛無主義的方式拋棄這個此在而嚮往虛無，或者其「對立面」，某種有所不同者，佛教或諸如其類者）——直到我們突然一下站在了那條悖謬而駭人的出路面前，飽受折磨的人類在這裡找到了一絲片刻的輕鬆，**基督教義**的那記神來之筆：上帝自己為人類的虧欠而犧牲自己，上帝自己給自己償付，作為唯一者的上帝，唯有他能把對於人類本身已變得無法償還的東西從人類這裡還掉——債權人為他的債務人犧牲自己，出於**愛**（人們應該相信嗎？——），出於對他的債務人的愛！……

22

隨著所有這一切、在所有這一切**底下**其實都發生了些**什麼**，人們大概已經猜到了吧：那種求自虐的意願，從內部造就的、喝令自己回到自身中去的、為馴化的目的而被關進「國家」裡去的動物人的那種退縮的殘忍，他發明了壞良知，為的是把自己弄痛，這時，這種疼痛意願的**更為自然**的出路已經被阻斷，——這種壞良知的人類猛然揪住宗教假設，為的是把他的自身折磨的強硬和尖銳推到最令人毛骨悚然的程度。一個對**上帝**的虧欠：這個想法對他成了刑具。他在「上帝」中

---

76 「此在一般」（Dasein überhaupt）連讀。——譯注

抓到了他對自己真正的、無可擺脫的動物本能所能夠找到的最後的對立物，他把這個動物本能本身讀解為對上帝的虧欠（讀解為對那些「主人」、那些「父親」，對世界之始祖和開端的敵意、反抗和叛亂），他把自己綳在「上帝」和「魔鬼」這對矛盾之間，他把一切的「不」，他對自己、對自然、自然狀態、實際狀態所說的那聲「不」，當作一聲「是」從自己這裡喊出去，當作存在著的、有生命的、現實的，當作上帝、上帝之神聖、上帝之審判、上帝的劊子手，當作彼岸，當作永恆，當作無止盡的折磨，當作地獄，當作懲罰與虧欠之不相抵。這是靈魂殘忍中的一種意願錯亂，絕對無與倫比：人類這種要覺得自己有虧欠、應受譴責以至於要覺得自己不可饒恕的意志，他這種要設想自己受罰且此懲罰永不能抵罪的意志，要用懲罰與虧欠的問題侵染和毒害事物最底層的根據、從而把逃出「偏執理念」的迷宮的退路永久性地一舉切斷的意志，要樹立一個理想——「神聖上帝」的理想——從而參照此理想對自己絕對的無價值性了然於胸的意志。哦，關於人這隻錯亂悲傷的野獸啊！當它稍微受點阻礙不能成為有作為的野獸的時候，它生出了怎樣的念頭，爆發出怎樣的反自然，怎樣的瘋狂之發作，怎樣的理念之獸性啊！……所有這一切，有趣得不得了，但也有一種黑色、陰暗、令神經枯竭的悲傷，以至於人們必須強行禁止過於長久地朝這個深淵張望。這裡是疾病，這是沒有疑問的，人類體內迄今肆虐的最可怕的病：——而誰若還能夠聽得見（人類今天可再沒有聽進這個的耳朵了！——）那愛的叫喊，那最被嚮往的迷狂的叫喊，在愛中得救贖的叫喊，是怎樣響在這個折磨和悖亂的夜晚，他將躲開去，被一陣不可勝受的戰慄攫住……在人類之中，有這麼多駭人之事！……許久以來大地已是一個瘋人院了！……

23

關於「神聖上帝」的來歷，以上這些該是一勞永逸地足夠了。——關於諸神的構想本身並非必然導致這種幻想——這種我們片刻難停地要讓其如在眼前的幻想——變得低劣，比起歐洲在最近幾千年中這種讓人類自己將自己釘上十字架和自身戕害的純熟技藝，曾經有過更加高尚的方法，去運用對神祇的編撰——這些，每當我們把目光投向希臘諸神，投到更高尚和更自為其主的人類的這些映射上時，便可幸運地見到，在這些映射中，人之中的那個動物感到自己成了神，不是自己把自己撕碎，不是自己對自己嘶吼！長久以來，那些希臘人運用著他們的諸神，為的恰恰是把那個「壞良知」擋在身外，為的是可以讓他們的靈魂自由歡快地保持下去：也就是說，以一種跟基督教用其上帝所做的相反的理解。他們在這方面走得非常之遠，這些壯麗的、獅子般勇敢的小子們；他們處處懂得，沒有比荷馬筆下的宙斯的權威更渺小的權威了，他們太看不起他了。「真奇怪！」有一次他說道，——講的是埃癸斯托斯[77]的事情，一件非常壞的事情——

「真奇怪，終有一死者們竟這樣控訴諸神！惡只是從我們這裡來的，他們以為；可是他們自己因為不理智，又和命運作對，造成了災難。」[78]

人們在這裡馬上聽到和看到，這位奧林匹斯的觀看者和法官遠不會因此而為他們難過，把他們想得很壞：「他們有多蠢啊！」在終有死者的罪行跟前他是這樣想的，而「愚蠢」、「不理智」，一點「頭腦犯迷糊」，希臘人在其最強大和最勇敢的時代甚至也會這樣大度地在自己這裡容忍自己作為許多壞事和滔天大禍的根據：愚蠢，不是罪！你們理解這個嗎？……不過，甚至是這種頭腦犯迷糊也是一個問題——

77 埃癸斯托斯（Ägisthos）：《奧德修紀》中阿伽門農妻子克呂泰涅斯特拉的情夫，下面「一件非常壞的事情」是指其參與克呂泰涅斯特拉謀害親夫的陰謀。——譯注

78 此為宙斯語，「我們」指諸神；參見《奧德修紀》，楊憲益譯，上海譯文出版社，一九七九年，第2頁。——譯注

「是啊，怎麼可能會這樣呢？到底能從哪裡來的這個迷糊，來到**我們**這般擁有的頭腦裡，我們這種出身高貴、幸運、發育良好、有著最好的社會、具備高尚和美德的人類？」——數千年之久，高尚的希臘人每當遇及他們的某個同類所沾染上的他們無法理解的殘暴與污穢之事時，都這樣問自己。「肯定是某位**神祇**使他犯了傻」，他最後這樣搖頭對自己說道……這條出口對希臘人來說是**典型的**……以此方式，諸神在當時對人類的服務是，在使他們在壞事中也得到相當程度的辯白，他們充當了惡的原因——當時，他們可不是給自己加懲罰，而是，**更加高尚地**，給自己加上了虧欠……

24

——看清楚了，我以三個問號結束。「這裡到底是在樹立還是打破一個理想呢？「人們也許會這樣問我……不過，你們可曾充分地問過自己，大地上每一個理想的樹立要有多麼昂貴的付出呢？每次為此總要有多少現實被誹謗和誤解，有多少謊言被神聖化，有多少良知被擾亂，有多少「神」被犧牲？為了一座聖殿樹立起來，**必須有一座聖殿被摧毀**：這是法則——請指給我看看，它在何處未曾貫徹！……我們現代人，我們是數千年來對良知施以活體解剖和對自身施以動物虐待的繼承人：這方面，我們有我們最長久的訓練，也許有我們的技藝，無論如何都有我們的機巧，有我們在趣味上的沉溺。太長久了，人類用「邪惡目光」[79]看待他那些自然的偏好，以至於，在他身上這些偏好最終跟壞良知結合。一個相反的嘗試本身或許是可能的——可誰強壯得足夠這樣做呢？——也就是說，讓那些反自然的偏好，所有那些朝向彼岸的雄心，悖於感性者，悖於本能者，悖於自然者，悖於動物者，簡而言之迄今為止那些全都在與生命為敵的理想，那些世界誹謗者之理想，讓這些去跟壞良知結合。今日，這樣的希望和要求要助於誰呢？……人們或將因而恰恰要反對那些善良的人；此外，合乎情理地，要反對那些舒適的人、和解了的人、虛榮的人、癡狂的人、疲憊的人……對他們來說，最深的侮辱，最徹底的揆隔，莫過於提示一些人們用以處置自身的嚴格和高峻之事！而反之——一旦我們像世人那樣行事，像世人那樣讓自己「率意而為」，世人則顯得多麼殷勤周到、愛意盈盈哦！……為了那樣一個目標，[80]需要某種跟這個年代大概擁有的正好別有不同的精神：通過戰爭和勝利而得到力量的精神們，對它們來說，劫掠、冒險、危險、痛苦甚至已成為需要；為此要習慣高

79 「邪惡目光」（bösem Blick）暗指德國民間迷信，謂惡人能以其凶惡目光害人。——譯注

80 即上文所指反對好人、向他們提示嚴格與高峻之事。——譯注

處尖銳的空氣，冬日的漫遊，習慣一切意義上的冰雪和高山，為此要有一種高妙的邪惡本身，偉大健康所具有的一種最後的、最心知肚明的有所認識的故意，說得足夠簡單和難聽的話，需要的正是這種**偉大的健康**！……這個，恰恰在今天，究竟是不是可能呢？……不過無論何時，在某個比這個腐爛而自疑的當前更加強健的時代，他卻必定會到來，那個有著偉大的愛和蔑視的**解脫**[81]之人，那個創造性的精神，他逼迫的力量一再把他推離一切別處和彼岸，他的孤獨將受到民眾的誤解，彷彿那是在現實**面前**的一種逃避——：那孤獨只是他朝現實**中**去的沉浸、埋沒、深入，從而之後，當他再次現身之時，可以從中帶回對這個現實的**解脫**：把現實從迄今為止的那個理想將它置於的那種逃避中解脫出來。這個未來人類，他將使我們解脫出來，從迄今為止的那個理想、也從那些**必然從中生長**出來的東西那裡，從巨大的噁心、求虛無的意志、虛無主義那裡，把我們解脫出來，這一記偉大決斷的正午鐘聲，重新使意志自由，他把大地的目標回贈給大地，把人類的希望回贈給人類，這個反基督者和反虛無者，這個勝過了上帝和虛無的勝者——**他必將到來**……

81　「解脫」原文erlösende，即基督教的「救贖」，然而此處尼采特用其「擺脫負擔」之本義，而無關乎「贖罪」。亦見《善惡的彼岸》第二十六節（參見該書第79—81頁）。——譯注

25

——可是我這都談了些什麼啊！夠了！在這裡，只有一點與我相宜，那就是沉默：不然我就會糟蹋那些交由他——一個比我更年輕者——一個更擁有未來者、一個更強健者——去處置的事體，那些交由查拉圖斯特拉、無神者查拉圖斯特拉去處置的事體。

第三篇　苦修理想[1]意味著什麼？

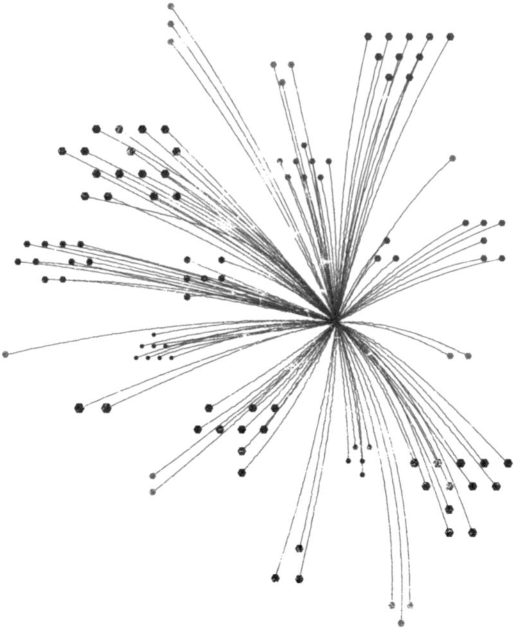

勇敢地，無憂地，嘲諷地，強暴地——智慧意願我們如此：智慧乃是一個女人，始終只有一位戰士。

——《查拉圖斯特拉如是說》[2]

1

苦修理想都意味著什麼？——對於藝術家，什麼也不意味，或者意味太多；對於哲學家和學者，意味著對於那些最有益於高級精神狀態的前提條件的嗅覺和本能；對於女人，在最好的情況下，意味著**再多一些**誘惑的可愛，一點點美麗肉體的 morbidezza［綿軟］[3]，一隻標緻肥碩的動物所有的天使般的姿容；對於生理方面的不幸者和扭曲者們（終有一死者之**大多數**）而言，意味著一次嘗試，試著去以為自己對這個世界來說「過於善良」了，一種放縱的神聖形式，是他們對抗緩慢的痛苦和無聊的主要手段；在教士們那裡意味著真正的教士信仰，他們最好的權力工具，也是通向權力的「至高無上的」[4]許可；在聖徒們那裡，最終意味著一個冬眠的藉口，他們的 novissima gloriae cupido［最難消除的對榮耀的欲望］[5]，他們在虛無（「上帝」）之中的安寧，他們發瘋的形式。然而苦修理想對於人類終究有如許多意

1　「理想」（Ideal）在此指人，即理想的苦修之人，或可譯為「典範」（正如康德美學中「美的理想」的用法）。——譯注

2　該書第一部第七章，「讀與寫」。——譯注

3　morbidezza 是義大利語，本是繪畫上特指把肉體處理得柔軟的筆法，亦有「柔弱病態」之義，與尼采嘲諷現代人所用的「酥軟」（mürb）近義。——譯注

4　「至高無上的」原文為 allerhöchste，因「至高無上者」（der Allerhöchste）亦指上帝，故亦可指「來自上帝的」。——譯注

5　蓋化用塔西佗的格言「對榮耀的渴望甚至對智者來說都是最難消除者」（etiam sapientibus cupido gloriae novissima exuitur），參見塔西佗，《歷史》，第四卷第六節。——譯注

味，*這一點*表達出人類意志的基本事實，他的 horror vacui［對真空的恐懼］[6]：*他需要一個目標*，——*與其無所意願*，他寧願意願*虛無*。——人們會理解我嗎？……人們理解過我嗎？……「*完全沒有，我的先生*！」——那麼，我們從頭開始吧。

2

苦修理想意味著什麼？——或者，讓我舉一個人們經常向我諮詢個沒完的個案，如果一個比如像華格納這樣的藝術家在其晚年向貞潔致以敬意，那麼這意味著什麼？誠然，在某種意義上，他一直是這樣做的；不過直到最後才是在一種苦修[7]的意義上。這個「意義」[8]之改變，這樣一種極端的意義反轉，意味著什麼呢？——要知道正是通過這樣一種反轉，華格納直接跳到他的對立面那裡去了。當一個藝術家跳轉到他的對立面去，這意味著什麼呢？……在這裡——假定我們願意在這個問題上稍作停留——我們會立刻回憶起華格納也許曾經有過的其生命中那個最好、最強健、最快活、*最有氣勢*的時期：當時，他在內心深處沉浸於關於路德婚禮[9]的想法。誰知道呢，靠著什麼樣的偶然事件，人們今天沒有聽到婚禮音樂卻見到一群工匠歌手？而

6 horror vacui，物理學上譯為「（自然）厭惡真空」。——譯注

7 苦修（Asketik）亦有「禁欲」之意；華格納早年則以韻事聞名，故云「反轉」。——譯注

8 「意義」原文 Sinnes，同時也指「感官」。——譯注

9 一八六八年華格納為了紀念宗教改革三百五十周年，開始撰寫題為《路德的婚禮》的歌劇底稿（未完成），描述關於路德與天主教的決裂和他與一位前修女的婚姻；其中路德形象以他自己當時的狀態為原型，其時他苦於與柯西瑪的私情，並為了讓她離婚再嫁而授意其退出天主教。——譯注

在這群歌手中，也許還聽得到多少婚禮音樂的餘音哩？不容置疑的是，那段「路德的婚禮」本來也是在讚美貞潔。當然，又是在讚美感性：——而這在我看來正是恰當的，這本來正是「華格納式的」。因為，在貞潔和感性之間並無必然的對立；每一段好姻緣，每個真正的心愛關係，總是超越這個對立。華格納本來，在我看來，做得很好，借助一齣可愛而勇敢的路德喜劇，讓他的德國同胞們再次品嘗了這種**愜意**[10]的實情，因為，在德國人中現在和過去總有許多感性的誹謗者；而路德的功績之大，也許正莫過於他擁有追求他的**感性**的勇氣（——當時人們十分委婉地稱之為「福音的自由」[11]……）即使在貞潔與感性竟然對立的情況下，在幸運的時候也遠不必是悲劇性對立。這一點至少可以適用所有發育良好、朝氣蓬勃的終有一死者們，他們遠不至於把自己在「動物與天使」[12]之間的脆弱平衡冒失地算作反對此在的理由，——最精細者和最明朗者，如歌德，如哈菲茲，甚至在這裡**更多**看到生命之魅力。這種「矛盾」恰恰將人引誘向此在……另一方面，再清楚不過的是，如果有一天那群遭遇不幸的豬被驅使著向貞潔禮拜——是有這樣的豬哩！——它們所看見和禮拜的，只是它們的對立面，遭遇不幸的豬的對立面——哦，可以想像，會帶著怎樣悲劇

---

10 康德在《判斷力批判》中把「愜意」（angenehm，或譯為「快適」）視為由感性而來、有利害的快感。——譯注

11 「福音的自由」（evangelische Freiheit）在此當指路德依據保羅書信在《論基督人的自由》中的觀點：「每個基督人皆是超越萬物的自由主人，不臣服於任何人；每個基督人皆是萬物的謙卑僕人，臣服於任何人。」——譯注

12 語出蒙田及巴斯卡（「人既非天使，又不是禽獸；但不幸就在於想表現為天使的人卻表現為禽獸。」），參見帕斯卡爾：《思想錄》，何兆武譯，北京，商務印書館，一九八五年，第161頁。——譯注

性的咕嚕和熱切呵！——那個難堪而多餘的對立面，那個無可爭議是華格納在他生命的盡頭還想要放到音樂裡和舞臺上去的對立面。[13] **到底是為什麼呢**？人們可以公道地問一句。那群豬跟他、跟我們又有什麼相干呢？——

3

此處誠然不可迴避那個與此不同的問題，那種男人的（嘿，又那麼不男人的）「鄉下的單純」，那個可憐蟲和淳樸後生，他費了如此繁難的手段最終弄得合乎天主教義的帕西法爾，跟他到底有什麼相干呢——怎麼？這個帕西法爾竟有**嚴肅**的用意？也就是說，人們本來可以試著揣度甚至是指望相反的情況，——即，華格納的帕西法爾本意上是明朗的，猶如終幕和薩蒂爾劇[14]，悲劇家華格納本來是想要用這個人物以一種正好適合於和配得上他自己的方式向我們，也是向他自己，而首先是向**悲劇**作個告別，也就是說，用一次恣肆的戲仿來告別，這是對大地上以往所有嚴肅與悲辛，對苦修理想的反自然中那個最終被克服掉的**最粗糙的形式**，所作的最高明和最惡意的戲仿。這樣的做法，如前所述，本來正配得上一個偉大的悲劇家：悲劇家，如同

13　蓋指華格納直到臨終亦未改定的歌劇《唐懷瑟》，講一位騎士擺脫肉慾從教宗得到救贖的故事，與《路德的婚禮》的命意正相反。——譯注

14　或暗指悲劇的古希臘淵源：其時悲劇表演多上演三部曲（終幕即指最後一部）加一齣薩蒂爾劇。——譯注

一切藝術家，唯當他知道把自己和自己的藝術看得**低於**自身的時候，才登上其偉大的巔峰，——當他知道對自己作嘲笑的時候。華格納的「帕西法爾」是他對自己所發的隱秘的優越之笑嗎？是他奮力爭得的最終和最高的藝術家自由與藝術家超脫[15]的勝利嗎？如前所述，人們本來是可以這樣指望的：**用意嚴肅**的帕西法爾還會是什麼樣子的呢？在他身上，難道非得看到（正如有人在反對我時暴露出來的那樣）「對認識、精神和感性的一種發狂憎恨所生的畸形」不可嗎？看到在同一種憎恨和呼吸中對感官和精神所下的詛咒？看到一次拜倒在諸種患著基督教病的蒙昧主義的理想門下的叛教和倒退？最後簡直是非要看到從藝術家這一方面出發所作的一次自己對自身的否認，自己對自身的抹殺，直到那時以前，仗著他意志的全部權力，這位藝術家曾經出神地醉心於相反的東西，也就是說，醉心於把他的藝術作**最高的精神化和感性化**？不只是對他的藝術，對他的生活亦然。可以回想一下，在他的時代，華格納曾多麼激動地跟上哲學家費爾巴哈的足跡：費爾巴哈關於「健康感性」[16]的話——在三四十歲的華格納那裡，正如許多德意志人（他們自稱為「德意志**青年**」[17]）一樣，尤如救贖之音。他最終在這方面**改習轉性**了嗎？因為至少似乎他最後還有在這方面**改習**

15 「藝術家自由」與「藝術家超脫」皆連讀。——譯注

16 據迪瑟，參見費爾巴哈，《未來哲學論綱》（Grundsätze der Philosophie der Zukunft，一八四三年），尤其第三十一節以下。——譯注

17 或兼涉「青年德意志派」，一八三〇年七月革命後在德意志湧現的一批作家。——譯注

轉性的意願……而且不止是叨著帕西法爾長號[18]走下舞臺：——在他最後年歲所作的陰鬱的、既不自由又無定見的寫作中，有成百上千處地方透露出一種隱秘的願望和意志，一種沮喪、不肯定、不承認的意志，要全心全意地為回頭、皈依、否認、基督教和中世紀佈道，對他的門徒們說「什麼也沒有，到別處去尋救治吧！」甚至還一度向那個「救贖之血」[19]籲求……

4

且讓我在這樣一個頗為難堪的例子中——而且是一個典型的例子——道明我的意思：人們最好肯定是把一個藝術家跟他的作品分離到這樣一個程度，讓人們對待他本人不像對他的作品那樣嚴肅。他最多不過是他作品的前提條件，是子宮、土壤，在某些情況下是肥料和糞便，在它上面、從它中間生長著作品，——因此之故，在大多數情況下，他是某種人們想要享受作品本身就必須忘卻的東西。洞察一件作品的來歷是精神之生理學家和活體解剖者的事情：從來不曾，也永遠不會跟那些審美人、那些藝人有什麼關係！對《帕西法爾》的撰述者和安排者來說，深深沉浸和下降到中世紀的靈魂對抗中去，過一

18　據迪瑟，此處暗指《帕西法爾》（Parsifal）對長號的特殊運用：樂池中三隻，舞臺外六隻，相當罕見；第一幕開場以長號奏出主要動機，表達基督教特有的對性的昇華的愛的主題。——譯注

19　「救贖之血」，本指耶穌基督的血，《帕西法爾》的故事就是由盛過聖血的聖杯展開。據迪瑟，參見華格納，《詩文合集》，萊比錫，一九〇七年，X，第280頁以下。——譯注

種徹底的、甚至是恐怖的生活，抱著敵意摒隔於精神的一切高度、嚴格和教養之外，就很難避免一種知性的倒錯[20]（但願人們會體諒我用這個詞），就像一個孕婦難以避免妊娠的作嘔和難受：如前所言，人們必須忘掉這些，以從孩子那兒得到樂趣。人們應該防止混淆，由於心理學上的連接（這樣英國人就聽得懂了）[21]，一個藝術家可是太容易犯上這種混淆：彷彿他本人就是他所能表現、構思、表達的那些東西。其實情況是，倘若他正好是的話，他就絕對不會表現、構思和表達出這些東西來；倘若荷馬竟是一個阿基里斯，歌德竟是一個浮士德的話，那麼荷馬就撰述不出阿基里斯，歌德就撰述不出浮士德了。一個完滿和全面的藝術家永遠是跟「實在」[22]、現實的東西相分離的；從另一方面看，要知道，他會多麼疲於應付他最內在的此在的那種永恆的「不實際」和虛假，時或至於絕望，——然後，他很可能會嘗試著，越界進入那個恰恰對他禁止最嚴的事物，到現實事物中去，成為現實。取得了哪些成功呢？人們會猜到的……這是藝術家典型的臆想[23]：進入老年的華格納墮入的也正是這種臆想，華格納不得不為此付出昂貴的、災難性的代價（——他為此失去了部分寶貴的朋友）。不過說到最後，且完全不論這個臆想，為華格納自己著想，誰會不希望他

20　「倒錯」（Perversität）其時多指趣味（常與性相關）的不正常和病態，激起「噁心」。參見《邁耶爾辭典》一九〇五年版。——譯注

21　「連接」原文為英文 contiguity；休謨把觀念的連接分為三種關係：類似、時空接近、因果關係（《人性論》第一章第四節）。「聯結」即第二者。——譯注

22　「實在」原文為 dem Realen（後面的「非實在性」則為 Unrealität），意義與「現實」（dem Wirklichen）相近，今在德語中常與「Ideal」［理想］對稱，故亦可譯為「現實」者：此譯意在體現其在哲學史上作為「客觀實在」（康德語）或「具體個別事物的實在」（洛克）的本義。——譯注

23　「臆想」原文 Velleität，源自經院哲學中與實際意志（velle efficax）、絕對意志（voluntas absoluta）相對的無行動、無力量的意志。參見《艾斯勒哲學概念辭典》一九〇四年版。——譯注

當時給我們和他的藝術作一個不一樣的告別，不是以一個帕西法爾，而是更充滿勝利、更有自知之明、更華格納式的告別，——就他的完整意願而言，不那麼誤導，不那麼曖昧，不那麼叔本華，不那麼虛無主義？……

5

——那麼，苦修理想意味著什麼呢？就一位藝術家而言，我們直截了當地將之把握為：什麼也沒有！……或者意味繁多，多得就像什麼也沒有一樣！……讓我們首先排除掉藝術家們：這些人立足於世界之中和反對世界時還遠不夠獨立，以至於他們的價值評估及其變遷就其本身而言並不值得參與！他們在所有時候都是某種道德或哲學或宗教的侍從；還完全不用說，可憐他們還常常是他們的擁躉和恩主的太過柔佞的侍臣，是古老的或新近剛剛出現的暴力的嗅覺靈敏的諂媚者。至少，他們總是需要一面護盾，一座靠山，一位已經奠定好的權威：藝術家從來不曾自立，獨自站立有悖於他們最深的本能。比如華格納就是這樣對待哲學家叔本華的，一旦「時機需要」，便把他當作他的前排，他的護盾：——有誰想哪怕只是設想一下，倘若沒有哲學家叔本華給他當靠山，沒有叔本華在七〇年代歐洲占了上風的權威，他會有勇氣去當一個苦修理想？（這裡還沒有去估計，在這個新德意志，倘若沒有虔誠的和虔誠於帝國的思考方式的乳汁[24]，一位藝術家究竟是否可能。）——這樣，我們就來到那個更加嚴重的問題了：一位現實哲學家，一個像叔本華這樣真正自立的精神，一個有著青銅般目光的男人和騎士，他有勇氣面對自己，知道獨自站立而不必先等候前排或者聽更高級的指示，如果他竟效忠於苦修理想，這意味著什麼？——這裡，我們馬上來考慮一下叔本華那很值得注意的，甚至會令某些種類的人神往的藝術立場：因為，顯然當時正是首先因為這個立場，華格納才投向叔本華（正如人們知道的那樣，是被一個詩人，被赫爾維克[25]說服的），而且走到這樣的地步，他早期和晚期的美學信念之間，被一個完滿的理論矛盾撕裂了，——前者見於比如《歌劇與戲劇》，後者見於他一八七〇年以後的文字。最為怪異的是，華格納從彼時起義無反顧地尤其改變了他對音樂本身之價值和地位的判斷：對他來說重要的是，到那時為止他在音樂中造出了一個手段，一個媒介，一個「女人」，它為了茁壯成長當然需要一個目的，一個男人——也就是戲劇！他一下領會到，要 majorem musicae gloriam〔愈顯音樂之榮〕[26]，依

24 參見《善惡的彼岸》第229節譯注（241頁）；所引語出席勒《威廉．退爾》，第四場第三幕，直譯為「虔誠思維方式的乳汁」（die Milch der frommen Denkungsart），後成為德語中一句慣用語，指虔誠無猜嫌的心態。——譯注

25 赫爾維克（Georg Friedrich Rudolph Theodor Herwegh），德國詩人，有社會主義和革命傾向，參加一八四八年革命後出走瑞士，後他在瑞士的住所成為包括華格納在內的文藝人士的聚會場所。——譯注

26 蓋戲仿基督教中著名的口號、耶穌會會訓 Ad Majorem Dei Gloriam〔愈顯主榮〕。——譯注

仗叔本華的理論與創新更有可為，——也就是依仗音樂的全權自主，正如叔本華所見：音樂被置於其他一切藝術之外，是獨立的自在藝術，而不是像其餘那樣給出現象狀態（Phänomenalität）的摹本，它毋寧說是以唯一（des）意志本身的語言在言說，直接從「深淵」中一躍而出，作為它最本真、最源初、最不經推導的啟示。伴隨著這種對音樂之價值的超常擢升——好像這是從叔本華哲學中長出來似的——，音樂家本人也前所未聞地一下大獲稱賞：從此以後他成為一個傳神諭者，一個教士，其實還不止是教士，而是事物之「自在」的一種喉舌，一座彼岸的電話機，——從今而後他談的不只是音樂，這個神之腹語者，——他談的是形而上學：終有一天他要談起苦修理想，又何足為奇呢？……

6

叔本華把康德對美學問題的論述拿來使用，——然而，他肯定沒有以康德的眼睛來觀察。當康德在美的謂詞中特別推重和標舉出那些成就了認識之榮譽的謂詞——非個人性，普遍有效性——的時候，[27]是意在向藝術致以敬意。他的看法是否基本上是一個錯解，此處置之不

27 此節中與康德相關處參見康德：《判斷力批判》第一部分第一章第一卷「美的分析論」。——譯注

論；我想強調的只是，和所有哲學家一樣，康德不是從藝術家（創作者）的經驗出發去考察美學問題，而只是從「觀看者」出發思索藝術和美，同時不知不覺把「觀看者」本身安放到「美」的概念中去了。可是，談美的哲學家們哪怕至少對這個「觀看者」有足夠的認識也好啊！——也就是說，認識到他是一種偉大的個人的事實和經驗，是美的領域裡一份充足的最本真、最強健的體驗、欲望、驚奇、迷狂！但恐怕事情總是相反：於是，我們從一開始就立刻從這些哲學家那裡得到了些定義，其中，正如在康德對美所下的著名定義中，缺乏較為精細的自身經驗，這裡包藏著一個很大的基本錯誤。康德說：「美是無利害地令人愉悅的」。無利害！可以把這個定義跟一位現實的「觀察者」和藝人所下的另外一個定義比較一下——司湯達，他有一次稱美為幸福的允諾。[28] 無論如何，這裡拒絕和排除的恰恰是康德在審美狀態下所唯一強調的那個東西：不計利害。[29] 誰是對的，康德還是司湯達？——據說在美的魔力下甚至能夠「無利害」地觀看一個一絲不掛的女子的塑像，對此，如果我們的美學家們確實不憚煩勞地做出有利於康德的斟酌，那麼人們盡可以嗤笑他們所花的力氣：——在這個棘手的方面，藝術家們的經驗可是「更講利害」的，無論如何，皮格馬

---

28 根據利科版《尼采著作全集》，參看司湯達，《羅馬、那不勒斯和佛羅倫斯》，巴黎，一八五四年，第30頁，尼采圖書遺藏：「在我看來，美從來只不過是幸福的允諾（La beauté n'est jamais, ce me semble, qu'une promesse de bonheur）。」據《尼采頻道》，上引出處司湯達原文為：「我離開了聖保羅賭場。在我的一生中我從未見過如此美麗的女人的聚會；她們的美使人無法直視。對一個法國人來說，這種美有一種高貴而又陰沉的品質，它使人嚮往激情的幸福，而非一場快活的風流韻事的那種短暫的快樂。美，在我看來，只不過是幸福的承諾。」此句因尼采和波德賴爾的引用而知名的格言，亦見於他的《愛情論》，或譯為「幸福的指[期]望」。司湯達言感性印象在某種狀態下可「結晶」，此時其人發現戀人的美，激發起他對幸福的種種指望，此時，美就是「他對她連續形成的各種願望得到滿足的總和」（黑體為原作者所標），不過他也說，美給予人心靈的指望各依人之性格而不同，它「超出肉體的誘惑，後者只是一種特殊類型」。可參看司湯達，《愛情論》第十

利翁就未必是一個「無審美的人」。[30]讓我們把我們的美學家們在這些論證中所反映出來的那種無辜想得更美好一些吧，讓我們把比如康德以鄉村神甫式的質樸對觸覺的獨特之處所作的教導[31]看作康德們的榮耀吧！——這裡，我們回到叔本華，他在一個與康德完全不同的程度上親近於諸種藝術，而並沒有越出康德定義的樊籬：何以如此？相當奇怪：他以最個人的方式來闡釋「無利害」一詞，從在他必定曾經是最合乎規則的一種經驗出發。叔本華很少會把事情說得像說到審美靜觀（Contemplationen）的作用時那般有把握：關於這個作用他的說法是，它恰恰跟性的「利害狀態」起相反的作用，類似蛇麻素跟樟腦之相反，他從不倦於把這樣一種從「意志」那裡的逃脫當作審美狀態的大優點和大用途來歌頌。人們倒很想在這裡試著問一下，他關於「意志和表象」的基本構想，認為唯有通過表象才可能有從「意志」解脫的想法，其根源難道不是對那種性經驗的某種普遍化嗎？（關於叔本華哲學，順帶提醒一下，儘管問題多多，絕不要忽略，它是一個二十六歲青年[32]的構想；所以，它不僅跟叔本華的特殊因素相關，也跟那個生命季節的特殊因素相關。）讓我們從他推崇審美狀態時所寫下的無數段落中挑個例子，挑出表達得最好的一段（《作為意志和表象的

一章以及第十、十七章，劉陽譯，天津人民出版社。——譯注

29 「不計利害」原文為法語 le désintéressement，兼有「不感興趣」和「不計利害」二義；同理下文「更講利害」（interessanter）亦可解為「更有趣」。——譯注

30 希臘神話中，賽普勒斯國王皮格馬利翁（Pygmalion）創作並愛上一尊女子雕像，愛神乃賦予雕像生命，以遂其願；此處「無審美的人」亦暗用西文「審美」（ästhetisch）的希臘語原義「感性」。——譯注

31 康德認為雕刻藝術使形象在視覺和觸覺上成為可感知的，但「後者並不著眼於美」，而且一尊雕像「只是為了直觀而創作出來的」，「在這裡感官真相（Sinnenwahrheit）不能走得太遠，以至於它不再顯得是藝術和隨性之作了。」參見《判斷力批判》第五十一節。據史密斯，當參見《實用人類學》中的《論觸覺》。——譯注

32 叔本華於二十五歲以《充足理由律的四重根》獲博士學位，三十歲寫出《作為意志和表象的世界》。——譯注

世界》第一卷[33]），聽一下吧，聽聽裡面的音調，聽聽道出下面這些話時的苦難、幸福、感激。「這是沒有痛苦的狀態，伊比鳩魯稱讚它是最高的善，是諸神的狀態；在那樣一個瞬間，我們是擺脫了意志卑下的渴求，慶祝著意願苦役的安息日，伊克西翁之輪[34]停下了」……怎樣一種言辭的激蕩呵！怎樣一種煩惱和長期厭倦的畫面呵！「那樣的瞬間」，平日轉動著的「伊克西翁之輪」，「意願的苦役」、「意志的卑下渴求」中有怎樣一種幾乎屬於病理學的跟時間的對峙（Zeit-Gegenüberstellung）呵！——假定叔本華就他個人而言正確了一百次，然而這跟對美之本質的洞察又有什麼相干呢？叔本華描述了美的一種作用，安撫意志的作用，——這難道不僅僅是一個常規作用嗎？司湯達，如前所言，一個比起叔本華並非更不感性、但卻更幸運地成長起來的人物，突顯的是美學的另一作用：「美允諾幸福」，對他來說，事實恰恰是通過美而有「意志之激發」（「利害」之激發）。最後對叔本華本人是不是可以反駁說，他在這裡自以為是個康德主義者是大錯特錯，他完全不是在康德的意義上理解美的康德式定義，——他也是出於某種「利害」才為美所愉悅的，甚至是最為強大和個人攸關的「利害」：受苦刑者要逃脫苦刑？——而且，回到我們第一個問題，「當一

---

33 參見叔本華，《作為意志與表象的世界》，石冲白譯，楊一之校，北京，商務印書館，一九八二年，第274頁。——譯注

34 伊克西翁（Ixion），希臘神話中帖撒里國王，因追求赫拉而被宙斯縛在車輪上於地獄永世受罰。——譯注

位哲學家效忠於苦修理想，這意味著什麼？」，這裡我們至少得到了初步的啟示：他想要從一次苦刑中逃脫。——

7

我們要防止自己一聽到「苦刑」這個詞就陰下臉孔：恰恰在這種情況下，總是盡可以從反面去想，盡可以打折扣，——甚至總是有些可笑之處。我們尤其不要低估以下幾點：事實上把性當作私敵（包括性的工具，女人，「instrumentum diaboli」［魔鬼的工具］[35]）的叔本華，必需有些敵人才會好過；他喜愛那些暴怒狂躁的青黑色的言辭；他是出於激情（Passion），為了發怒而發怒；倘若沒有他的敵人，沒有黑格爾、女人、感性，或沒有整個對於此在與在此持存的意志，他就會生病，就會成為悲觀主義者（——因為他不是，即使他那麼希望自己是）。否則的話，叔本華就不會在此持存，可以打賭，他會逃開此地：不過，他的敵人把他抓住了，他的敵人總是一再地引誘他到此在，他的怒氣，跟古代犬儒主義者的情況完全一樣，是他的提神劑，他的療養，他的酬勞，他的抗噁心藥，他的幸福。關於叔本華的例子中的最個人化之處，就說這麼多；從另一方面看，他身上還有些典型

35　據迪瑟，參見叔本華在《附錄與補遺》第二卷中的著名論文《論女人》。——譯注

之處，——到這一步，我們才又回到我們的問題。只要大地上有哲學家，凡哲學家曾經所在之處（從印度到英格蘭，這樣說可囊括哲學上最相對立的稟賦），皆無可爭議地存有一種針對感性的真正的哲學家敏感和哲學家惱怒——叔本華只是它最便於辭令、也是——如果人們有這樣的耳力的話——最振聾發聵、動人心魄的發作——；同時，對於苦修理想，也存有一個真正的哲學家偏好和哲學家衷情，對此人們不該欺騙自己。如前所言，兩者皆屬典型；一個哲學家若缺少此兩者，則——對此大可肯定地說——永遠只是個「所謂的」哲學家。這意味著什麼？人們終究首先必須闡釋這個事實要件：它這樣無知無識地自在著，直到永遠，就像「自在之物」那樣。每種動物，因此也包括 **la bête philosophe**［哲學動物］，都本能地追求最有利於完全釋放他的力量、達到最大權力感的諸條件的某種最優方案；在這條通向最優方案的道路上（——我所說的，不是通向其「幸福」的道路，而通向其權力、行動和最有權勢的行為的道路，而在絕大多數情況下其實是通向其不幸的道路），每種動物都同樣本能地、帶著一種「高於一切理性」的精細嗅覺斷然厭棄一切出現或者可能出現的干擾和障礙。以此方式，哲學家斷然厭棄婚姻，連同一切可能說服他結婚的東西，——干擾和阻礙他達到最優方案的婚姻。迄今為止，哪一位偉大哲學家結了婚呀？赫拉克利特、柏拉圖、笛卡兒、斯賓諾莎、萊布尼茲、康德、叔本華——他們都不是；不僅如此，人們甚至從來不能**想像**他們是已婚的。一個已婚哲學家該去演**喜劇**，這是我的命題：而那個例外，蘇格拉底，那個惡毒的蘇格拉底，ironice［反諷地］[36]結了婚，好像特地是為了演示**這個**命題似的。每個哲學家都會像佛陀曾經那樣，當他得知生了兒子，說道：「我生了羅睺羅[37]，我打造了一副鐐銬」（「羅睺羅」在這裡的意思是「一個小妖」）；每個「自由的精神」都必定會有這樣陷入沉思的時刻，假定他們之前有過一個有欠思量的時候，就像同樣是佛陀曾經有過的那樣——「他自忖道，在家的生命是逼仄的，是一處不潔的處所；自由即出家」：「當他作如是想時，他便離開了家」。正是在苦修理想中，出現過那麼多通向獨立性的橋樑，以至於一個哲學家在聽到所有發願者（Entschlossenen）們的故事時，不能不有種內在的欣幸並拍手叫好，那些發願者們都在某一天對一切不自由說「不」，隨意走入一片**荒野**：他們甚至假定自己只是強健的驢子，是某個強健精神的最徹底的反面。照此說來，在一個哲學家這裡，苦修理想意味著什麼呢？我的答案是——人們早就該猜中了：哲學家，當

---

36 Ironice［反諷地］是中世紀拉丁文，在經院哲學語境下或可解為「悖謬地」，故下言演示命題。——譯注

37 羅睺羅（Râhula）：又譯羅侯羅、羅怙羅、羅護羅或羅雲，意譯覆障或障月，釋迦牟尼佛獨生子和十大弟子之一。——譯注

望見最高級和最果敢的精神狀態所需條件的某個最優方案時，他報以微笑——由此他不是在否認「此在」，這裡毋寧是在肯定他的此在，僅僅是他的此在，這裡肯定也許到了近於那種最下作願望的地步：pereat mundus, fiat philosophia, fiat philosophus, fiam［讓世界毀滅吧，哲學來到，哲學家來到，我來到］！[38]……

8

人們看到，他們並不是苦修理想之價值未被收買的證人和法官，這些哲學家們！他們思考自己，——「神聖者」跟他們有什麼相干呢！他們在這裡思考的是恰恰對他們而言最不可或缺的東西：強制、干擾、喧鬧，從事物、義務、擔憂解脫出來的自由狀態；頭腦的神聖狀態；思想的舞蹈、跳躍和飛翔；一處好空氣，稀薄、清新、自由、乾燥，就像高處的空氣，處於其中一切活的存在都變得更精神性，都長出了翅膀；所有地下室中的安寧；所有都乖乖拴著鏈條；沒有敵對和胡亂發火的吠叫；沒有受傷的野心蠕蟲般齧咬；內臟謙退而恭順，又像磨輪機齒一樣勤奮，不過隔得很遠；心則疏遠，超脫，屬於未來和身後，——至關重要的是，他們在苦修理想上思考的是那種明朗的苦

---

38 據迪瑟，此處化用拉丁格言 Fiat justicia, pereat mundus［讓世界毀滅吧，但使正義得行］。據《尼采頻道》，此格言叔本華在《論宗教》中則將之改寫為 vigeat veritas, et pereat mundus［讓世界毀滅吧，但使真理得興］，參見《附錄與補遺》第二卷十五章第一七四節《論宗教》。——譯注

修主義，一種被神聖化的、羽翼豐滿的、更多是徜徉而非休止於生命之上的動物所行的苦修主義。人們知道苦修理想的那三個皇皇大詞：貧窮、服從、貞潔[39]：且從近處看看一切偉大、多產、善於發明的精神所活的那種生命，——其中可以在某種程度上反覆找到這三者。不用說，絕對不是指，這三者是他們的什麼「美德」——這個種類的人要美德來幹什麼呢！——而是他們的最佳此在、他們的最美產出所需的那些最根本、最自然的條件。這時完全可能的是，他們的主導性精神狀態從一開始就給一種無拘無束、容易激動的自負或者惡意的感性套上了韁繩，或者它相當艱難地以心和手去維持自己求「荒野」的意志，以對抗某種朝向奢華和最精挑細選之物的偏好，同時也是對抗某種揮霍性的自由放縱（Liberalität）。不過，這種精神狀態在做這些時恰恰是作為統治性的本能，那個不顧其他一切本能而貫徹自己要求的統治性本能——它還要做下去；倘若不做，它也就不再統治了。也就是說這跟「美德」無關。順帶說一下，我剛才說的那個荒野，這些強健的、培養得很獨立的精神所退隱和獨居的荒野——哦，他們作為有教養者在夢想一片荒野，看來多麼奇怪呀！——在有些情況下，他們自己就是荒野，這些有教養者們。肯定，所有的精神演員在這裡都

[39] 天主教修道人須法貧窮、貞潔和服從三大誓願。——譯注

絕對忍受不下去，——對他們來說，此地遠不夠浪漫，不夠敘利亞[40]，遠非劇場荒野（Theater-Wüste）！雖然如此，此地也並不缺乏駱駝[41]：不過這就是全部的相似點了。也許是一種任意的蒙昧；一種自己在自己面前的躲避；一種面對喧嘩、尊崇、報紙、影響時的害羞；一個小職位，一段平常日子，一種隱蔽多於暴露的東西；一點與無害鬧騰的禽獸們的偶而的交道，看到它們便有治療作用；一座朝向社會的山，但不是死寂的，而是一座有眼睛（即有湖泊）的山；有時甚至是一座擠滿人的普普通通的小旅店，人們肯定能混跡於其中，可以沒有危害地跟誰說說話，——這就是此地之「荒野」：哦，它是足夠孤獨的，請相信我！當赫拉克利特退隱到陰森的阿緹蜜絲神殿[42]的宮院和柱廊裡去的時候，這片「荒野」就更珍貴了，這一點我承認：為什麼我們缺少這樣的神殿呢？（也許我們並不是沒有：我剛剛回想起我最美好的書房，在聖馬可廣場[43]，前提是在春天，同時是上午，在十點到十二點之間。）可是，赫拉克利特所避開的，跟我們現在要避開的，恰恰還是同一個東西：喧嘩，以弗所[44]民主黨人的聒噪，他們的政治，他們對「帝國」（人們知道我說的是波斯）的好奇，他們關於「今日」的那些市販雜碎，——因為我們哲學家最先需要的是唯一

40 「不夠敘利亞」，此敘利亞當指羅馬帝國時的敘利亞行省，包括今日敘利亞、以色列、黎巴嫩等地，是基督教，亦是其早期苦修傳統（沙漠教父）的發源地。——譯注

41 據考夫曼，此處「駱駝」在德語中亦可指傻瓜。——譯注

42 據拉爾修《名哲言行錄》第九卷第一章，赫拉克利特曾隱居於阿緹蜜絲神殿，與孩童嬉戲，並對圍觀的同胞說，這遠勝於參加你們的公民生活。——譯注

43 聖馬可廣場（Piazza di San Marco）：威尼斯中心的廣場，是歐洲最大的廣場之一，因威尼斯水路交通發達而免於車馬喧囂。——譯注

44 以弗所（Ephesier）：位於今土耳其，古小亞細亞西岸，愛奧利亞的希臘殖民城

一種安寧，——先於一切「今日」。我們尊崇寂靜、寒冷、高尚、遙遠、已消逝者，說到底就是一切靈魂在面對時不必自為防備和自為束縛的東西，——一些在談到時不必**大聲**說的東西。只要去聽聽一個精神在說話時發出的聲音吧：每個精神都有它的聲音，都愛它的聲音。比如說有的地方，精神一定會是一個煽動者，我要說的是，一個空腦殼，一口空鍋：一切傳進去的都會再傳出來，又悶又厚，因巨大空洞產生的回聲而變得沉重。有的地方則有那種精神，他很少不是沙啞地說著話：也許它已經沙啞地**思考**過了？這倒真有可能——該去問一下生理學家們——，而用**言辭**思考者，是作為談話者而思考，不是作為思想者而思考（由此可見，他從根本上不是在思考事情，不是切於事情地思考，而只是在關於事物作思考，他其實是在思考他**自己**和他的聽眾）。有的地方則有第三種精神，他說話時便咄咄逼人，他跟我們的身體靠得太近，他的呼吸呵到我們，——我們不由自主會閉上嘴，雖然他用來朝我們說話的是一本書：他的風格的聲響道出了其中的緣故，——他沒有時間，他斷然地自己相信自己，他要麼今天說完，要麼永遠不說了。然而一個自己知道自己的精神則輕聲地說話；他尋求隱匿，他讓人等待自己。人們從這一點上認出一位哲學家，他避開三

邦，赫拉克利特故鄉，有著名的阿緹蜜絲神殿，古代七大奇觀之一；後又成為早期基督教的一個重要活動基地。——譯注

樣閃耀響亮的事物，名聲、君主和女士：這不是說，此三者不會來找他。他羞於太過明亮的光線：因此，他羞於他的時代，和這個時代的「白晝」[45]。他在其中是一個陰影：太陽越是落到他後頭，他就變得越偉大。說到他的「順從」，他是像忍受黑暗那般也忍受著一種特定的獨立和黯淡：不僅如此，他還害怕閃電的驚擾，面臨一棵過於孤立暴露的樹的那種無保護狀態，他會嚇得朝後退，每一種壞天氣都會把脾氣發洩到它頭上，而每一種脾氣也都會在它頭上造成壞天氣。他那「母性」的本能，那對自己內部生長著的東西的隱隱愛意，把他引向人們以為他是在自在地思考[46]的那些境地；其情形正如女人的母親本能至今鞏固了女人根本上的依賴性。最後，他們，這些哲學家，幾乎很少有什麼要求，他們的箴言是「擁有者將被占有」——：這，正如我必須一而再、再而三說的那樣，不是出於美德，出於一個可嘉的要求儉約和質樸的意志，而是因為他們至高的主人這樣要求他們，要求得聰明且不留情面：主人的感受只專注於一點，只是為了它而集中一切，把時間、力量、愛、興趣都騰出來給它。這個種類的人不愛被敵意打擾，也不愛被友誼打擾：他們容易忘卻或者輕視。他們以當殉道者為壞趣味：「只為真理而受難」——他們把這個留給那些精神的野心家

45　「白晝」（Tag）：通譯「日子」。——譯注

46　「自在地思考」原文為 an sich zu denken，亦可解為「思考自身」。——譯注

和舞臺主角以及還有時間幹這些的人們（——他們自己，哲學家們，要為真理做些東西）。他們對大詞的消費很節約；據說，他們甚至反感「真理」：它聽起來太大言不慚了……最後，說到哲學家的貞潔，這個種類的精神的豐收顯然不在於子嗣；也許在於他們名字的留存，他們那小小的不朽（在古代印度，哲學家中間有著更不謙遜的表達：「其靈魂即世界者，要後裔何用？」[47]）。這裡無關乎出於哪種苦修相關的顧慮與感官憎恨的貞潔，就跟一個運動員或者賽馬師避開婦人時一樣，無關乎貞潔：有此意願的，毋寧是他們的主導本能，至少是為了那個偉大的孕育期。每個藝人都知道，在精神上的大緊張和大準備時，交媾是多麼有害；對於他們中最強大者和本能最突出者，歸結出這一點的首先不是經驗，負面經驗，——而就是他們的「母性」本能，它在這裡為了有利於生成中的作品，力量、活的生命的vigor［活力］的一切額外儲備和補充不顧一切地動用起來：較大的力量於是耗用了較小的力量。——順便說一下，人們可以按照這種闡釋把上面舉的叔本華的例子說通：在他那裡，美的景象的作用顯然是對他天性的首要力量（沉思和深入觀看的力量）的觸動激發；這股力量由此乃爆發出來，一舉成為意識的主人。而由此又絕對不該排除下面這種可能

47 據《尼采頻道》，參見保羅·杜森，《吠檀多體系》，萊比錫，一八八三年，第439頁。——譯注

性，即，審美狀態所特有的那份獨特的甘甜和充實，其來源可能恰恰出於「感性」成分（跟適婚少女們所特有的那種「唯心主義」[48]出自同樣的源泉），——因此在進入審美狀態時，感性並沒有如叔本華所相信的那樣被揚棄，而只是顯容[49]了，不再是作為性刺激進入意識。（我還會再回到這個觀點上來，把它跟從那門迄今尚如此未被觸及、未被開啟的**審美生理學**產生的美妙問題聯繫起來。[50]）

9

我們已看到，一種特定的苦修主義，對最好的意志的一種堅定明快的棄絕，屬於最高精神狀態的有利條件之一，同時也是其最自然的後果之一：所以，從一開始就不足為奇，恰恰是哲學家們從來不曾不偏不倚地對待過苦修理想。一番嚴肅的歷史學的核查可知，苦修理想跟哲學家之間的關聯還要緊密和嚴密得多。或許可以說，哲學首先到底是繫在這種理想的**襻帶**下才學會在大地上邁出最初的一步，一小步——唉，還是那麼不靈活，唉，表情還那麼彆扭，唉，還是那樣隨時要跌倒，趴到地上，這個彎著兩條腿兒的靦腆小笨孩和嬌氣鬼呀！哲學一開始的情形跟所有好事物一樣，——它們對自己久久地缺乏勇氣，總

48　「唯心主義」（Idealismus）在此同時還指「理想主義」。——譯注

49　「顯容」（transfigurirt）本指耶穌基督在高山上祈禱時顯出聖容，「臉面明亮如日頭，衣裳潔白如光」（《新約·馬太福音》17：2）。基督教因有「主顯聖容節」。——譯注

50　據考夫曼，尼采生前對這個論題並未有所發表，不過相關材料可以在他後面的兩部著作《華格納事件》和《偶像的黃昏》中，「一個不合時宜者的漫談」，第八節及以下，第十九節及以下和第四十七節及以下；亦見諸《尼采反華格納》和《權力意志》中「作為藝術的權力意志」部分。——譯注

51　「闕疑」原文 ephektisch，或譯「懸（而不）決」，字面義為「放棄、節制判斷」（derepoché）。出自恩里披克：《皮

是四處張望，看是不是真的沒有人來幫，不僅如此，她們最怕別人看自己。或許應該把哲學家的各個衝動和美德按順序當面排個清楚——他們的置疑衝動，他們的否認衝動，他們的等待（「闕疑」[51]）衝動，他們的分析衝動，他們的研究、尋找、冒險衝動，他們的比較、平衡衝動，他們求中立和求客觀性的意志，他們求一切「sine ira et studio」［無偏無黨］[52]的意志——：人們是否大概已經領會到了，他們全都很早就迎合了道德和良知的那些最初要求？（且全不論那個理性，路德還喜歡稱之為克呂格林夫人[53]即聰明的妓女的東西。）而且，一個哲學家，倘若他曾經真的對自身有意識，必定已經徑直覺得自己是活生生在「nitimur in vetitum」［求不當求之事］[54]——從而保護自己不去「感覺自己」、「對自己有意識」？……其情形，如前所言，跟我們迄今所自負的所有好事物並無二致；即使按照古代希臘人的標準，我們整個現代存在——當其並非虛弱，而是有權力和權力意識之時——的舉止也是十足的倨傲（Hybris）和不信神：因為恰恰是那些跟我們今日所尊崇者相反的事物，在最長的時期裡讓站在它們一邊的良知、讓神成為它們的守衛者。倨傲在今日即是我們對自然的全部立場，是我們憑藉機器、憑藉那樣不假思索的技師與工程師式的發明能力對自然

浪哲學概要》第一卷第三章，懷疑論「就質疑者調查之後的心境而言，名為『闕疑派』（Ephektiker）」；參見《懸擱判斷與心靈寧靜：希臘懷疑論原典》，包利民等譯，中國社會科學出版社，二〇〇四年，第4頁。——譯注

52 出自塔西佗，《編年史》，王以鑄、崔妙因譯，北京，商務印書館，一九八一年，第一卷第一節，塔西佗說自己著史時「既不會心懷憤懣，也不會意存偏袒」。——譯注

53 「克呂格林夫人」原文為 Fraw Klüglin，出處未詳，「克呂格林」表示「聰明」。路德曾稱理性為「魔鬼的娼妓」，但他同樣用這個稱呼指斥那些巫師和女巫。——譯注

54 亦參見《善惡的彼岸》第二百二十七節（237頁）；引文見奧維德《愛歌》（Amores）第三卷第四哀歌。奧維德原文為：「我們總是求不當求之事，要不許要的東西；正如病人就想喝醫生不讓他喝的水。」該詩主題是勸丈夫不要費心監視提防妻子；尼采所著重標出的「不當求之事」（vetitum）當射指風月之事。——譯注

所施的強暴；倨傲是我們對神的立場，我要說的是，對不管哪種據說會編織目的與德教的蜘蛛、坐在因果論那巨大的羅網式織體後面的蜘蛛的立場——我們或許可以像大膽查理在與路易十一鬥爭時那樣說：「我在與全宇宙的蜘蛛作戰」[55]——；倨傲是我們對我們自己的立場，——因為我們用我們自己做實驗，做我們不會允許對任何動物做的那種實驗，欣快而好奇地在活潑潑的身體上把靈魂切開：靈魂「得救」[56]跟我們還有什麼相干呢！事後我們自己救治自己：疾病多有教益，我們不懷疑這一點，它比健康更多有教益，——今日在我們看來，比起不管哪種巫醫和「救世主」，致病者甚至更為必要。我們現在甚至強暴我們自己，無疑，我們這些靈魂的堅果夾子，我們這些提問者和值得一問者，彷彿生命不是別的，而就是夾碎堅果；正是因為這點，我們必然一天天變得越來越值得一問，要提出越來越值得的[57]問題，也許正是因為這點我們才越來越值得去——生活？……所有好事物以前都是惡劣的事物；每一種原罪都長出一種原美德。比如，很久以來婚姻都表現為對集體權利的冒犯；人們以前會因為太不謙遜，竟以為可以自己擁有一個女人而付罰金[58]（比如 jus primae noctis［初夜權］即屬此類，今日在柬埔寨它還是教士這些「古禮良俗看守者」的

55 引文為法語，je combats l'universelle araignée。「大膽查理」為十五世紀勃艮第公爵，與法王路易十一爭強，樹敵甚多，後歿於戰陣。——譯注

56 「得救」原文為Heil，基督教中專指信主後的「得救」，本義為「健康、幸福」，作動詞（heilen）指治療，故下有健康—疾病之對舉。——譯注

57 「越來越值得的」原文作würdiger，同時又指「越來越莊重的（問題）」，下一句「越來越值得去」同時也可解為「越來越莊重地（生活）」。——譯注

58 據《尼采頻道》，參見波斯特，《基於比較族群學的普遍法學預備考察》，第一卷，第67頁。——譯注

特權呢）。那些柔軟、善意、遷就和慣於同情的感情——其價值簡直高到快成為「自在之價值」了——在最長久的時期裡恰恰受到自己對自己的蔑視：人們曾經像今日之恥於強硬地恥於溫和（參見《善惡的彼岸》第二百六十節[59]）。對法的順從：——哦，大地上到處有那些高尚的世系，帶著怎樣一種良知上的排斥而單方面放棄血親復仇，承認法對自己的暴力！「法」長期以來是一件 vetitum［不可求之事］，一種褻瀆，一次創新，它提出暴力，它作為暴力而登臺，人們只有帶著對自己的羞恥而順從的暴力。從前，大地上每跨出的最小一步都是以精神和身體的磨難爭得的：「不只是向前邁步，不！邁步、運動、改變皆必需為之付出無數殉道者」，恰恰對於今日的我們，這整套觀點是如此陌生，——我曾在《曙光》指明這一點。該書第十八節說道，代價最昂貴的，莫過於人類理性和自由感中現在造就了我們的自負的那一點點東西。而就是為了這一自負之故，現在要跟隨那些屬於「禮俗德教」的陰森叵測的時間段（這些時間段作為確立人類性格的真正的、決定性的首要歷史，尚處在「世界歷史」之前）去感受它們，對我們來說幾乎是不可能的了：「當彼之時，苦難之為美德，殘忍之為美德，矯飾（Verstellung）之為美德，復仇之為美德，拒絕理性之為美

59 參見該書298—302頁。——編注

德，相反，安樂之為危險，求知欲之為危險，和平之為危險，同情之為危險，被同情之為折辱，勞動之為折辱，瘋狂之為神聖，改變則作為不合禮教和暗藏腐化之事，皆到處自然而然地適用！」——

10

《曙光》的第四十二節闡明，靜觀人的最古老世系不得不在怎樣的評價中、在怎樣的評價壓力之下生活，——恰恰是受到恐怕從來沒有想到的那般蔑視吧！靜觀，最初出現在大地上時，有深裏密藏的形象，曖昧不清的聲望，懷著一顆邪惡的心，經常並頂著一顆擔驚受怕的頭：這一點無可置疑。長久以來，靜觀人本能中那個不活躍的、孵化著的、不好戰的東西，在他們周圍放下一種深深的疑慮：對此疑慮沒有其他手段，只有毅然喚起對自己的恐懼。擅長此道者，有比如古代的婆羅門！最古老的哲學家們知道賦予他們的此在和顯現以一種意義，一個依託和背景，好讓人們根據這些養成對他們的恐懼：考察得更仔細些的話，又是出於一種更基本性的需要，也就是，為了贏得自己對自己的恐懼和敬畏。因為他們在自己內部發現一切價值判斷都轉而反對自己，他們得奮力打倒對「自己內部的哲學家」的各種猜疑和反對。這樣做時，作為可怕年代的人類，他們用的是可怕的手段：——針對自己的殘忍，善於發明的肉身苦行[60]——這是這些渴求權力的隱修士和思想革新者們的首要手段，為了信仰他們的革新，他們必須在自身內部對諸神以及習俗施以強暴。我想到眾友仙人[61]的著名故事，他從千年的自我磨難中贏得了一種這樣的權力感和對自己的信任，以至於他要著手建立一片新天空：大地上那部最古老又最新近的哲學家歷史的陰森叵測的象徵，——每一個無論何時曾經一度建立起一片「新天空」的，都是在自己的地獄中才發現這樣做的權力……讓我們把整個事實要件以簡短的形式總結一下：首先，哲學精神必定總是被偽裝成靜觀人較早定型的那些類型，在其中化蛹，成為教士、巫師、卜者，從根本上說是成為宗教人，從而才會在無論哪種程度上得以可能：長期以來苦修理想被哲學家用作顯現形式和生存前提，——為了能做哲學家，他必須表現出[62]此種理想，為了能有此表現，他必須相信自己能夠成為哲學家。這種以特有方式否定世界、敵視生命、不信任感性和去感性的退處姿態，這個直到最近的時代還在被堅持並因而幾乎是作為自在的哲學家態度而大行於世的姿態，——它首先是哲學家從根本上由之而產生和持存的那些條件所構成的緊急

60 「肉身苦行」（Selbstkasteiung，亦寫作Kasteiung），為苦修之具體一種，重在禁絕感官需求並造成肉身痛苦，粗服劣食乃至鞭身自笞。基督教中專指與耶穌同受肉體上的苦難（與靈魂受難不同）。——譯注

61 「眾友仙人」原文作des Königs Viç-vamitra，直譯當為「眾友仙人國王」，然其為國王時名字當作喬什迦（Kaushika）。印度神話中的仙人（rsi，其義實為「修道士」），原為剎帝利種姓，棄王位苦修一千年後，力可自造星空；神王因陀羅曾派天女誘惑他未果。——譯注

62 「表現出」原文為darstellen，亦可解為「表演」。——譯注

狀態的一個後果：也就是說，就此而言，大地上的最長久時間裡，哲學倘若沒有一副苦修的外殼與裝束，沒有一種以苦修方式所作的自身誤解，便根本不可能存在。直觀而明白的表達就是：直到最近時代，苦修教士都展現出那種可厭陰暗的毛毛蟲形式，唯有哲學可以戴著這種形式活著並四處爬動……這些，是不是已經真有改變了？這隻斑斕而危險的有翼獸（Flügelthier），這條毛毛蟲內部所藏有的精神，是不是真的，多虧了一個陽光更充足、更溫暖、更敞亮的世界，終於竟還是被揭掉袈裟，大白於光線之下了？今日，是不是已經有足夠的自負、膽識、果敢、自知、精神之意志、求責任之意志、意志的自由，使得今後哲學家在大地上真正——可能了？……

11

現在，對苦修教士加以關注之後，我們才逼近我們的問題：苦修理想意味著什麼？我們嚴肅地緊逼不放，——現在才是真值得「嚴肅」[63]：從現在起，我們總算跟嚴肅的真正代表面對面了。「一切嚴肅都意味著什麼？」這個更加基本的問題也許在這裡已經呼之欲出了：一個給生理學家的問題，平心而論，一個我們此間竟總是從旁邊滑過的問

63 （真值得）「嚴肅」原文為Ernst，此處也表示「嚴重」、「困難」和「事情才真的開始」。——譯注

題。這理想中不僅有苦修教士的信仰，還有他的意志、他的權力、他的利害。他的此在權利跟那個理想一榮俱榮，一損俱損：有什麼好奇怪的，我們現在碰到了一名可怕的對手（假定我們便是那個理想的對手）？這樣一名對否定此理想者作戰以求生存的對手？……從另一方面看，對我們的問題採取一個這般利害相關的立場，從一開始對處理此問題便未必會有什麼特別的好處；一個女人想回護「自在之女人」時通常會失敗，出於相同的原因，對自己的理想，苦修教士很難成為哪怕只是最走運的辯護者，——更不用說充當此處所引發論爭的最客觀的評判者和法官了。然則毋寧說是我們不得不幫助他們——有那麼多東西現在都已經亮出來了——來針對我們很好做個辯護，而用不著害怕，會被他們太俐落地反駁掉……這裡所為之爭鬥的思想，是苦修教士那邊所作的對我們生命的價值評判，此生命（連同它所包含的「自然」、「世界」，生成和消逝的全部領域）被他們置於跟某個完全另一種類的此在的關係之中，生命之一舉一動皆與這個此在相對立和相排斥，除非，比如它自己轉而反對自己，自己否定自己：在此種情況下，即在苦修生活的情況下，生命是作為通向那個另一個此在的橋樑。苦修者把生命當作一條歧途來對待，人們最終必須往回走，直到它開始之處；或者是像一個謬誤，人們通過——**應該**通過實際行為去反駁：因為苦修者**要求**人們與他同行，**他**一旦能夠便強制人們接受他對此在的價值判斷。這意味著什麼？這樣一種陰森叵測的價值評判方式，可不是作為例外和異聞被載入人類歷史的：它是一個所存在的最廣泛和長久的事實。我們的大地此在（Erden-Dasein）的大寫文字，從一個遙遠的星體上讀來，也許會被誤導向這樣的結論：地球是真正**苦修的星球**，一個角落，窩著些怏怏不樂、驕傲可厭的受造物們，它們全然擺脫不了對自身、對大地、對一切生命的深深懊惱，它們盡可能地使自己痛楚，出於對痛楚的娛樂：——大概是它們唯一的娛樂。讓我們來考察一下，苦修教士是怎樣有規律地、普遍地、幾乎在一切時代出現；他不獨屬於哪一個種族；他到處繁衍；他從一切等級上長出來。他價值評判方式並不是比如通過遺傳培養出來和廣為播植的：是相反的情形，——就全局觀之，毋寧說是一個很深的本能在禁止他繼續播植。一定有一個頭等的必要性，使這個**敵視生命的**物種反覆生長和繁榮，——一定有一個對**生命本身的利害**，使這樣一個自相矛盾的類型沒有死絕。因為一個苦修的生命是一個自相矛盾：這裡彌漫著一種無可比擬的怨恨，某種不知饜足的本能和權力意志所發出的怨恨，這種本能和意志想當主人，不是在生命中統治什麼東西，而是統治生命本身，統治它最深切、最強健、最底層的條件；這裡在做出一個嘗試，動用力量去堵塞力量的源泉；這裡發綠的、幸災樂禍的目光射向生理的茁壯成長本身，尤其是射向這種茁壯成長的表達、美、歡樂；而對於畸形、枯萎、疼痛、事故、醜陋、意外損害、去自身化、自身鞭笞、自身犧牲，這目光所感受和**找尋**的卻是一種快感。完全是最高的悖謬：我們在此面對的是一種分裂狀態，它**意願**自己分裂自己，它在這種苦難中自己**享受**自己，甚至還隨著它自身的前提、生理上的生命能力**降低**的程度，而變得越來越自知，獲得越來越大的勝利。「就在最後的垂死掙扎中獲勝」[64]：在這個至高無上的標誌下，苦修理想一直戰鬥到今日；在這個誘惑的謎語中，在這幅迷狂和煎熬的畫面中，他認出他最強烈的光，他的得救，他最終的勝利。Crux, nux, lux［十字架、堅果、光］[65]——在他這裡三者歸一。——

12

假定這樣一個化作肉身的求衝突、求反自然的意志，竟被弄去做**哲學**：它那最內在的肆意專斷（Willkür）會向哪裡釋放呢？向那個被最

64 此句德語原文為：Der Triumph gerade in der letzten Agonie。——譯注

65 此語利用三字之押韻，戲仿拉丁習語「基督的十字架是我的光」（Christi crux est mea lux）；「堅果」對應本篇第九節「堅果夾子」之譏，在德語（Nuß）可作罵人語，類漢語中「蛋」、「瓜」者。

穩靠地感受為真實和實在的東西：它恰恰會在真正生命本能最絕對地設定真理之處，去尋找謬誤。它會，比如像吠檀多哲學的苦修者所做的那樣，把肉身狀態貶低為幻象，同時還有疼痛、多樣性、「主體」與「客體」的整套對立概念——謬誤，無非是謬誤！拒絕給他的那個自我以信任，自己否定自己的「實在性」（Realität）——何等的勝利！——已經不僅僅是對感性、對視覺顯像的勝利，而是一種高明得多的勝利，一種對理性所施的強暴和殘忍：理性以苦修所行的那種自身蔑視和自身提高是在宣布：「是有一個真理和存在的王國，但恰恰理性是被排除在外的！「由此歡悅（Wollust）遂攀上頂峰……（順便說一句：甚至在康德那個「事物的智識特徵」[66]中，還有這種貪婪的苦修者分裂的某些殘留，這種分裂喜歡讓理性轉而反對理性：在康德那裡，「智識特徵」即意味著事物的一種屬性，知性對該屬性的把握如此之多，以至於它對知性來說——完全不可把握。）——但願最終，恰恰是作為認識者，我們可不要輕視此類斷然顛倒習以為常的視角和評價的做法，精神已經過於長久地用這些顛倒貌似褻瀆而徒勞地自己朝自己發怒：如此這般地作一次另一種觀看，以及作另一種觀看的意願，對於知性達到它當初的「客觀性」，其教養和準備之功可不

66 參見《善惡的彼岸》第三十七節同條譯注（第95頁）。「智識特徵」（intilligiblen Charakter），康德在《純粹理性批判》（B566-568）將「一個感官物件中本身非顯現（Erschneinung）者」定義為「智識的」（或譯為「理知的」、「悟知的」），與之相對的是「感性的」（sensibel）或「經驗的」（empirisch，或譯為「驗知的」），即物件在感性中顯現者。康德以「智識特徵」為「物自身的特徵」。後叔本華在《倫理學的兩個基本問題》中《道德的基礎》第二部

算小，——此客觀性不是當作「無利害的直觀」（這是一個謬理和悖識）來理解，而是那種能力，自制地[67]進行贊成和反對、收放自如的能力：好讓人們知道使諸種視角和諸種情緒性闡釋的差異性恰恰為認識所用。就讓我們，我的哲學家先生們，讓我們從現在開始更好防備那套古老危險的概念虛構，它設定了一種「純粹、無意願、無痛苦、無時間的認識主體」[68]，防備像「純粹理性」、「絕對精神性」、「認識本身」這樣一些矛盾性概念的觸手：——這裡被要求作思考的是一隻全然不可思議的眼睛，一隻絕對不應該有任何方向的眼睛，在它這裡，那些行動性和闡釋性的力量[觀看要通過這些力量乃成為一個有所見之看（Etwas-Sehen）]應該被抑止，應該缺失，也就是說，這裡要求的總是一隻悖識和謬理的眼睛。只有一種透視式的觀看，只有一種透視式的「認識」；而如果我們在某件事情上讓更多情緒訴諸言表，如果我們知道讓更多眼睛、有差異的眼睛向這件事情打開，那麼，我們對這件事情的「概念」、我們的「客觀性」就會變得更加完整。而竟把意志上從根本上排除掉，把情緒一律全部懸置起來，即便假定我們能夠做到：難道這不叫做對知性的閹割嗎？……

分第八章專門談過這兩個概念。——譯注

67 「自制地」原文為 in Gewalt，字面義為「在暴力中」。——譯注

68 參見叔本華，《作為意志和表象的世界》第一卷第三十四節，指當擺脫了意志、不以根據律看事物而直面事物之理型的主體。——譯注

13

不過，讓我們回到正題上來。從生理學上而不再從心理學上來審視，一種這樣的自相矛盾，正如它在苦修者這裡似乎表現出來的，「以生命反對生命」——首先一目了然的就這麼多——，簡直是在胡鬧。它只可能是貌似的；它必定是一種臨時性的表達，一個注解，是套語，編排之詞，是對其真正本性早就不能夠被理解、在其自身早就無法被標明的某種東西的心理性誤解，——是一個嵌在人類認識某處古老罅隙中的空話。讓我衝著它簡要地列出事實要件吧：苦修理想源於某種退化著的生命的保護和救治本能，這種生命不擇手段地尋求延續，為它的此在而鬥爭；這透露出一種局部的生理障礙和疲憊，生命最深層的、依舊渾然的本能會不間斷地以新手段和新發明來與之抗爭。苦修理想是這樣一種手段：情形乃與其推崇者們所以為的正相反，——在它內部並通過它，生命與死亡搏鬥，反抗死亡，苦修理想是一種保持生命的把戲。正如歷史所教導的，尤其凡是人類的文明化和馴化得以貫徹之處，這個理想皆按相應的程度而支配了人類，掌握了權力，這表明了一個偉大的事實，表明了迄今為止的人類類型、至少是那種被弄得馴順的類型的病態，人類跟死亡（更確切地說：跟對生命的厭煩、跟疲憊和向「終點」而去的願望）的搏鬥。苦修教士是成為有所不同者、到別處去的願望的血肉化身，而且是這種願望的極致，是這種願望所發出的真正炙熱與激情：不過，恰恰是他發願時的**權力**[69]，成為將他縛於此處的鐐銬，恰恰由此他變成工具，致力於為那種居於此處者、同為人類者[70]創造更加有利的處境，——恰恰是用這個**權力**，他把各種各樣的畸形者、不協調者、稟賦薄弱者、遭遇不幸者、苦於自身者（An-sich-Leidenden）組成的整個畜群牢牢固定於此在，他則本能地作為牧人走在它們前面。聽懂我了吧：這個苦修教士，這個表面上的生命之敵，這個**否定者**，——他恰恰屬於生命的那些無比偉大的**保存性**的、**創作出**「是」的暴力……毛病出在哪裡呢，上面所說的病態？畢竟，人比其他任何一種動物更加有病、更不可靠、更變幻不定、更不穩固，這一點無可置疑，——他是**唯一**患病的動物：何以至此？當然，人類曾經的冒險、忍耐、創新和對命運的挑戰，也比其他動物加起來都更多：他，這個用自己作實驗的偉大實驗者，不滿意者，不知足者，為了最終統治權跟動物、自然和諸神搏鬥者，——他，從來還沒有被打敗過，這個永恆的未來者，在他自己的逼迫性力量面前再也不得安寧，以至於他的未來如一束馬刺般毫不留

69　「權力」原文為Macht，既可解為「權力」，也可表示一般強大的力量。尼采或指通常所謂「願力」實際亦是一種權力或對權力之願。——譯注

70　「居於此處者」（Hier-sein）、「同為人類者」（Mensch-sein）與上文「有所不同」（Anders-sein）、「到別處去」（Anderswo-sein）相反的類型。——譯注

情地刺著他，紮入每一塊當前之肉：——這樣一種勇猛而豐富的動物，也是所有患病動物中受到最大危害、病得最久最深的，這難道不是應該的嗎？……對此人類會厭倦，這種厭倦的全面傳染是常有的事（——在一三四八年前後，在跳著死亡之舞的時代[71]，就是這樣）：但是甚至是自己對自己的這種噁心、這種疲乏、這種厭煩——這一切如此強有力地從他這裡湧出，以至於它們立刻又成了一副新的鐐銬。他對生命所說的「不」，好像通過一種魔法，展現為一份充足的溫柔的「是」；是呀，這時他，這位毀滅和自毀的大師，把自己**弄傷**，——然後這個傷口本身，迫使他去**生活**……

14

人類的病態越是正常——我們不能否認這種正常——，則應該越是珍視靈魂肉體均為強大的稀有案例，人類的**幸運案例**，應該更嚴格地保護那些發育良好者不受最惡劣的空氣、致病的空氣之害。人們這樣做了麼？……患病者於健康者是大危險；強健者的禍害**不是**來自最強健者，而是最虛弱者。人們知道這個嗎？……大體上估量起來，人們可以希望減少的，絕不是對人類的恐懼：因為這種恐懼迫使強健者強

71 黑死病據信在歐洲大興於一三四八年，其時在繪畫上遂有一部題材曰「死亡之舞」（Todtentanz），描繪一圈骷髏夾人而舞，表示瘟疫不分年齡與等級（故上文云「全面傳染」）。——譯注

健，有時迫使他們令人恐懼，——它護持[72]發育良好的人類類型。應該擔心的，包藏著跟其他任何厄運都不一樣的厄運的，或許不是對人類的大恐懼，而是對人類的大噁心；同時是對人類的大同情。假定有一天這兩者相互交媾，則隨即不可避免地將有某種最陰森叵測之物出世，人類「最後的意志」，他求虛無的意志，虛無主義。而事實上：為此已有了許多準備。誰若不只是用鼻子來嗅，而且還用上眼睛和耳朵，則今日所到之處幾乎都會察覺到某種像是瘋人院、像是醫院的空氣，——我說的，合乎情理地，是人類的文化領域，漸漸存在於大地上的每一個「歐洲」。那些病態者是人類的大危險：而不是邪惡，不是「食肉動物」。那些從一開始就遭逢不幸、被壓倒、被打碎的——在人類中間最嚴重地侵蝕生命的，最危險地毒害和動搖我們對生命、人類和我們自己的信任的，就是他們，就是那些最虛弱者。人們到哪裡能避開它啊，那道眼瞼低垂、人們從中接取一份深深悲哀的目光，那道一開始就生錯了的人回顧自身的目光，它透露出一個這樣的人類是怎樣對自己說話的，——那道目光，它是一聲嘆息。「我多想有所不同，成為某個別人！」這道目光如此歎息道，「可這是沒有希望的。我是我所是：我如何出離我自己呢？然而——我受夠自己了！」……在

72 「護持」原文為 hält....aufrecht，既可解為「使保持正直」，亦可解為「使保持誠實」。——譯注

這樣的自身蔑視的泥土、一片真正的泥潭上，長著種種雜草，種種毒物，一切都這麼小，這麼隱蔽，這麼不誠實，這麼甜膩。這裡簇集著復仇感和遺恨；這裡的空氣發出詭秘和抵賴的臭味；這裡那張最險惡的陰謀之網綿綿不斷地編織，——受苦難者反對發育良好者和大獲全勝者的陰謀，在這裡，受憎恨的乃是大獲全勝者這一方。而為了不承認這種憎恨是憎恨，又是怎麼撒謊的呀！是怎麼耗費偉大的言辭和態度的，採用怎樣「嚴正」[73]地誹謗的藝術！這些發育不良者：他們的嘴唇噴湧出怎樣高貴的雄辯！他們的眼睛裡蕩漾著多少甜蜜、諂媚、恭順的屈服！他們到底想要什麼呢？至少表現出正義、愛、智慧、優越——這是這些「最底層者」、這些患病者的野心！而且這野心幹得多麼靈巧啊！人們首先應該驚歎那種偽幣製造者的靈巧，憑此靈巧，美德的紋印，甚至美德的叮噹作響和金玉之聲都被仿製出來。他們現在完完全全是為了自己租用了美，這些虛弱者和無可救藥的病態者們，這一點無庸置疑：「唯有我們是好人，正義之人」，他們這樣說道，「唯有我們是 homines bonae voluntatis［善良意志的人］[74]。」他們作為化作血肉的譴責、作為對我們的警告出沒在我們四周，——彷佛健康、發育良好、強健、自豪、權力感本身就已經是沾染惡習的事

73　「嚴正」原文為 rechtschaffnen，同時可解為「正派」和「厲害」。——譯注

74　語出《新約．路加福音》2：14：「在至高之處榮耀歸於上帝！在地上和平歸於他的喜悅的人！」（武加大版作：Gloria in altissimis Deo et in terra pax hominibus bonae voluntatis）今人考證「他的喜悅的人」（即上帝之「善良意志」所加者）當為「善良意志的人」。——譯注

物，是以後必定因之而受罰贖罪，吃盡苦頭：哦，他們簡直從根本上甚至已經準備好了去施行罪罰，他們簡直急不可待去當劊子手！在他們當中多的是裝扮成法官的尋仇者，「正義」一詞長掛嘴邊，猶如一條有毒的流涎，那張嘴則總是噘得尖尖的，總是預備對一切眼中並無不滿、並未丟下好心情的東西吐口水。在他們中間也總缺不了那種令人噁心的虛榮物種，那些撒謊的畸胎，熱衷於表現出「美麗的靈魂」[75]，並且把比如它們已經被蹧蹋壞了的感性纏進詩句和其他尿布，當作「心靈的純潔」放到市場上：這個道德手淫者和「自慰者」的物種。患病者的意志，要表現出優越的某種形式，無論哪一種，他們的本能，會找到通向對健康者霸權的秘道，——哪裡會碰不到這個呀，這個恰恰是最虛弱者求權力的意志！特別是病中的女人：沒有人在統治、壓迫、霸道的機巧上能勝過她。病中的婦人為這個是不顧死不顧活的，她會把埋得最深的事物再次挖出來（柏果人說，「女人是一隻鬣狗」[76]）。人們應該看看每一個家庭、每一個團體、每一個公共體的背後：處處是患病者反對健康者的鬥爭，——多半是一場靜靜的鬥爭，用細微的毒粉、針刺，受苦者表情的陰險把戲，不過時而也會那種大聲地扭姿作態的疾病法利賽主義[77]，它最愛表演「高貴的憤

75　據克拉克—斯文森，此表達可追溯到柏拉圖《會飲篇》（209b, psyche kale）。這個表達在十八世紀，尤其在虔敬派（Pietismus）中大量出現，不過到歌德與席勒時代此語有時已含諷刺意味。黑格爾在《精神現象學》中刻畫了從「良知」到「美麗的靈魂」再到「惡及其寬恕」的德國道德哲學三部曲，參見《精神現象學》下卷，賀麟等譯，北京，商務印書館，一九八一年，第146頁以下。——譯注

76　柏果（Bogos）：疑為亞洲某部落名。據克拉克—斯文森，此句出自波斯特的《普遍法學預備考察》（第一卷，第67頁），柏果人的這句話表達了「他們中的這個事實：女人外在於一切法律組織之外，沒有任何權利或責任。」——譯注

77　參看《善惡的彼岸》第一百三十五節同條注（148頁）。「法利賽主義」，法利賽人是古代猶太教的一個學派，其學派包含神學、政治與生活實踐，和合版聖經以「文士」名之，其重律法的特色受到後來基督教的誇大和指責；德語中可用來形容因自己行為合乎規矩而自矜自負的心態，並從而或因其不究本心只循節文而指其為偽善者。——譯注

激」。病狗們憤激的嘶聲怒吠，此類「高貴」法利賽人會咬人的謊言與火氣，竟想讓人在科學的聖潔空間裡都能聽見它（我提醒讀者，長著耳朵的讀者，再次回想一下那位柏林的復仇使者歐根．杜林，他以今日德意志最不正經和最令人反感的方式使用道德吆喝：杜林，這只當今第一道德大嘴巴，即使在他的同類、那些反閃族主義者們當中他也數第一）。所有這些都是怨恨之人，這些生理上遭逢不幸和被蛀蝕過的人們，一塊底下進行著復仇的劇烈搖震的土壤，他們在反對幸運者而發作的時候，在舉行復仇的化裝舞會、變換復仇藉口的時候，都是不知疲倦也不知饜足：什麼時候他們會真正取得他們最後、最精細、最巧妙的復仇勝利呢？無疑是當他們成功地把他們自己的悲慘、說到底是把一切悲慘統統推諉到幸運者的良知中去之時：從而使幸運者在某一天或者就對自己的幸福感到羞恥，也許就對彼此說：「幸福，是一種恥辱！有太多的悲慘了呀！」……而當那些幸運者、發育良好者、有權勢者在身體和靈魂上開始懷疑他們幸福的權利時，最大、最災難性的誤解莫於此。滾開，這個「顛倒的世界」[78]！滾開，這種有害的情感弱化！切莫讓患病者把健康者搞病——否則就是一種那樣的弱化——這應該是大地上的至高要點：——為此首要之事是，健康者

78　「顛倒的世界」（dieverkehrte Welt），或出自《精神現象學》，在黑格爾看來，尼采此處所云的「懲罰前史」必然發生顛倒，在這個顛倒的世界裡，「凡是前一世界裡受輕視的東西便受到尊重，而在前一世界受尊重的東西便遭受輕蔑。按照前一個世界的規律，懲罰使人恥辱，並且毀滅人，而在與它相顛倒的世界裡，懲罰便轉變成一種寬恕的恩典，這恩典保存了他的性命並給他帶來了榮耀。」（黑格爾，《精神現象學》上卷，賀麟等譯，北京，商務印書館，一九八一年，第107—108頁）——譯注

始終跟患病者隔離，保護自己不受患病者的景象之害，不要把自己與患病者相混淆。或許他們的使命竟是成患病者的看護或醫生？[79]……可這是對他們的使命最糟糕的誤解和拒絕，——較高級者不應該把自己貶值為較低級者的工具，間距之激昂[80]應該永遠都讓二者的使命也互不相同！他們在此存在（dazusein）的權利，聲音嘹亮的鐘在那些走調炸裂的鐘面前的特權，乃是一個大過一千倍的特權：唯有他們才是未來的擔保人，唯有他們才對人類未來負有義務。他們所能為者，他們所當為者，從來都不許是患病者所能為與當為者：不過，既然他們能做的只是他們所當作的，倘若當了患病者的醫生、安慰者和「救世主」，他們還有空做什麼事呀？……要緊的是有好空氣！好空氣！無論如何還要離開一切文化瘋人院和醫院的周圍！要緊的是有好的社交，我們的社交！或者孤獨，如果必要的話！但無論如何離開那種向內腐蝕和在暗中以疾病蠹蝕的有害蒸汽！……這樣好讓我們自己，我的朋友們，至少能片刻防備一下那兩種最惡劣的、可能恰恰是專門留給我們的瘟疫——防備對人類的大噁心！防備對人類的大同情！……

---

79 據考夫曼，此當參見歌德致封．斯泰因夫人的信（一七八七年六月八日）：「也就是說，我必須對我自己說，我認為這是真的，人類最終將勝利，只是我同時害怕世界會成為一個大醫院，每個人都成為其他人的人性護士」；在一封給保爾．瑞的信（一八七七年四月十七日）中，尼采寫道「彼此相為人性之護士」。——譯注

80 「間距之激昂」原文 Pathosder Distanz。Pathos［激昂］源於希臘語，本義是「疼痛、痛切、激動」，在古語所謂「憯怛」與「慷慨」之間；在德語中指面對苦難（Leiden）時莊嚴激昂的情感狀態。「間距」（Distanz）則指「禮主別異」意義上的身分距離。——譯注

15

如若人們從最深處把握了——我希望人們在這裡探得深入，把握得深入——，在何種意義上說，健康者的使命絕不可能是看護患病者，使患病者健康起來，那麼，他們也就更加把握了一種必然性，——醫生和病患看護者必然本身有病：從現在起我們抓住苦修教士的意義了，可要用兩隻手抓緊了。苦修教士必然要為我們充當患病群盲的預定好的救世主、牧人和辯護人：這樣我們才理解了他們那陰森叵測的歷史性使命。他的領地就是對罹受苦難者的統治，他的本能指引他去做這個統治，其中有他最本真的藝術，他的純熟技藝，他那個種類的幸福。他必須自己也生病，他必須從根子裡跟患病者和稟賦薄弱者有親緣性，才能理解他們，——才能擅長對付他們；不過，他必須也是強健的，必須主宰自己超過主宰他人，首先他的權力意志要完整無缺，從而使他受到患病者的信任和恐懼，從而使他對於他們能夠成為依託，反推力、支撐物、強制、師傅、僭主、上帝。他得守衛他們，他的群盲——對抗誰呢？對抗那些健康者，當然，還對抗對健康者的嫉妒；他必須是一切粗獷、凶猛、不受羈絆、強硬、暴烈如食肉動物一般的健康和強權的天敵和蔑視者。教士是美味動物的第一形式，比起憎恨，這種動物更容易去蔑視。它始終免不了向那些食肉獸們發動戰爭，一場顯然使用（「精神」的）狡計多過使用暴力的戰爭，這自不待言——為此，在某些情況下，他差不多必須在自己這裡塑造出、至少顯示出一種新型食肉動物，——一種新的恐怖動物，其中北極熊，柔韌、冷漠、覬覦著的虎貓，以及並非最不足道的狐狸，三者似乎被聯結為一個既引人入勝又令人恐懼的整體。假定有逼不得已的情況，那他便會儼然像熊一般嚴肅、莊重、聰明、冷淡、謀詐過人，作為秘密暴力的信使和喉舌，走到其他種類的食肉動物中間去，果斷地，在這塊地盤上他所到之處，播撒苦難、分裂、自相矛盾，並且，對自己的藝術再自信不過，隨時成為主宰罹受苦難者的主人。他帶著藥膏和香脂，這不用說；但是要做醫生，他首先必須製造傷口；然後通過撫平傷口引起的疼痛，同時也對傷口下毒——他最擅長於此道了，這個巫師和食肉動物馴養師，在他四周，所有健康的必定患病，所有患病的必定馴服。事實上，他把他患病的群盲守衛得相當好，這個罕見的牧人，——他守衛他們以防備他們自己，防備在群盲本身中間悶悶燃燒著的那種壞、陰險、惡意，以及一切上癮者和患病者們彼此所分有的其他東西，他聰明、強硬和隱蔽地跟群盲內部的無政府狀態和隨時發生的自行瓦解作鬥爭，那種最危險的爆炸和爆破性材料，*怨恨*，在群盲裡持續地聚積再聚積。把這個爆炸材料釋放出來，好讓它不會把群盲的牧群和牧人炸毀，這是他真正的手段，也是他最高的用途；若要用最簡短的公式說明教士存在的價值，則應該乾脆地說：教士是怨恨的轉向者（Richtungs-Veränderer）。也就是說，每個罹受苦難者都在本能地為其苦難尋找一個原因；更準確地說，尋找一個作為者，更明確地說，尋找一個對苦難易於感動的、*有所虧欠*的作為者，——簡而言之，尋找不管哪一種活生生之物，只要能以不管什麼藉口把他的情緒在實際上或以象刑的方式釋放於此物之上：因為，情緒釋放是罹受苦難者所作最大程度的緩解嘗試及——也就是說——*麻醉*嘗試，是他在吃到無論什麼苦頭時都會不由自主地追求的麻藥。唯有在這裡，據我的猜測，可以發現怨恨、復仇及其相關事物的實際生理性原因，也就是一種要通過*情緒對疼痛作麻醉*的嚮往：——人們普遍把這種麻醉歸結為防禦性的回應，一種僅僅遵循保護原則的反應，當任何突如其來的損害與危害發生時的「反射動作」，依我之見，這是非常謬誤的，此類動作，一隻無頭青蛙還為了掙開一片腐蝕性的酸也會完成。可是兩者有根本的差異：一種情況是為了阻止進一步受損，在另一種情況下，則是想要對一次暗中煎熬得無法忍受的疼痛，通過不論哪一種更加強烈的情感運動（Emotion）進行麻醉，至少在那個瞬間摒除於意識之外，——為此，人們需要一種情緒，一種盡可能野蠻的情緒，並且為了挑起這種情緒，需要那個第一步的、最好的藉口。「我自己感覺很差，總得有某個人為此虧欠些什麼吧」——這類推論是所有病態者所特有的，而且他們感覺差的真實原因，生理性的原因，便越發掩藏不露了（——這原因可能是比如一種交感神經系統病變或者一次過度的膽汁分泌，或者由於血液中硫酸鉀和磷酸鉀的貧乏，或是下腹墜脹使血循環堵塞，或者是卵巢退化或諸如此類者）。在為痛楚的情緒尋找藉口時，罹受苦難者們其準備之充分和花樣之多端，無一例外地令人吃驚；他們早已享受著他們的猜忌，享受著對差的狀態和貌似的妨害的苦思冥想，他們到他們的過去和當前的內臟中亂翻亂找，想搜到些陰暗可疑的歷史，在那裡他們盡可隨便饕餮某種令他們煎熬的懷疑，醉飲邪惡的真正毒藥——他們撕開他們最老舊的傷口，因為早就痊癒的傷疤而流血殆斃，他們把朋友、女人、孩子或其他離他們最近的什麼東西當作肇惡之因。[81]「我受苦受難：對此總得有誰虧欠些什麼吧」——每隻病態的綿羊都如是想道。而它的牧人苦修教

81　據考夫曼，尼采此處所描繪情形的最佳寫照是杜斯妥也夫斯基在《地下室手記》中的筆記。可參見此書卷一《地下室》。——譯注

士對它說，「正是這樣，我的綿羊啊！總得有誰虧欠些什麼：而你就是這個總得有的誰，唯有你自己對這些有些虧欠呢，——對你有虧欠的，唯獨就是你呀！」……這可是真敢說，說得也真夠假：不過這樣至少達到一點，如前所言，怨恨的方向——轉變了。

16

從現在起可以猜到了吧，照我的表述，通過苦修教士，生命那種救治藝術家般的本能至少是在嘗試什麼東西，以及為什麼這一本能一定要運用像「虧欠」、「罪」、「有罪」、「腐化」、「永罰」[82]這類悖謬且有悖邏輯的概念去行一種暫時的霸道：使患病者在一定程度上變得無害，讓那些無可救藥者自己把自己毀滅，令病情輕微者將方向嚴格地對準自己，把他們的怨恨推到一個後退的方向（「不可少的只有一件」[83]——），讓所有罹受苦難者的那些壞本能為了自身規訓、自身監督、自身克服的目的而極盡其用。用某種諸如此類「藥方」，某種單純的情緒藥方，不用說當然不可能是在對疾病做什麼生理學意義上的實際疾病救治[84]；甚至不能斷言生命的本能在這裡有過救治的預想或意圖。一方面是患病者以某種方式聚集和組織（——「教會」一詞

---

82 「永罰」原文為Verdammniss，通義為「詛咒」，基督教神學上則特指受神譴入地獄，永受罪罰的狀態，與「賜福」（Selig-keit）正相反。——譯注

83 根據科利版《尼采著作全集》，此句出自《新約．路加福音》10：42：「耶穌回答說：馬大！馬大！你為許多的事思慮煩擾，但是不可少的只有一件。」——譯注

84 「救治」（Heilung）：在基督教義下

即其最受歡迎的名稱），另一方面是成長得較為健康、澆鑄得較為充實的人們以某種方式暫時有了保障，於是在健康與疾病之間割開了一道鴻溝——長期以來，這就是全部的救治了！而且治了很多！非常之多！……〔正如人們所看到的，我在這篇論文裡是從一個前提出發的，一個我為了讀者考慮——按照我對它的需要——而一開始沒有加以論證的前提：「有罪」於人類不是事實要件，毋寧只是對一種事實要件、即一種生理性失調的闡釋，——後者被放到一個對我們已不再有約束力的道德—宗教視角之下來看待。——某人感覺自己「有虧欠」、「有罪」，這絕對不證明他有理由這樣感覺；很少有人僅僅因為他感覺自己健康就健康了。應該回想一下那些有名的女巫審判：當時那些最明察和最人道的法官都不懷疑，這裡是有某種虧欠；倒是那些「女巫」們自己不懷疑這一點，——然而虧欠還是闕如。——對此前提的進一步表達就是：對我而言，「靈魂之痛」本身根本不是事實要件，而只是對迄今尚未有確切表述的事實要件的一種解說（因果解說）：因而是某種完全還飄浮在空中、在科學上並無約束力，——其實只是用一個肥胖的詞取代一個甚至還很乾癟的問號上。如果有人了結不掉某種「靈魂之痛」，那麼這，粗略說來，要之不在於他的「靈魂」；大概

注　則指靈魂的「得救」或「神聖化」。——譯

還是更在於他的胃（粗略說來，如前所言：這裡絕不是要希望也被粗略地聽取，粗略地理解……）一個較為強健和發育較好的人，即使要咽下堅硬的刺痛，對他的體驗（行為，包括胡作非為）也像飲食一樣消化得很好。如果他「對付不了」[85]一個體驗，那麼，這種消化不良就跟飲食消化不良一樣是生理性的——而且每每事實上只是那後者的後果。——抱此見解者依舊可以，我們私下裡說說，做一切唯物主義最嚴格的對手……」

17

可他真的是個**醫生**嗎，這苦修的教士？——我們已經把握到，在何種程度上幾乎不允許稱他為一位醫生，而他又那麼喜歡把自己感覺為、尊奉為「救治之主」。他所與之鬥爭的，只是苦難本身，是罹受苦難者的苦楚，而**不是**苦難的原因，**不是**真正的病患，——這一定道出了我們對苦修藥方最根本的反對。不過如果人們一開始先採取唯有教士才認識和具有的那個視角，那可會止不住地驚歎，在這個視角下觀看、尋找和找到的都是些什麼東西。對苦難的**緩解**，一切種類的「慰藉」，——這位教士的天才本身就是這個：他對他的慰藉任務有著多

85 參見本書第二篇第一節「對付不『了』」譯注（107頁）。——譯注

麼善於發明的理解，他多麼不假思索和大膽地為這個任務挑選著手段！人們尤其可以把基督教教義稱為一座裝滿了最聰明伶俐的慰藉手段的寶庫，其中堆積著那麼多令人舒爽、令人緩和與令人麻醉的東西，為了這個目的，有那麼多最危險最莽撞的手段被冒險使用，特別是，它那麼精細、那麼機巧地——以那麼南方的機巧——地猜中，用什麼樣的刺激性情緒可以至少暫時戰勝生理障礙者們的深深的抑鬱，鉛一般的疲憊，和黑色的悲傷。因為總的來說：一切偉大宗教都首先關乎對某種特定的、正變成傳染病的疲乏和沉重。人們從一開始就能假定，大概：時不時在地球上某些特定的地點，幾乎是必然會有某種**生理上的阻礙**感一定要成為廣大群眾的主人，可是這一點，因為缺乏生理學知識，並未如其所是地進入意識，這就使得只能從心理一道德方面去尋找和試尋它的「原因」和對它的補救（——這也就是我為統稱「**宗教**」者給出的最通用模式）。這樣一種障礙感的來歷可能各有不同：比如是太過疏異的種族之間雜交的後果（或者是等級之間的雜交——等級總是也表達了出身與種族的差異：十九世紀歐洲的「入世之痛」[86]、「悲觀主義」本質上即是一次胡亂而突然發生的等級混合的後果）；或者由一次錯舛的移民所決定——某個種族陷入一種他們

86 「入世之痛」（Weltschmerz，字面義為「世界痛楚」）乃活躍於十八、十九世紀之交的德語作家讓．保爾（Jean Paul）所造語，表達一種悲觀的、內在生活的需求與外在現實不相適應的感覺。——譯注

的適應力無法勝任的氣候中去（在印度的印度人就是一個例子）；或者是種族的老邁和疲憊的後續作用（一八五〇年之後巴黎的悲觀主義）；或是一套錯誤的飲食定則的後續作用（中世紀的酒精成癮；素食者的胡搞，固然，他們可援引莎士比亞筆下的容克地主[87]克里斯朵夫的權威）；或是因為敗血，瘧疾，梅毒及諸如此類者（在那場用諸般惡疾污染了半個德意志從而為德意志奴性、德意志小氣營造好土壤的三十年戰爭之後的德意志抑鬱）。在這樣一種情況下，每次都會有發動一場對無趣感的鬥爭的大規模嘗試，這種鬥爭最重要的實踐和形式，我們來簡短地瞭解一下。（在這裡，儘量公道地，我摒去通常始終會同時進行的對這種無趣之感的真正哲學家的鬥爭，完全不談——它十分有趣，但是太荒謬，在實踐上太無關緊要，太像蜘蛛網和徜徉於角落了，比如，如果疼痛應該被證明是一個謬誤——其天真的前提是，一旦在疼痛中那個謬誤被認識到了，疼痛就必定會消退——那就看著吧！它會守著自己不消退的……）人們跟那種支配性的無趣作鬥爭時，其第一個[88]手段是把基本的生命感覺降到最低點。可能的話，不再有意願，不再有願望；避開一切造成情緒、造成「血」的東西（托缽僧衛生學：不吃鹽）；無愛；無憎；不動心（Gleichmuth）；無怨；不

87　據迪瑟，尼采所讀為施萊格爾／蒂克的譯本，容克地主克里斯多夫即《各遂所願》劇中之「安德魯爵士」：「安德魯：……有時我覺得我跟一般基督徒和平常人一樣笨；可是我是個吃牛肉的老饕，我相信那對於我的聰明很有妨害……，我得戒了。」（《莎士比亞全集》，朱生豪等譯，人民文學出版社，一九九四年，418頁）。此劇又名《第十二夜》，劇中安德魯爵士形象是個粗蠢的反角，且無法做到真的守齋，若僅限於此處理解，則尼采的引用頗為乖戾；考克里斯朵夫之名，本自基督教聖徒基道霍（St. Christopher），以背負耶穌過河知名，傳說他在皈依時受一位隱修士開導，但不願守齋祈禱，只以負人渡河以為修行；中世紀一位德意志主教描寫的傳奇（Vualtheri Spirensis, vita et passio Sancti Christophori Martyris）中，聖基道霍貌寢惡，嗜人肉，後逢耶穌而皈依，此等情節亦頗切於此處題旨，姑陳之以備考。——譯注

88　第二個手段從十八節才開始涉及（「另一種訓練」）。——譯注

求財；不勞動；乞討；如有可能不近女色，或盡可能少近：在精神方面則是巴斯卡的原則「要自令魯鈍」[89]。結論，心理學和道德上的表達：「去自身化」、「神聖化」；生理學上的表達：催眠，——是在嘗試，使得在少許種類的動物之為冬眠者，在眾多炎熱氣候下的植物之為夏眠者，在人類亦可得而近之，質料消耗和質料代謝的最小化，於此之際生命剛好還可以持存，而又沒有真正進入意識。為此目標卻耗費了驚人的一大塊人類能量——難道是徒勞的？……這些盛產於所有時代和幾乎所有民眾的「神聖性」運動員，事實上發現了一種真正的救贖，從他們用那麼嚴酷的訓練與之對抗的東西那裡擺脫出來[90]，這一點絕無可疑，——在無數的案例中，借助於他們系統的催眠手段，他們真的從那種深深的生理性抑鬱中走出來了：因此之故，他們的方法學算得上是最普遍的人種學事實之一。同時亦絕不該單把這樣一種要以飢餓斷絕肉身性和欲望的意圖本身（就像有一類大手大腳地嚼烤牛排的「自由思想者」和容克地主克里斯朵夫之輩喜歡做的那樣[91]）看作錯亂之症狀。更當肯定的是，它提供和能夠提供的是通向各種各樣精神困擾的道路，通向比如「內在之光」，就像阿陀斯山的靜修士們[92]一樣，通向對音聲形容的幻聽幻視，及感性的欣快流溢與狂喜（聖德蘭[93]的故事）。帶著

89　原文為法語：il faut s'abêtir。「abêtir」【魯鈍】一詞多見譯為「愚蠢」，不確，實為放棄思考、「與物宛轉」、自同畜類之義。參見《思想錄》第三編第二百三十三節關於信仰即賭博的討論：「基督徒……在向世界闡揚宗教時，正是在宣稱那是一種愚蠢（sottise）、stultitiam……」，以及「去追隨他們【譯按：信徒】所已經開始的那種方式吧：那就是一切都要做得好像他們是在信仰著的那樣，也要領聖水，也要說會餐，等等。正是這樣才會自然而然使你信仰並使你畜牲化（abêtira）。」據說「畜牲化」一詞在皇港修院一六七〇年初版中未敢印出。（帕斯卡爾，《思想錄》，何兆武譯，第109—110頁，第112—113頁，及注釋1）此詞用法或本蒙田（Il nous faut abêtir pour nous assagir, et nous éblouir pour nous guider【人要動物般魯鈍才會變得聰敏；眼睛瞎了才會得到指引】）及《蒙田隨筆全集》中卷（馬振聘等譯，譯林出版社，一九九六年，第173頁）及笛卡兒（參見伊莉莎白．摩勒斯，〈帕斯卡爾關於「魯鈍」的用法〉，載《法語研究》，一九六五年第四期，第379—384頁）。——譯注

這些狀態的人們對諸如此類的狀態所做的解讀，總是錯得不能再錯，癡狂得不能再癡狂，這些自不待言：人們只不要漏聽那種最心悅誠服的感激的聲調，那種在追求這樣一種闡釋方式的意志中正好奏響的聲調。最高的狀態，*救贖*本身，那種最終達到的全面催眠和寂靜，總是被他們當作即使用最高的象徵也表達不出來的秘密本身，被當作向著事物的根基的內返和返鄉，當作擺脫一切妄想的自由無礙，當作「知識」、「真理」、「存在」，當作對一切目標、一切願望、一切做為的了脫，當作連善與惡也超越了的彼岸。「善與惡」，佛教徒說道，——「兩者皆為鐐銬：圓滿者將是兩者的主人」；吠檀多的信徒說道，「所做的和所未曾做的，於他並不招致疼痛；作為一個智者，他把善惡之事甩脫於自身之外；他的王國不再罹受任何作為；他超越於善惡兩者之外」[94]：——一個既是婆羅門教也是佛教的完全印度的見解。（在印度教和基督教的思維方式中，「救贖」既不是通過美德也不是通過道德上的改進而*可以達到*，儘管兩者把美德的催眠價值都設定得如此之高：這一點人們應該牢記，——順便說一下，這一點完全符合事實狀態。在這一點上始終做到*真實*，這也許可以看作三個最偉大而且也最徹底地道德化了的宗教中最好的一份現實主義。「對於知道者[95]而言不

90　此句中「運動員」（sportsmen）與「訓練」（training）原文為英語。——譯注

91　據上面相關注釋，則「自由思想者」（Freigeister）與克里斯朵夫之輩只「喜歡」斷絕欲望的「意圖本身」。——譯注

92　阿陀斯山的靜修士（Hesychasten vom Berge Athos）：自十四世紀長駐希臘阿陀斯山的一個修道團體，以祈禱與苦行求獲寧靜。——譯注

93　聖德蘭（der heilien Therese）：此處蓋指大德蘭（Teresa of Avila），十六世紀西班牙加爾默羅會修女，以豐富的神秘宗教經驗著稱，有多部靈修著述傳世。——譯注

94　據克拉克—斯文森，此處尼采引用赫曼·奧爾登堡，《佛陀：他的生平、學說與教眾》，第50頁。——譯注

95　「知道者」（den Wissenden）此處指掌握宗教真諦者，與尼采自比的「認識者」（Erkennender，或稱為或「虔誠於認識者」，參見《善惡的彼岸》第二十五、二十六、一百零五節）不同。——譯注

存在義務」，「救贖的到來並不經由美德的**增添**：因為救贖在於跟不能於完滿有所增添的婆羅門的合一；同樣也不通過錯誤之**減少**：因為與之合一即得救贖的婆羅門永遠**純潔**」——這些出自商羯羅[96]注釋的立場，轉引自歐洲第一個真正識得印度哲學的專家，我的朋友保羅・杜森[97]。）對偉大宗教中的「救贖」，我們自願意保持尊敬；至於**深度睡眠**在甚至已經疲於做夢的生命疲乏者們那裡得到的評價，要對它保持嚴肅，對我們來說反而有點困難——也就是說，把深度睡眠當作融入婆羅門，當作**已達到的**與神的 unio mystica［神秘合一］。「當他此時徹底沉入睡眠——」，那卷最古老、最可敬的「文字」中對此論道，「——並完全達到安寧，再也看不到夢中景象，那麼這時，他，哦尊貴的人喲，與存在者合為一體，他融入他自己，被認識性的自身所擁抱著，他再也沒有對內部或外部的意識。無論是晝夜、年齡、死亡、苦難、好或壞的事業，都跨不過這座橋樑。」[98]「在深度睡眠中」，三大宗教中這個最深沉的宗教的信徒同時還說道，「靈魂超升出肉身之外，融入最高的光，並由此於本真的形態中現身：此際他即是最高精神本身，這精神周遊四表，戲謔、嬉遊和自得其樂，或狎於婦人，或驅駕車乘，或朋友交好，此際他再也不會回想到身體這個附屬物，它

96 商羯羅（Çankara）：八或九世紀的印度吠檀多派宗師，對《奧義書》等經典有大量注釋。此處引用蓋出自他所注釋的跋陀羅衍拿的《吠檀多經》。——譯注

97 保羅・杜森（Paul Deussen）：德國東方學家和哲學家，尼采友人；所譯《奧義書》徐梵澄稱為最善（《五十奧義書・譯者序》，中國社會科學出版社，一九九五年）。——譯注

98 此引《奧義書》之《唱贊奧義書》第八篇第六章，中譯據德文直譯；尼采蓋自己對引文作了組織，主體部分徐梵澄譯作：「『自我』者，堤岸也，分此諸界使不相亂。晝與夜，不登彼岸焉。亦無老、死、憂悲、善行、惡行。」（《五十奧義書》，徐梵澄譯，236頁）——譯注

曾經拴住了波那[99]（生命氣息），就像拖車套住挽畜一樣。」[100] 儘管如此，在這裡，正如在「救贖」問題上，我們還是要記住：這些話，不管有多少東方式誇張的侈言，所表達的評價，從根本上仍然不過是跟那位清晰、冷靜、有著希臘式冷靜但卻在受著苦難的伊比鳩魯相同的評價：催眠的虛無感，最深度的睡眠的安寧，簡言之即**無苦難狀態**（Leidlosigkeit）——對那些罹受苦難者和嚴重失調者來說，這已經可以當作最高的好，當作價值的價值，**必須**被他們評價為肯定，被**唯一**感受為肯定本身。（就是按照這種感覺邏輯，在所有悲觀主義宗教中虛無皆被稱為**神**。）

18

比起這樣一種通過催眠對敏感性、對疼痛感受力所加的全面窒塞，更頻繁得多的是另一種訓練，被嘗試用來對付抑鬱狀態，前者已經只需較少的力量，首先必需的是勇氣、對意見的蔑視和「知性的斯多亞主義」，後者則無論如何更加輕鬆：**機械性活動**。一個罹受苦難的此在用它便可以在一個相當可觀的程度上得以緩解，對此完全無法懷疑的：人們今日有些不誠實地稱這個事實為「勞動的福氣」[101]。緩解是

---

99 「波那」原文為梵文 Prâna，或譯為「命」、「身命」或「壽」，吠檀多學說用以命名所有生命體端賴的能量；今亦有以之命名瑜伽中特定的呼吸方法（音譯或作「普拉納」）。——譯注

100 此引《唱贊奧義書》第八篇第十二章，徐梵澄譯作：「如是，此安靜者，起乎此身而達於至上之光明，以其自相而現焉；是為『至上之夫』。彼於此而遊而嬉而戲，與婦女，車乘、朋從而相樂，而不記其有生所繫之此身也。如馴馬服車，生命之氣息乃繫於此身體。」（《五十奧義書》，第247頁）——譯注

101 「勞動的福氣」(den Segender Arbeit)：

因為，受苦難者的興趣徹底從苦難上轉移開去，——一種行為、從來都只有一種行為進入意識，結果，意識裡留給苦難的地方就很少了：因為人類意識這個小屋子是**狹窄**的！機械活動以及其所連帶者——比如絕對的規則性、按時而不假思索的順從、生活方式的從一而終、時間排滿、某種特定的許可，不錯，就是對「無人格性」、對自身忘卻、對「incuria sui」〔否認自己〕[102]的一種培養——：對於如何把這些用來跟疼痛作鬥爭，苦修教士知道得何等透徹和精細呵！如果他正好要跟低等級的罹受苦難者，跟勞動奴隸或者囚徒（或者跟女人：她們大部分真是身兼勞動奴隸和囚徒兩者）要打些交道，差不多只需要一套改名換姓或重新命名的小把戲，就可以使他們此後在可恨之事中看到一件快意之事，一種相對的幸福，——不管怎麼說，奴隸對他摸到的那手牌的不滿可**不是**教士們發明的。——在對抑鬱的鬥爭中，有一個更受好評的手段是**小歡樂**處方，它開出某種容易獲取、可以成為習慣的歡樂；人們經常把這種療法與上面剛剛提到的那種配合使用。以這種方式把歡樂當作治療手段開成處方，最常用的形式就是**製造**歡樂的歡樂（即行善、饋贈、紓困、幫助、勸解、安慰、稱讚、嘉獎）；苦修教士在開出「博愛」之方時，根本上就是在開出某種刺激，刺激那個

或可譯為「勞動之祝福」。《舊約・創世記》本以人之操勞為上帝之詛咒，不過基督教亦承認它是上帝對人的饋贈：「故此，我見人莫強如在他經營的事上喜樂，因為這是他的分。」（《舊約・傳道書》3：22）。——譯注

102 語出阿諾德・戈林克斯，參見本節「戈林克斯」譯注。——譯注

最強勁、最肯定生命的衝動——亦即**權力意志**，儘管劑量控制得至為謹慎。「極小優勢」的幸福，帶來一切善行、裨益、幫助、嘉獎，是生理性障礙者慣於利用的最管用的安慰手段，前提是，他們得到良好的指導：不然的話他們會把彼此弄痛，這當然也是遵循著同一個基本本能。如果到羅馬世界中去尋找基督教的開端，會發現多種相互支援的協會，窮人協會、病人協會、喪葬協會等，從當時社會的最底層土壤中生長起來，在這些協會裡，對抗抑鬱的首要手段，那種小歡樂，相互行善的小歡樂受到有意識的維護，——也許，這些在當時是某種新東西，是一個真正的發現？這時，在一種以此方式被喚起的「求相互關係的意志」，求群盲之養成、求「鄉社」[103]、求「會饗」[104]的意志中，由此被激發起來的求權力的意志，儘管極其微小，卻必定會又有一次新的、充分得多的爆發：在與抑鬱的鬥爭中，**群盲養成**[105]是一個本質性的進步和勝利。在集體的成長中，即便是對於單個人，也有一種新的興趣在增強，它常常足以提升他，使他超越他的失意、他對**自己**的反感（戈林克斯所謂的「despectio sui」〔蔑視自己〕[106]）。所有患病者、病態者都本能地，出於一種要抖落悶然無趣和虛弱之感的渴望，去追求某種群盲組織：苦修教士猜中並且開掘了這個本能；凡有

103 「鄉社」原文為 Gemeinde，狹義指鄉鎮或牧區一級的行政或教會區劃，廣義指集體。——譯注

104 「會饗」原文為 Cönakel（正字為 Zönakel），特指修道院或神學院中共用用餐的房間，有時亦用作禮堂。據克拉克—斯文森，此詞的拉丁母詞 cenaculum 本指餐廳，見於武加大版拉丁聖經《新約》，指早期基督徒聚會之處；在十九世紀的法語（le cénacle）和英語（cenacle）中皆指文人雅集。——譯注

此群盲處，皆有這種意求群盲的弱者之本能，以及組織此群盲的教士之聰明。可別忽略了下面這點：強者依其本性必然致力於彼此相分，正如弱者致力於彼此相合；前者亦有相合時，然則其預期是要進行一次侵略性的全體行動，是對他們的權力意志作全體的滿足，而且還要經受個別良知的多番抵抗；後者則相反，其按順序組合時之樂趣恰恰在於這個組合順序，——他們的本能在這方面得到滿足，恰如那些天生「主人」（即那種屬於獨居食肉動物物種的人）的本能從根本上是通過進行組織而得到刺激和安撫。在每個寡頭政體中——全部歷史教導了這一點——總是隱藏著僭行霸道的熱望；寡頭制內部每位單個人為了控制住這種熱望都必須緊張，每個寡頭制都由於這種緊張而顫抖不已。（比如在希臘就是這樣：柏拉圖在一百個地方證明了這一點，那個認識他的同類——以及他自己的柏拉圖……）

19

我們迄今所見識的苦修教士的那些手段——對生命感覺的全面窒塞，機械性活動，小歡樂、首先是「博愛」的小歡樂，群盲組織，集體權力感的喚醒，其後果是單個人對自身的厭煩為他對集體壯大的樂

105 「群盲養成」原文為 Heerdeneinbildung，字面義為「牧群馴化」。——譯注

106 阿諾德·戈林克斯（AnorldGeulincx）：十七世紀弗萊芒學者，學宗笛卡兒。據克拉克—斯文森，尼采此處當轉引自庫諾·費舍爾的《現代哲學史：笛卡兒其及學派》，原文為：「Humilitas est incuria sui. Partes humilitas sunt duae: inspectio sui et despectio sui.」[謙恭就是不顧自己。有兩種謙恭：審察自己和蔑視自己]。——譯注

趣所掩蓋——這些，按照現代尺度衡量，是這個苦修教士在對無趣的鬥爭中採用的無所虧欠[107]的手段：現在我們轉向那些更有趣的、「有所虧欠」的手段。在這裡，一切皆關乎一事：某種感覺過度[108]，——它被用為對付那種令人昏悶癱軟的長期疼痛狀態的最有效麻醉手段；因此在構想這個唯一問題時，教士之善於發明簡直是永無止境：「人們何以達致感覺過度呢？」……聽起來有點刺耳：當然，倘若我說比如「苦修的教士每時每刻都在利用一切強烈情緒所包含的那種激勵[109]」，那聽起來會更可愛，也許更容易被聽進去。但是何必去撫慰我們的現代嬌氣兒們軟化了的耳朵呢？又何必在我們這邊去趨奉他們的偽善辭令呢？對我們心理學家來說，這種做法已經是一種偽善的做為了；且不說，它會讓我們噁心。今日一位心理學家的好趣味（——其他人會說：他的正派）[110]，如果有的話，便在於他反抗那種有害地道德化了[111]的言說方式，這種言說方式黏液一般黏上了所有關於人和物的現代判斷。關於這一點，人們可不要自欺了：構成現代靈魂、現代書籍的最真切標誌者，並非謊言，而是那種道德主義誑語中深入骨髓的無辜。這種「無辜」，必須處處一再揭發出來——這，在我們的工作中，在一位心理學家今日不得不承擔的所有於其本身並非不假思索的工作中，也許構成

107　「無所虧欠」原文為 unschuldig，既可解為手段本身「無錯、無辜」，亦指此類手段「（同現代人）不相抵稱」；下句加引號的「有所虧欠」相應亦有此雙關：既可指手段本身「有害、有罪」，亦暗示此手段「配得上（現代人）」。——譯注

108　「感覺過度」原文為 Ausschweifung des Gefühls，本義為「感覺（感情）放縱」，本是苦修教士所最反對者，而尼采卻以之指摘苦修教士本身在「（道德）感覺」上不自知的過度。——譯注

109　「激勵」原文 Begeisterung，字面義為「使具有精神、靈性」。——譯注

110　「好趣味」原文為 demguten Geschmack，語帶雙關：它在德語中一般指道德行為的規則，下文多次出現的「有悖於（好）趣味」的表達通常當譯為「不得體」或「不禮貌」；此為直譯，意在表明尼采一向標榜的對道德準則的非道德理解方式。——譯注

111　此段中的「道德化」（原形作 ver-

了最令人反胃的一塊；我們的一塊大危險，——一條也許恰恰把我們導向大噁心的道路……我不懷疑，現代書籍（假定它們能持久，雖然這一點不用擔心，並同樣假定他日會有一代趣味更嚴格、更強硬、更健康的後世）——的唯一用處是幹什麼的，對這樣的後世，全部現代之物（Moderne）到底會用來、能夠用來幹什麼：用來作催吐劑，——此則歸功於它們道德成分的甜膩和虛假，它們那種最內在的、喜歡自稱為「唯心主義」終究也相信唯心主義的女性主義[112]。今日我們的有教養者們，我們的「好人」們是不撒謊的——這是真的；可這沒有給他們贏得什麼榮耀！真正的謊言，切實、果決、「誠實」[113]的謊言（關於它的價值可以去聽聽柏拉圖的說法），是某種太過嚴酷、太過強健的東西，遠非他們所及；那是指望在他們那裡不可以指望之事，即把眼睛對著自己睜開，知道在自己這裡來區別「真」和「假」。唯有不誠實的謊言適用於他們；今日所有自覺其為「善良之人」者，對無論什麼事體皆完完全全沒有能力持有其他立場，唯有不誠實地撒謊，深淵般地[114]撒謊，卻也是無所虧欠地撒謊，真心實意地撒謊，瞪著藍眼睛[115]撒謊，頗有美德地撒謊。這些「善良的人們」，——他們現在全都從根底上徹底道德化了，在誠實方面永遠地受到損害和糟蹋：他們

---

moralisiren）與本書中大多數（moralisi-ren 或 Moralisirung）不同，或為尼采生造，加了一個經常表示變異或貶義的首碼（ver-）。——譯注

112 據《杜登詞源辭典》，德語中「女性主義」（Feminismus）行於二十世紀下半葉；此處或為尼采對法語 féminisme（首見於一八三七年）的轉寫，其義自不同於今日所謂女性主義者。——譯注

113 「誠實」原文 ehrlich，詞根即為「榮耀」（Ehre），字面義為「關乎榮耀的」，亦暗指《理想國》中蘇格拉底所言「高貴的謊言」（414b），謊言如藥，只可供統治者用，而平民的謊言需當懲辦（389b-c）。下文言「不誠實的」同理亦可解為「無關榮耀、不高貴的（謊言）」。——譯注

114 「深淵般地」原文 abgründlich，蓋既形容謊言之「無根據」，亦言其「發自深處」、「深不可測」。——譯注

115 「藍眼睛」在德語中又表示如嬰兒般無邪的目光。——譯注

中還有誰受得了一個「關於人類」[116]的真理呵！……或者說得更具體一些：他們中誰會忍受一部真實的傳記！……一些徵兆：拜倫爵士關於自己記錄了一些最個人的事情，湯瑪斯・莫爾卻「好」得受不了這些：他燒掉他朋友的文稿。叔本華的遺囑執行人格溫納爾博士[117]應該也做了同樣的事：因為叔本華也記錄了一些關於自己也許還不利於自己（「εἰς ἑαυτόν［反乎己］」[118]）的事情。有才幹的美國人薩爾，貝多芬的傳記作者，突然中斷了他的工作：在寫到那條可敬而天真的生命的不知道哪一點上，他再也無法忍受它了……道德：今日哪個聰明的男人還會寫下些真實的關於自己的事情？——那他一定是屬於聖莽漢騎士團[119]的吧。有人向我們許諾會有一部華格納的自傳：誰會質疑那將是一部聰明的自傳呢？……讓我們再回想一下天主教教士揚森[120]方正而溫厚得不可思議地琢磨出來的對德意志改革運動的描繪，和它在德意志所激起的那種喜劇般的驚訝；倘若曾有人對這個運動作了另一種敘述，倘若曾有一位真正的心理學家描述了一個真正的路德，不再帶有一個鄉村神職人員的道德主義質樸，不再帶有新教歷史學家們的那種泛著甜味、顧慮重重的羞恥心，而是比如帶著丹納式的不驚不懼，發自某種靈魂的強健，而不是出於某種對這種強健的聰明愛護？……

---

116 「關於人類」原文 überden Menschen，亦可解為「高於（超過）人類」。——譯注

117 緬因河畔法蘭克福的律師，發表過三部叔本華的傳記，但銷毀過叔本華的自傳材料。——譯注

118 此處希臘短語的介詞「εἰς」即可表示「關乎」也可表示「反乎」，「εἰς ἑαυτόν」可表示「自省」，如馬可・奧理略的《沉思錄》即作 Τὰ εἰς ἑαυτόν［自省集］。——譯注

119 「聖莽漢騎士團」（Orden der heiligen Tollkühnkeit），戲仿教會騎士團組織的名稱。「騎士團」（Orden）為通譯，本義為「等級、組織」，中古多指特定的修會組織。——譯注

120 此處當指丹納的《藝術哲學》中對文藝復興時藝術家魯莽強悍生活的著名描述。據克拉克－斯文森引尼采一八八六年七月至萊因哈特・封・塞德里茨與一八八七年十一月十四日致雅克・布克哈特的信，尼采對丹納極盡稱賞，將他與布克哈特稱為當代僅有的兩位能讀懂他的讀者；該英譯者並指出

（德意志人，這裡插一句，最後還是相當精彩地推出了前者的經典類型，——他們可以把他算到自己頭上，算是他們做的好事：也就是他們的蘭克[121]，一切 causa fortior〔更強的原因〕天生而經典的 advocatus〔辯護者〕，所有聰明的「實事求是者」中最聰明的一個。）

20

不過，人們畢竟總會理解我的：——從總體上來看，我們心理學家時至今日還擺脫不了對我們自己的一點不信任，這有足夠的理由，不是嗎？……大概，連我們也「好得」受不了我們的手藝了，連我們都是這個道德化了的時代趣味的犧牲品、獵物和患者，即使我們這樣強烈地覺得自己是這種趣味的蔑視者，——大概，它連我們都感染了。當外交官[122]向他的同類說，「首先，我的先生們，切莫信任我們的第一陣激動」，他到底是在向我們警告什麼呢？他說，「它們幾乎總是好的」[123]……今日每個心理學家應該也這麼對他的同類們說……由此我們回到我們的問題，它實際上向我們要求少許嚴格，特別是少許對「第一陣激動」的不信任。為某個追求感覺過度的意圖服務的苦修理想：——誰若記得上一篇論文，則將從本質上預先把握取此間所論

丹納與蘭克的歷史觀之不同，丹納立場保守，價值觀鮮明且更注重作為整體的社會歷史。——譯注

121 蘭克（Leopold Ranke）：當時最著聲名的歷史學家，注重對歷史的客觀還原。——譯注

122 根據利科版《尼采著作全集》，此指夏爾・莫里斯・德・塔列朗佩里戈爾（Charles Maurice de Talleyrand-Périgord）：法國貴族，外交家，歷任督政府至路易十八時期的外交大臣，當時歐洲外交界奇才。——譯注

123 引文是德文，據《尼采頻道》，原文當作：「有那麼一瞬間，我真想要老老實實地告訴他真相。但是幸運地，我記起了德・塔列朗先生對使館的年輕秘書們說的話：當心你的第一個衝動；它總是慷慨大方的。」參見司湯達：《旅行回憶》，巴黎，一八七七年，第二卷。——譯注

者的、被緊湊地概括在上面這句話中的內涵。使人類靈魂一下脫離所有問題，使它如此這般地沒入諸般驚恐、寒戰、灼燒和迷狂之中，竟有如通過一次電擊而脫離了無趣、沉悶、失調所帶來的一切渺小和小氣者：有哪些道路通向這些目標呢？其中又有哪些是最安全的呢？……從根本上看，所有偉大的情緒都能夠做到，前提是，它們是突然被釋放的，憤怒、恐懼、欣快、報復、希望、勝利、絕望、殘忍；而苦修的教士毫不猶豫地把人類身上這群野狗全部引為己用，忽而嗾使這隻，忽而嗾使那隻，目的總是一個，把人類從他那遲緩的悲傷中喚醒，讓他把他那昏悶的疼痛、遲疑的悲嗟至少轟走片刻，還總是以某種宗教性的闡釋和「稱義」[124]之名做這些事。每一種以此方式達到的感覺過度事後都需有所償付，這自不待言——它使患病者病得更重——：因此，此種補救疼痛的方式，照現代標準衡量，是一種「有所虧欠」的方式。然而，因為有公平的要求，人們必定越來越堅持說，這種補救在實施之時是帶著好良知的，苦修教士開出這個療法時是抱著至深的信念的，相信它有療效，甚至不可或缺——即使，相當經常地，在他幾乎是毀滅性地造就的那種悲慘面前，也是如此；同時還堅持說，這些過分[125]所招致的生理上的劇烈反彈，也許甚至是

124 「稱義」，原文為Rechtfertigung，通譯為「辯白」、「辯護」，此處蓋射指基督教教義中極為重要的「稱義」說，見《新約·羅馬書》1：17。「稱義」指上帝以耶穌基督之受難和重生而修復了已因人類墮落而損害的人神關係，使人可因信之而重新稱義，得到「辯白」，參見《布羅克豪斯圖文百科全書》二〇〇四年版。若言人唯秉神旨（或佛法）方可「稱義」，則此旨實各大宗教所共有。——譯注

125 「過分」（Excesse）：蓋指上述「感覺過度」言。——譯注

精神上的擾亂，從根本上看，跟此類療法的整個意義並非真正相悖：此等療法，如前所示，並非致力於疾病的治療，而是致力於同抑鬱性無趣作鬥爭，是要使之緩和，使之麻醉。這個目標也這樣達到了。在人類靈魂上奏響種種撕裂性的狂亂音樂時，苦修教士放膽施展的主要手法，就是——這一點盡人皆知——，通過對虧欠感的利用而使出來的。這種虧欠感的來歷，在上一篇論文已經簡短提示過了——是動物心理學之一部，此外無他：當時，我們只是在其粗胚狀態中遇見它。只有到教士、到這位利用虧欠感的真正藝術家的手中，它才有了形狀——哦，是個什麼形狀啊！「罪」——教士對動物性的「壞良知」（那種反向而噬的殘忍）的重新解釋就是這樣聲稱的——乃是患病靈魂的歷史上的最大事件：我們在其中遇到宗教闡釋最危險、最災難性的花招。人，自受其身之苦難，無論以何種方式，在任何情況下都是生理性的，猶如關在籠柙中的動物，不明白何以、何為至此，只急著要根據——根據有緩解作用——也急著要藥物和麻醉，他最終向唯一一位知道秘密者諮詢——請看吧！他得到了一個提示，他從他的巫師、那位苦修教士那裡得到了對他所受苦難的「原因」的第一提示：他應該在自身中、在某種虧欠中、在某段過去中尋找，他應該把他的苦難本身理解為一個懲罰狀態……他聽見了，他理解了，這位不幸者：現在他的情形就像周圍被劃了一圈線的母雞。他再也不走出這個線圈了：患病者乃成為「有罪者」。……於今人們已有一兩千年沒有擺脫掉對這種新的患病者、「有罪者」的視角，——日後可還擺脫得掉嗎？——放眼望去，處處是有罪者僵了眼的目光，總在唯一一個方向上（指向「虧欠」的方向，那唯一的苦難因果律）移動；處處是邪惡的良知，用路德的話說，這「殘暴的動物」[126]；處處在反芻過去，扭曲事實，對一切作為瞪著「綠眼」[127]；處處是那種已被弄成生命內涵的誤解意願，要誤解苦難，把它重釋為虧欠感、恐懼感、懲罰感；處處是鞭子，起毛的襯衣，飢餓殆斃的肉身，愧怍之噬齧；處處是有罪者在一個貪婪得病態的不安良知構成的殘忍輪具裡自處以輪刑；處處是喑啞的煎熬，極度的恐懼，歷經磨難的心的臨終抽搐，某種未知幸福的陣陣痙攣，朝向「救贖」的嘶喊。事實上，憑這一整套程式，古老的抑鬱、沉重和疲乏已經被徹底克服，生命又變得非常有趣：清醒，永遠清醒，徹夜不眠，發著熾熱，燒焦了，耗盡了，而不疲倦——人類，「有罪者」，上述這門秘教的入室受傳者，就是這般模樣。那位跟無趣作鬥爭的偉大老巫師，苦修教士——他顯然獲勝了，

126 「殘暴的動物」（grewlichethier），據《尼采頻道》，參見路德的《桌畔談話》，一五四二到一五四三年冬季，5513 條。——譯注

127 「綠眼」（grüne Auge）：德語傳說童話中惡魔、邪巫常以「綠眼」形象出現。——譯注

他的王國到來了：人們已經不再抱怨反對疼痛，人們貪求疼痛；「再多些疼痛！再多些疼痛！」他的門徒和正式受傳者們的期望這樣喊了幾個世紀之久。每種造成痛楚的感覺過度，那摧毀著、推翻著、搗碎著、使人如癡如狂的一切，刑訊室的秘密，乃至地獄裡發明的花樣——這一切，今後都已得到揭示，猜解和充分利用，一切都為那個巫師所用，一切此後都將助長他的理想、苦修理想獲得勝利……「我的國不屬於這世界」[128]——他從來都這麼說：他真的還有權利這樣說嗎？……歌德[129]稱悲劇性情境不過三十六種：從這裡看出來了吧，倘若人們此前都還不知道的話，歌德不是個苦修教士。他——見識更多……

21

就上述整個種類（「有所虧欠」這一類）的教士療法而言，批評之詞皆為多餘。照苦修教士在這種病例中為他的患者所慣開的藥方（不用說，當然是以最神聖的名義，同時亦充滿其目標的神聖性），這樣一種感覺過度真的還會對什麼病人有用：有誰還有興趣去支持這種說法呢？人們至少應該懂得如何對待「有用」這個詞。如果要這樣表

---

128 根據利科版《尼采著作全集》，此語出自《新約．約翰福音》18：36。耶穌回應對他自稱「猶太人的王」的指控說：「只是我的國不屬於這世界。……我為此而生，也為此來到世間，特為給真理作見證。凡屬真理的人就聽我的話。」——譯注

129 根據利科版《尼采著作全集》，此為歌德與愛克曼的談話，一八三〇年二月十四日。歌德在此日談話中頗涉「此世」與「彼岸」的話題，然並未直接作此宣稱，只提到戈齊（Carlo Gozzi，義大利十八世紀劇作家）說悲劇性情境只有三十六種，席勒想盡力找出更多，卻連三十六種也沒有找到。此「假說」後由法國作家喬治．波爾蒂（Georges Polti）在《悲劇情境三十六種》（*Les trente-six situations dramatiques*, 1895年）證成；波爾蒂在該書導論中亦援引歌德此處談話。

達，說一個這樣的治療體系使人類改善了，那我也不反對：不過要補充一下，對我來說何謂「改善」——恰恰等於「馴服」、「虛弱」、「氣餒」、「變機巧」、「溫柔化」、「被去勢」（也就是說幾乎被損害了……）而如果治療的主要是患病者、失調者、抑鬱者，則一套這樣的系統在一切情況下都是使病人（假定使他「改善」）病得更重；只要去問一下精神病醫生[130]們，按照一定方法採用懺悔之煎熬、愧怍之噬齧以及救贖之痙攣，從來會導致些什麼東西。同時也可以詢問一下歷史：凡是苦修教士施行這些治療之處，病態每一次都往深處和廣處蔓延，快得令人駭異。「成功」的都是些什麼啊？在本來已經患上病的部分之外，加上一個破損的神經系統；無論從最大還是最小的地方看，無論是個人還是群體，皆是如此。我們在懺悔訓練和救贖訓練的後效中，發現駭人的傳染性癲癇，其中最大者，歷史上所知的，即如中世紀跳聖維特[131]舞和聖約翰[132]舞[133]的人們所患的那些癲癇病；我們發現，它的後遺影響的另一種形式是可怕的癱瘓和持續的抑鬱，有時一族民眾或一座城市（日內瓦、巴塞爾）的氣質會由此而一下永遠地轉到其反面；——女巫癔症（Hexen-Hysterie）亦屬此類，某種與夢遊症有親緣關係的病（單在一五六四年至一六〇五年之間，這

130 據考夫曼提示，二十世紀方定型的精神病收容診治模式，當時應尚未存在。——譯注

131 聖維特（原文 St. Veit，或作 Saint Vitus），天主教聖徒，殉教於西元三〇三年。中世紀後期在德國等地興起聖維特節，眾人圍在他的塑像前舞蹈，後「聖維特舞」成為舞蹈病的代稱。他亦被視為舞者、演員、癲癇病患者等的守護者。——譯注

132 「聖約翰」（原文 St. Johann，或作 Saint Johannes）：基督教史上名為「約翰」（「若望」）的聖徒有多人。此處蓋指最著名的耶穌的使徒約翰。他與聖維特在殉教時皆受油烹之刑。——譯注

133 「跳聖維特舞和聖約翰舞」，蓋指中世紀黑死病時期在德國等地流行起來傳遍歐洲的群體性舞蹈狂熱（Choreomania，德語或作 Tanzwut 或 Tanzplage，英語或稱 Dancing Mania），當時亦稱約翰舞病（Johannistanz，或作 Johannestanz），大群人無法自止地跳舞跳至虛脫，並伴有幻覺。當時對這種現象多從宗教方面作解釋，其原因至今似尚未有令人信服的解釋。——譯注

種病就有八次大規模的傳染）——；同時我們在它的後果中發現了尋求死亡的群體性譫妄，它那駭人的叫喊「死亡萬歲」[134]整個歐洲都聽見了，時而被欣快的特異反應、時而被暴怒的特異反應所打斷：且看，凡是苦修者的罪惡學說又一次取得重大成功之處，那同樣的情緒轉換，同樣的間歇和跳轉（宗教性神經症作為「壞東西」[135]的一種出現形式），今日在歐洲尚處處可見：這是沒有疑問的。這形式是什麼？Quaeritur［這是個問題］。總體來看，苦修理想和它精巧地道德化了的崇拜（Cultus），這樣一種在神聖意圖之庇護下對運用感覺過度的所有手段所作的精神上最豐富的、最不假思索和最危險的系統化，以一種可怕而不可忘卻的方式載進了人類的全部歷史；可惜卻不只是載進他的歷史……我幾乎不知道還能舉出其他什麼東西像這個理想這樣，如此毀滅性地掏空了——尤其是歐洲人的——健康和種族精力；可以毫不誇張將之稱之為歐洲人類健康史的真正災難。最多或許只有日爾曼特性的影響還可以與之相比：我指的是歐洲的酒精中毒，它迄今跟日耳曼人的政治及種族優勢同步發展（——當他們輸入日爾曼人的血液之際，亦輸入了其惡習[136]）——再其次，應該數梅毒了，——magno sed proxima intervallo［不能望前者之項背］。

134 「死亡萬歲」原文為義大利文，出處未詳；evviva la morte，常被用作表示甘願犧牲的口號。——譯注

135 「壞東西」（bösen Wesens）本指邪惡的精靈、魔鬼之類。——譯注

136 與基督教大興同時日爾曼人之數支亦融入羅馬，其時以勇悍嗜酒著稱，故云。——譯注

22 [137]

但凡他取得統治之處，苦修教士皆敗壞了靈魂的健康，結果是，他也敗壞了趣味，in artibus et litteris［在藝術與科學方面］[138]，——他一直還在敗壞它。「結果是」？——我希望，人們允許我直接說這個「結果是」；至少，我先不打算證明它。一個唯一的提示：基督教文獻的根本之書，他真正的模範，他的「自在之書」。在希臘—羅馬的輝煌——那也是一代書籍的輝煌——中，在一個還未曾凋落頹敗的古代文字世界，在一個人們還能夠讀到一點點書籍（現在人們會用一半文獻來跟這一點點交換）的時代，基督教煽動家們——人稱教父者——的簡單和虛榮已經膽敢宣布：「我們也有我們的經典文獻，我們不需要希臘人的經典文獻」，——於此自負地指向聖徒傳說集（Legendenbücher），使徒書信（Apostelbriefe）和辯護冊（apologetische Traktätlein），大概就像今日英國的「救世軍」用某種近似的文獻來進行反對莎士比亞及其他「異教徒」[139]。人們已然猜到，我不愛那個《新約》；關於這部最受稱賞而稱賞亦最過的著作，我的趣味竟然如此孤立，這幾乎讓我不安（有兩個千年的趣味在反對我呢）：但有什麼辦法呢！「我站在這

---

137 據考夫曼，此節可與《善惡的彼岸》第五十二節參看（114—115頁）。——譯注

138 拉丁短語 artibus et litteris 字面義為「藝與文」，現代歐洲於學術獎章上時有「litteris et artibus」［斯文與藝］，表示「（對）科學與藝術（之貢獻）」。——譯注

139 此「異教徒」（Heide）專指不信從三大一神教之上帝者。——譯注

裡，此外什麼也不能做」[140]，——我有勇氣對我的壞趣味這樣說。[141]至於《舊約》——就完全是另一回事了：向《舊約》致敬！我在其中發現偉大的人，適合英雄的風景，以及某種大地上至為稀有之物，強健心靈的無可比擬的天真；此外，我還發現了一族民眾。在那個新的《約》裡，與此相反，純粹就是小氣的派別算計，就是靈魂的洛可可風，就是加了些花飾、有許多小尖角和奇形異狀，就是秘密集會的氣氛，不忘偶爾吹一點牧歌的甜蜜氣息，它既非猶太的，亦非泛希臘的，是屬於那個紀元（以及羅馬行省）的。恭順與妄自尊大緊緊相依；一種幾乎致聾的感覺聒噪；無激情的激蕩；乖張的姿態表演；顯然，這裡缺乏每一種好教養。怎麼可以從他們那些小小無德中生出這許多事來，這些虔誠的小男人們怎麼做到這些的！有人會關心這些嗎；更不用說神了。最後，他們竟然還想要「永恆生命的冠冕」[142]，所有這些外省的小人們：到底要幹什麼用？到底為了什麼？這種不謙遜無以復加。一個「不死」的彼得：這個誰受得了呵！他們有令人發笑的野心：它反覆咀嚼它最個人之事，它的愚蠢、悲傷和角落中的憂愁，彷彿諸事物之自在[143]有義務關心這些，它把上帝本身捲入他們所陷溺於其中的最輕微的苦楚中，不厭其煩。這種不停地跟上帝你啊

---

140 蓋戲仿路德的名句：「我站在這裡，此外什麼也不能做。上帝保佑，阿門。」據說路德在沃爾姆斯帝國會議（Reichtag zu Worms）拒絕要他放棄學說的要求時以此結束發言，他在發言中表示，自己只服從《聖經》（又尤指《新約》）的教導。——譯注

141 據《尼采頻道》，此處當參見司湯達，《紅與黑》下部第十二章，瑪蒂爾德認為于連與作為貴族的自己不同，面臨危急關頭時就不會在意是否「趣味很壞」（être de mauvais goût，或譯為「舉止不得體」，參見《紅與黑》，郝運譯，上海譯文出版社，一九八九年，第397頁）。疑非尼采本意。——譯注

142 《新約．啟示錄》2：10：「你將要受的苦，你不用怕。……你務要至死忠心，我就賜給你那生命的冠冕。」——譯注

143 「諸事物之自在」（das An-sich-der-Dinge）是對康德「自在之物」概念的倒寫。——譯注

你啊[144]的壞趣味喲！這種猶太式而又不僅僅是猶太式的用喙和爪衝上帝而去的莽撞喲！……東亞有些小氣而為人所蔑視的「異教民眾」，從他們那裡，這些最初的基督徒本來可以學到點東西的，學到某種敬畏之節文；有基督教傳教士為證，其人斷不許口稱神明之名。鄙意以為，這足可玩味；當然，不只是對於「最先的」基督徒來說可玩味：為了感受一下對立面，且不妨回憶一下路德，這個德意志所出的「最善辭令」而不謙不遜的農夫，回憶他恰恰在跟上帝相對而談時最喜歡用的那種路德式腔調。路德對教會的神聖中介[145]（尤其是對「魔鬼的豬，教宗」[146]）的反抗，從根本上是一個被教會的好禮儀、被教士式趣味的那種敬畏禮儀惹得火起的莽漢的反抗，這禮儀只准許聖職更高和更沉默寡言之輩從事至為神聖之事，而把莽漢們摒除在外。這些莽漢在這裡本來就應該在永遠沒話說的，——但是路德，這個農夫，他想要的完全是另一回事，這個樣子對他來說不夠德意志：他首先想要直接說話，甚至是「不促迫」[147]地跟他的上帝說話……現在他這樣做了。——苦修理想，可以想見，任何時候在任何地方都不是一所教出好趣味的學校，更教不出好行止了，——在最好的情況下，它是一所教出教士式行止的學校——：這造成了，它本身在肉身的某種東西是

144 德語聖經中以第二人稱稱呼上帝時皆用「你」（Du）而非「您」（Sie），以示親切無間。——譯注

145 「神聖中介」（Mittler-Heiligen）蓋指教會及其神職人員專任之聖事，承擔著上帝與信徒的中介，禮儀繁複，等級森嚴。——譯注

146 路德指斥教宗語，出處未詳。——譯注

147 「不促迫」原文為 ungenirt，亦有「不拘於成規、放縱不羈」之義。——譯注

一切好行止的死敵，——即尺度的缺乏，不情願遵守節度，他本身就是一種「non plus ultra」〔無以復加〕[148]。

23

苦修理想不止敗壞健康與趣味，它還敗壞了第三、第三、第五、第六位的東西——我將避免對*之*一一列舉（那什麼時候說得完！）。我在這裡要披露的並不是，這種理想起過的*作用*是什麼；而毋寧說完全只限於，它*意味*著什麼，它叫人往什麼方面猜想，在它的後面、下面、裡面藏著什麼東西，它那種暫時性的、模稜兩可的、充斥了過多問號與誤解的表達是為了什麼。只是考慮到這個目的，我才不得不讓我的讀者們對它那些作用、那些災難性作用的陰森叵測之處有所窺見：也就是說，使他們做好準備，在苦修理想有何意味這個問題上，迎接就我所見的最後也最可怕的方面。那種理想的*權力*，它權力的*陰森叵測之處*，到底意味著什麼呢？為何它被賦予的空間竟達到這樣一個程度？為何它沒有受到更好的反抗？苦修理想表達了一個意志：何處有相反的、在一種*相反*理想表達出來的意志？苦修理想有一個*目標*，——此目標足夠普遍，用它來衡量，使人類此在的一切利害皆顯

148 non plus ultra〔無以復加〕，此拉丁短語或亦為雙關：據《布羅克豪斯對話辭典》一八一一年版，十九世紀初德語中這句拉丁短語常作為市場上叫賣口號，表示「最好的」；此語更經常寫作 nec plus ultra〔不可復加〕，表示「（尤其是古典視野下的）世界的盡頭」。——譯注

得小氣而狹隘；它毫不留情地根據這唯一的目標自行解說諸時代、諸民眾、諸人類，它不讓任何其他解說、其他目標生效，它只在它所闡釋的意義（——而可曾存在過一個被徹底思考過了的闡釋系統呢？）上去譴責、否定、肯定、確認；它不屈居於任何權力之下，而倒是堅信他在任何一種權力面前的特權，堅信他跟任何一種權力的絕對的等級間距，——它堅信，大地上凡有權力者，無一不是從它這裡出發才得到一種意義，一種此在權利，一種價值，無一不是作為它工作的工具，作為通向它的目標、唯一目標的道路和手段……何處有針對這套由意志、目標和闡釋構成的封閉系統的對立面呢？為什麼缺少這個對立面？……何處有那別有不同的「唯一目標」？……有人竟然對我說，對立面並不缺少，它跟那種理想已經有過一場漫長而幸運的鬥爭，不僅如此，還在一切主要方面都已經征服了那種理想：我們全部的現代科學就見證了這一點，——這個現代科學，作為一門真正的現實哲學，據說顯然只信仰它自己，顯然擁有對自己的勇氣，對自己的意志，迄今不用上帝、彼岸和否定性的美德而表現得相當好。這些喧嘩和鼓吹手的聒噪，在我這裡可沒有任何效果：這些現實性號手是糟糕的樂師，他們的聲音一聽就知道不是從深處發出的，從中發言的不是科學良知的深淵——因為，科學良知在今日是一個深淵——，在這樣一些號手的嘴巴中，「科學」[149]這個詞簡直就是一種猥褻、一種濫用、一種無恥。實情恰恰與其所聲稱者相反：科學在今日根本沒有對自己的信念，遑論關於[150]自己的理想，——在科學若尚有激情、愛、熱忱、苦難之處，則它並不是那種苦修理想的對立面，而毋寧說本身就是它最新穎和最高尚的形式。你們聽著覺得很陌生吧？……在今日之學者中，亦確有足夠勇敢和謙遜的勞動者民眾，喜歡他們的小角落，因為喜歡待在裡面，往往因而不太謙遜地大聲要求說，人們今天總算應該滿意了吧，尤其是在科學上，——這裡恰恰有這麼多有用之事可做。我不作反駁；我最不願意敗壞這些誠實的勞動者對他們的手藝的樂趣：因為我喜愛他們的勞動。但是，現在在科學中已經有了嚴格的勞動，有了令人滿意的勞動者，這絕沒有證明，今日科學整體上擁有屬於偉大信念的目標、意志、理想和激情。如前所言，情形正相反：若當科學不是苦修理想的最新穎形式，——此則涉及太過稀有、高尚和經過遴選的案例，憑此不足以左右那個總體判斷——則科學在今日是一處藏身之處，藏匿各種各樣的失意、猜嫌、咬蝕、despectio sui〔蔑視自己〕，壞良知，——它是無理想狀態本身的不安寧，是因匱乏

149 考夫曼提醒，此處「（現代）科學」不同於英文中的Science，即不專指自然科學，而毋寧是廣義上的「學術」（即「學者」所為之事）。——譯注

150 「關於」原文為über，德語介詞，亦有「超出」之意。——譯注

偉大的愛而受的苦難，是對一種**非自願**知足的不滿足。今日之科學所庋藏的東西何所不有啊！有多少是它至少**應該**庋藏的東西！我們最好的學者們的幹練，他們那昏昧無識的勤奮，他們那日夜冒煙的腦袋，甚至他們那手藝上的圓熟——多麼常見的是，這一切的真正意義在於，自己讓自己看不見某種東西！科學作為自我麻醉的手段：你們**認得它**嗎？……有時，人會用一個無害的詞就把他的學者朋友們——每個與學者們有過交往的人都有此經驗——傷得入骨，會在以為是在推崇他們的時候卻激怒他們反對自己，會把他們搞得方寸大亂，法度全失，原因則僅僅在於，人們太粗心，竟沒想到跟自己打交道的究竟是誰：是**罹受苦難者**，他們不願意對自己承認自己是什麼東西，是被麻醉者和昏昧無識者，他們只恐懼一樣東西：**有所意識**[151]……

24

——現在，人們應該反過來，去看看我所說的那些稀有的案例了，今日哲學家和學者們當中的最後的唯心主義者：其中也許有人們在尋找的苦修理想的**對手**，跟它**相反的理想主義者**[152]？事實上，這些「非信徒」[153]（他們可都是非信徒）**相信**自己就是這樣的；他們最後一份

151　「有所意識」原文為 zum Bewusstsein zu kommen，亦可解為「蘇醒過來」。——譯注

152　「相反的理想主義者」原文為 Gegen-Idealisten，其中「理想主義者」與「唯心主義者」是一個詞（Idealist）。——譯注

信念似乎就是做苦修理想的對手，他們在這一點上是如此的嚴肅，正是在這裡，他們的言辭和姿態變得如此有激情：——他們所相信者還有需要是真實的嗎？……我們「認識者」已漸漸變得對一切種類的信徒都不信任；我們的不信任已慢慢把我們訓練得習慣做出跟人們所傾向的相反推斷：也就是說，凡是某種信念在其前臺表現得十分堅強之處，就去推斷可論證性的某種特定弱點，推斷所相信的那個東西本身未必如此。我們也不否認信仰「有福」[154]：正是因為這一點，我們才否認，信仰有所證明，——一個堅強的、有福的信仰，是對它所信仰者的一種猜疑，它論證的不是「真理」，論證的是某種特定的或然性——欺騙的或然性。那麼在這種情形之下會怎麼樣呢？——這些今日的否定者和孤僻之士，他們只在唯一一點是絕對的，那就是要求知性的清白，這些強硬、嚴格、節制的英雄般的精神們，他們造就了我們時代的榮耀，所有這些蒼白的無神論者、反基督者、非道德主義者、虛無主義者，這些懷疑論者、闕疑論者、精神上的燥熱虛耗者[155]（最後這一點他們無一例外，且尤其嚴重，無論在哪種意義上），這些認識上的最後的理想主義者，今日的知性良知唯獨在他們中間常駐並且有血有肉，——他們自信事實上已盡可能掙脫了苦修理想，這些

注

153 「非信徒」（Ungläubiger）專指無神論者或不信上帝者；而其反義詞，即下文的「信徒」又與「債權人」為同一詞。——譯注

154 《新約．羅馬書》1：16：「這福音本是上帝的大能，要救一切相信的，……」。「要救一切相信的」據路德譯本即「使一切相信者有福」。——譯注

155 「燥熱虛耗者」原文為 Hektiker，對應的形容詞 hektisch 較常見，本指肺癆病人，後引申為匆遽急躁貌。——譯注

「自由的、非常自由的精神們」：然而，且讓我向他們透露一些他們自己尚不能見到的東西——因為他們離自己太近了——此理想恰恰也是他們的理想，他們自己在今天表現著苦修理想，此外也許沒有人這樣做，他們自己就是它最精神化的畸生物，是它推進到最前沿的戰鬥和偵察分隊，是它最棘手、最精妙、最不可捉摸的引誘形式：——如果我在哪裡猜對了謎語的話，那麼我想用這個命題來給出謎底！……他們早就不是自由的精神了：因為他們還信仰真理……基督教的十字軍們在東方曾經碰到那個不可戰勝的阿薩辛騎士團[156]，那個出類拔萃的自由精神騎士團，團中最低級別者生活在一種任何僧侶騎士團都不曾企及的順從之中，當時，他們通過不知哪種途徑也得到了某個暗示，與這暗示相關的那種印記和符文[157]，作為秘義，只留給最高級別者的：「沒有東西是真實的，一切皆允許」……來吧，此乃精神之自由，由此信仰將真理本身宣布作廢……可曾有一個歐洲的、一個基督教的自由精神迷失在這個命題[158]和它那些迷宮般的推論中嗎？他憑經驗認得這個洞穴中的米諾陶嗎？……對此我抱有懷疑，且不止懷疑，我所知者與此不同：對這些絕對於唯一一點者[159]，對這些所謂的「自由的精神」來說，最陌生者恰恰莫過於那樣一種意義上的自由和

156　「阿薩辛騎士團」原文為 Assassinen-Orden，即「阿薩辛派」（Assassinen），是活躍於十一至十三世紀的伊斯蘭秘密教派，以其暗殺行動聞名。克拉克—斯文森注言其名本義為「服用大麻者」；據考夫曼注引大不列顛百科全書十一版，其派於草創時即「知道肯定性宗教和道德的無價值；其人不信仰任何東西」。——譯注

157　「符文」原文為 Kerbholz-Wort，字面義為「符契上的文字」。符契（Kerbholz）為中古記債用的剖符，此詞相當罕用。據克拉克—斯文森引尼采筆記：「『樂園就在劍影之下』——這又是一個印記與符文，從中可猜識出高尚的、戰士出身的靈魂。」認為於此又可見出「道德現象與經濟現象之淵源」。伊斯蘭經典《布哈里聖訓》（*Sahih Bukhari*，4：52：73）云：「真主的使者說：『你們要知道！樂園就在劍影之下。』」參見《布哈里聖訓實錄全集》第二卷第五十六章第二十二節，祁學義等譯，宗教文化出版社，二〇〇八年。此句今已成為聖戰思想的一個來源。——譯注

不羈，他們所受束縛之堅固恰恰莫過於這個方面，恰恰是在對真理的信仰上，他們之堅定和絕對是其他任何人都無法相比的。我認識所有這些人，也許認識得太過切近：那種值得尊崇的哲學家式的節制，它是這樣一種信仰的義務，那種知性的斯多噶主義，它到最後亦禁止說「不」，正如它嚴格地禁止說「是」，那種在事實之物、在 factum *brutum*［純然事實］面前滯留不動的意願，那種「小事實」的宿命論（按我的稱呼，是小氣的唯事實論[160]），在這方面，法蘭西科學目前正在尋求一種超過德意志科學的道德優勢，那種對闡釋的根本放棄（放棄強姦文意、調整、簡縮、刪除、填充、作實、偽造和其他一切屬於一切闡釋之本質[161]的做法）——這些，大致說來，跟無論哪種對感性的否認（它從根本上只是這種否認的一種模式）一樣，很好地表達了美德苦修主義。而強迫這樣做的那個東西，那個求真理的絕對意志，乃是對苦修理想的信仰本身，雖然亦是此理想無意識的律令，對此人們不該欺騙自己，——它是對一種形而上學價值、一種真理之自在的價值的信仰，在那種理想中所唯一擔保和畫押認定過的那種價值（它與那種理想一榮俱榮、一損俱損）。嚴格地判斷起來，根本沒有什麼「無前提」的科學，一種這樣的想法是不可設想的，是個邏輯錯

158　「這個命題」即上文「給出謎底」的命題。上文「給出謎底」之後到「宣布作廢」之間是插入的旁議，至此又接上上文。考夫曼亦同此句讀。——譯注

159　「絕對於唯一一點者」（Umbedingten in Einem）即上文所言「只在唯一一點上絕對的」唯心主義哲學家。——譯注

160　「小事實」（petits faits）與「小氣的唯事實論」（ce petit faitalisme）原文皆法語，以「唯事實論」（faitalisme，蓋為尼采生造）諧形於「宿命論」（fatal-isme）。——譯注

161　「本質」原文為 Wesen，亦有「活動，事業」之義。——譯注

誤：必定首先有一種哲學、一個「信仰」在那裡，科學因而從中獲得某個方向、某種意義、某條界限、某項方法、某個此在之權利。（誰若反過來理解，比如擬將哲學置於「嚴格科學的基礎之上」，將必須首先不只是把哲學，而且還要把真理本身倒置：就這兩個如此可敬的娘兒們來說，這可是所能出現的最傷體統的事了！）是的，這一點不用懷疑——在這裡，讓我引用一下我的《快樂的科學》吧，參見該書第三百四十四節——「真誠者」[162]，在那種果決的、最後的意義上，按照對科學的信仰向他要求的那樣，由此肯定另一個世界，有別於生命世界、自然世界和歷史世界的世界；而只要他肯定了這「另一個世界」，怎麼？難道他不是必須就是由此而把它的對立面，這個世界，我們的世界——否認掉了嗎？……總是有一個形而上學信仰，讓我們對科學的信仰休憩於其上，——即便是我們今日這些認識者，我們這些不信神者和反形而上學者，即便是我們，也是從一個數千歲的信仰所點燃的那場大火中取得我們的火，那個基督教信仰，也就是那個柏拉圖的信仰，相信神是真理，真理是神性的……可是怎麼辨，當恰恰是這一點變得越來越不可信，再沒有什麼證明自己是神性的，除了謬誤、盲目、謊言，——當上帝本身證明是我們最長久的謊言呢？

162 「真誠者」原文為 der Wahrhaftige，此為求譯文統一；更符合此處語境的譯法當為「求真者、修真者」。——譯注

「——在這個地方有必要停一下，作長久的思索。今後科學本身將**需要**一個辯護（這可還絕不是說，存在著某種這樣為它的辯護）。在這個問題上，人們該審視一下最古老和最新近的哲學：所有這些哲學中都缺乏對這一點的意識，即在何種意義上，求真理的意志本身首先需要一個辯護，一切哲學在這裡都有一個漏洞——何以至此？因為，苦修理想是一切哲學迄今的**主人**，[163] 因為真理被設定為存在、上帝、最高級機關本身，因為真理根本不**可以**有問題。人們理解這個「可以」[164] 嗎——從這一刻起，從對苦修理想之上帝的信仰被否認的這一刻起，**也就有了一個新問題**：真理之**價值問題**。——求真理的意志需要一個批判——我們在此確定了我們特有的使命——，真理的價值將嘗試性地接受一次**質疑**……（誰覺得以上過於簡略，建議他去查閱《快樂的科學》中題為「在何種意義上我們還是虔誠的」的那個段落，參見該書第三百四十四節，最好是看該書第五章全章，以及《曙光》的前言。）

25

不！在我尋找苦修理想的天生對手的時候，在我問「表達出跟它

---

163 此雙關用法前已經出現過，「主人」（Herr）在此亦可表示「丈夫」，對應於上文稱呼哲學、科學為兩位「娘們兒」。——譯注

164 「可以」原文為dürfte，或譯為「允許」；在古日爾曼語中原義為「需要」「必需」，十六世紀乃有「允許」之意；與上文所言「科學本身需要一個辯護」中的「需要」（bedarf）同根；其形容詞形式「dürftig」則有「貧乏、不足」之義，亦暗涉下節所言「生命的貧困化」。——譯注

相反的理想的那個相反的意志在何處」的時候，不要再跟我提科學。科學對此的看法早就不是立足於它自身了，從任何方面考慮它都首先需要一個價值理想，一個創作價值的權力，有它們的服事[165]它才可以信仰自己，——它本身從來不在創作價值。它跟苦修理想的關係，就其本身而言，絕對不是對抗性的；它甚至毋寧說主要還是體現了這個理想從內部外化的突進力量。它們間的矛盾和鬥爭，細究起來，根本未曾涉及這個理想本身，而只是涉及它的外圍工事、偽裝、假面表演，涉及它暫時的硬化、木質化和教條化——科學否認了這個理想為教外眾人所知的那些東西，從而把它內部的生命再度解放出來。這兩者，科學和苦修理想，立足於同一塊地盤——這一點我已經說清楚了——：也就是說，立足於同樣的對真理的高估（更正確地說：立足於同樣的對真理之不可評價性和不可批判性的信念），正是因此，他們必然是同盟，——以至於，假定有人對他們作戰的話，從來也只可能對這兩者一起作戰，一起提問。對苦修理想的一種價值評估不可避免也隨之帶來對科學的價值評估：對這個可要隨時睜大眼睛，豎直耳朵！（藝術，先說一下它，因為我要很久才會在不知什麼時候回到這一點上來，——那個在其中謊言使自己神聖化、求欺騙的意志把好良

165 「服事」原文為Dienst，通義為「服務」，有時又指「事神」，尤指彌撒。——譯注

知排擠掉的藝術，比起科學，更加根本地對立於苦修理想：柏拉圖即本能地感到了這一點，這位歐洲迄今所湧現過的最偉大的藝術之敵。柏拉圖反對荷馬：完全的、真切的對抗——那個是無論如何要「居於彼岸者」，生命的大誹謗者，這個則是生命的無心的神化者，有著黃金的天性。因此，藝術家在服事苦修理想的順從效命，是藝術家所可能有的最實實在在的腐蝕，可惜，亦是最習以為常的腐蝕之一：因為沒有比一位藝術家更容易受腐蝕的了。）從生理學上來考察，科學亦與苦修理想棲息於同一塊地盤：在前者與在後者一樣，某種特定的生命的貧困化俱為前提，——情緒變得涼薄，節奏變得滯慢，辯證法取代了本能，嚴肅印在臉色和姿態上（嚴肅，這個最確切無誤的記號，表明更艱難的新陳代謝，扭結著的、勞動得更艱辛的生命）。人們應該觀察一下某一族民眾在學者登上前臺的那些時期：那是疲憊的時期，經常是黃昏期，是衰落期，——洋溢的力量、對生命之確知、對未來之確知皆已不在。官人占優勢從來不表示什麼好事情：跟以下等等的興起一樣：民主，取代戰爭的和平仲裁法庭，婦女權利平等，同情之宗教，以及沉淪著的生命的其他所有症狀。（把科學當作問題來看待；科學意味著什麼？——關於這些參見《悲劇的誕生》前言[166]。）——

166 指一八八六年新版的序言。——譯注

不！這個「現代科學」——可要對它睜大你們的眼睛啊！——是苦修理想眼下最好的同盟者，這恰恰是因為，它是最無意識、最無意為之、最秘密和最隱蔽於地下的同盟者！直到現在，它們，「精神的窮乏者」[167]和苦修理想的科學對頭們，都在演同一齣戲（順便說一下，人們要防止認為後者是跟前者的對立面，比如是精神的富裕者：——他們不是，我稱他們為精神的燥熱虛耗者）。後者的那些著名勝利：無疑，那些確是勝利——不過是對什麼的勝利呢？其間苦修理想根本就沒有被戰勝，而倒是由此被弄得更強健，也就是更不可捉摸、更精神化、更棘手，所以，從科學那方面被毫不留情地拆解和打破的，總是一堵牆，一道沿著這同一個理想建起來、使它的外觀粗糙化的外圍工事。人們真的以為，比如神學天文學的落敗就意味著那個理想的落敗嗎？……也許人類是因此變得更不需要為他的此在之謎作出彼岸性的解答，從而這個此在在今後在事物的可見順序中會顯得更加隨意不定，更加偏縮一隅，更加可有可無？自哥白尼以來，難道不正是人類的自身渺小化、他意求自身渺小化的意志處在一個無法停止的進步之中嗎？啊哈，人類對他在造物的等級序列中的尊嚴、獨一無二、不可替代的信念，已經完了，——他變成了動物，動物，絕非比喻，不折不扣，他，

167 據克拉克—斯文森，此暗引《新約·馬太福音》5：3：「心靈貧窮的人有福了！因為天國是他們的。」——譯注

168 「神人」（Gottmensch）與「神子」一樣，皆指既為神又為人的耶穌。——譯注

這個在早先的信仰中幾近於神者（「神子」，「神人」[168]）……自哥白尼起，人類猶如落到一道斜坡上，——他從現在起越來越快地從中心點滾出去——滾到那裡去？到虛無中去嗎？到「對他的虛無的洞穿感」中去嗎？去吧！這或許正是條直道呢——通到舊理想中去？……全部科學（絕不只是天文學，康德對天文學的玷辱和貶抑效應有過一個值得注意的承認，「它消滅了我的重要性」[169]……），全部科學，自然的和不自然的——我這樣來稱呼認識之自身批判——都一樣，今日皆熱衷於把人們勸離他迄今為止對自己的尊重，彷彿這尊重無非只是一種怪僻的妄自尊大；人們甚至可以說，科學特有的自負，它那斯多噶式不動心[170]特有的生澀形式就在於，它把這種辛辛苦苦得到的人類的自身蔑視，在自己這裡當作他對於尊重的最後、最嚴肅的權利主張維持下來（事實上是有道理的：因為蔑視者總是那同一個「未曾荒疏於重視」者……）這就是在跟苦修理想對著幹嗎？人們真的還無比嚴肅地以為（正如神學們一段時間以來所想像的那樣），比如康德對神學上的概念教條論（「上帝」、「靈魂」、「自由」、「不朽」）的勝利已經打破了那個理想？——在這一點上，康德本人的目的是否究竟也只是某種諸如此類的東西，眼下跟我們應該沒有什麼關係。無疑地，

169 見康德《實踐理性批判》結論部分，著名的「我頭上的星空和我心中的道德律」一段，原文作：「……某個無法計數的諸世界集合的景象，消滅了作為一個動物性造物的我的重要性……」。——譯注

170 「不動心」原文為Ataraxie，即「闕疑」後的結果。參看《懸擱判斷與心靈寧靜：希臘懷疑論原典》，包利民等譯，中國社會科學出版社，二〇〇四年，中譯者導言第2頁。——譯注

自康德以來所有種類的先驗論者都一再地如願以償，——他們從神學家那裡解放出來了：何等幸福！——他向他們透露了那條秘道，今後他們可以憑自己的力量、以最好的科學規矩追隨「他們心靈的願望」了。同時：今後誰可以怪罪那些不可知論者，如果他們，作為自在的未知之物和奧秘之物的崇拜者，現在把問號本身當作上帝來禮拜呢？（夏維爾．杜丹[171]有一次說到「欽慕無智而非乾脆地止步於未知者的習慣」造成的那些ravages［造劫］；他以為古人並不如此。）假定人類所「認識」的一切事物皆不能滿足他的願望，而倒是與之相抵牾，把這些願望嚇得戰慄，那麼，若允許不將這些歸罪於「願望」，而是歸罪於「認識」，是多麼神聖的遁辭呵！……「沒有認識：結論是——有一個上帝」：何等新穎的elegantia syllogismi［精妙三段論］！苦修理想的怎樣一種凱旋！

26

——或者，也許整個現代歷史書寫全都表現出一種更加肯定生命、更加肯定理想的態度？它最高尚的要求——成為鏡子——現已不復存在；它拒絕一切目的論；它不再想「證明」什麼東西；它鄙棄扮演法

171 夏維爾．杜丹（Xaver Doudan）：即「希門內斯．杜丹（Ximénès Doudan）」，十九世紀法國批評家，此處所引原文為法語：l'habitude d'admirer l'inintelligible au lieu de rester tout simplement dans l'inconnu，據克拉克－斯文森，此當引自他的《杜丹書翰文稿雜集》，巴黎，一八七九年，第三卷，第23－24頁。——譯注

官，這一點上，它的趣味是好的，——它所肯定和所否定的一樣少，它確立，它「描寫」……這在一個相當高的程度上是苦修主義的；不過同時在一個更高的程度上是虛無主義的，對此人們不該欺騙自己！人們看到的是一道悲傷、強硬但是決斷的目光，——一隻朝外張望的眼，就像一個與世隔絕的北極旅行者那樣朝外張望（也許為的是不要朝內張望？不要回頭張望？……）這裡是冰雪，這裡生命是喑啞的；這裡最後的鴉群在大噪，喊道「幹什麼？」，「沒用的！」，「何必呢[172]！」——這裡不再有什麼東西在蔓延生長，最多是彼得堡的「元政治」[173]和托爾斯泰式的「同情」。不過，至於那另外一種歷史學家，一個也許還要「更現代」的種類，一個享受的、尋歡作樂的、對生命跟對苦修理想同樣眷戀的種類，他們像使用手套一樣使用「藝術家」[174]這個詞，在今天完全是在為自己租用對靜觀的讚揚：哦，這些甜滋滋的靈氣十足的傢伙激發起了怎樣一種對苦修者和冬日風景的渴望呵！不！讓這個「閑看」[175]的民眾見鬼去吧！我多麼寧願跟那些歷史學虛無主義者們一起漫步穿過最陰暗的灰冷霧氣！——當然，這應該不是取決於我，假定我必須選擇甚至去傾聽一位徹底的非歷史學者、反歷史學者的話（如那位杜林，今日德意志有一群迄今尚且羞怯、尚且不肯坦白的有著「美麗靈

---

172 「何必呢」原文為Nada，據前後語境疑為俄語「не надо」[不需要，用不著]的訛寫。——譯注

173 「元政治」（Metapolitik）在尼采時代（《邁耶爾辭典》一九〇五年版）指純靠思辯（如什麼是國家的本質）而得出的政治構想，沒有實際經驗依託的純然觀念中的政治。——譯注

174 「藝術家」原文為Artist，參看《善惡的彼岸》第二十八節「藝人」注（84頁）；亦可譯作「藝人」，源自中古拉丁語artista，本指廣義的手藝人，後在其他歐洲語系中多表「藝術家」，在德語中則特指從事馬戲雜技的雜耍藝人。——譯注

175 「閑看」原文為beschaulich，同時有「靜觀」（相當於kontemplativ）和「安逸」的意思。——譯注

魂」的物種，有教養的無產階級內部的那個無政府主義物種，還沉醉在此人的腔調中）。那些「閑看者」則要壞上百倍——：我還不知道有什麼東西比這樣一張「客觀」的躺椅更讓人噁心的，這樣一個面對歷史學的香噴噴的享樂者，一半是神甫，一半是薩蒂爾，香水勒南[176]，他已把假聲拔到高音，向他面對的掌聲暗示，在他這裡發生了什麼，是在他的**哪個地方**[177]發生的，命運女神這次是在**哪個地方**，嘿，以遊刃有餘的外科手法操弄她們那殘忍的剪刀！對我來說，這既有悖於趣味，亦有悖於耐心：誰若看到這樣的場面而沒有失去什麼，那就保持他的耐心吧，——它是把我給激怒了，這樣一個場面，「觀眾」之令我忿然於「表演」，更甚於此表演（歷史本身，人們懂得我的），突然間，阿那克里翁的心緒於此際湧上頭。這個自然，這給公牛以角、給獅子以Χάσμ᾽ ὀδόντων［森森利齒］的自然，給我腳來幹什麼呢？[178]……用來踢踏嗎？神聖的阿那克里翁！並且不僅僅是為了逃走：為了要把那張朽爛的躺椅，那種卑怯的閑看，那副在歷史面前淫蕩的閹人模樣，那種對苦修理想的小眷戀，那種性無能的偽善，統統踩個稀爛！我會無比敬畏苦修理想，**只要它是誠實的**！只要它自己相信自己，不要在我們面前插科打諢！卻不喜歡所有這些搔首弄姿的臭蟲們，它們的野心不

176 歐尼斯特．勒南是當時與丹納齊名的史家，其《耶穌生平》以人文視角看基督教史，從一種廣義上的精神修養的角度來解釋基督教教義，聳動一時。——譯注

177 「哪個地方」與「香水」、「假聲」、「剪刀」等呼應，暗示閹割。——譯注

178 據考夫曼與迪瑟，這是引用西元前六世紀古希臘詩人阿那克里翁的詩句，現代學者以為是託名之作。——譯注

知饜足地嗅著無限之物，直到最後連無限之物聞起來都跟臭蟲一樣；我不喜歡這些表演生命的過分粉飾的挖掘者；我不喜歡這些把自己裹進智慧裡、「客觀」地張望的疲乏者和被用壞者；我不喜歡這些給自己的草包腦袋戴上一頂理念的隱身帽、踵事增華成英雄的宣傳家；我不喜歡這些想要顯得是苦修者和教士而骨子裡只是一個悲劇性丑角的野心勃勃的藝術家；我還不喜歡這些理想主義中最新的買空賣空者[179]，那些反閃族主義者們，他們在今天以基督教—雅利安—老好人的方式歪曲了自己的眼睛，他們把價廉物美的宣傳手段、道德態度濫用得耗盡了一切耐心，以求挑撥起這個民眾中所有的蠢牛成分（——在今日之德意志，一切種類的蒙人精神把戲（Schwindel-Geisterei）並非全無成果，與此相關的是日益無法否認並且已經顯而易見的德意志精神的荒蕪，其原因，我歸於一種由報紙、政治、啤酒和華格納音樂所組成的過於封閉的營養，此外還要算上備好這份食譜所需要的那些東西：一度是民族國家的挾制和虛張聲勢，那個強橫卻狹隘的「德意志，德意志超越一切」[180]的原則，然後還有「現代理念」的震顫性麻痹）。今日，歐洲尤其富有且善於發明刺激手段，似乎沒有什麼比興奮劑和烈酒更為人們迫切需要：由此也有了理想（這些最烈的精神之酒）中的

179 「買空賣空者」原文為Spekulanten，亦可指「思辨者、空想者」。——譯注

180 據薩繆爾，引文是由海頓作曲、法勒斯雷本填詞的《德意志之歌》（*Deutschlandlied*）的開場句，此歌成為一八四八年革命的一個象徵，一九二二年後成為德國國歌。——譯注

那種陰森叵測的虛假把戲，由此也有了令人反感、散發惡臭、充斥謊言的假酒精般的空氣，到處都是。我真想知道，要從今日的歐洲運出多少船仿造的理想主義，英雄服飾和皇皇大詞，運出多少桶含糖含酒精的同情心（「苦難宗教」[181]公司出品），多少用來輔助精神扁足們的高蹺腿兒的「高貴的憤激」，多少基督教理想和道德理想的倡優[182]，這裡的空氣才會聞起來清潔一些……鑒於這種生產過剩，顯然還可能做一樁新的買賣，跟小氣的理想偶像及附屬的「理想主義者」，顯然可以有一筆新的「生意」——人們可別忘了這一茬！誰有足夠的勇氣這樣做呢？——把整個地球「理想主義化」，這就掌握在我們手中！……不過我說什麼勇氣呀：這裡只有一點是必需的，就是手，一隻無拘無束、非常無拘無束的手……

27

——夠了！夠了！讓我們放過最現代的精神的這些稀奇古怪和錯綜複雜之處吧，它們之可笑正同於可憎：恰恰我們的問題，即苦修理想的意味問題，是不用著它們的，——這同一個問題跟昨天和今天有什麼關係呢！那些事情[183]應該由我在另外一種關聯中更徹底和更強

181 「苦難宗教」原文為法語 la religion de la souffrance，蓋戲仿葡萄酒廠商。——譯注

182 「倡優」原文為 Komödianten，字面義為「喜劇演員」，通譯為「戲子、騙子」。——譯注

183 「那些事情」指的是「最現代的精神」的古怪複雜之處。——譯注

硬地來闡述（其標題為「論歐洲虛無主義的歷史」；這裡我指的是一部我在準備的作品：權力意志，重估一切價值的嘗試）。把我忽然引到那些事情上來的，是下面這一點：即使是在最精神性的領域中，苦修理想真正的敵人和傷害者也總是只有一類：就是表演這個理想的倡優，——因為他們喚起了猜疑。此外一切地方，只要精神今日在嚴格、強大和不弄虛作假地工作，則它於此時是根本缺乏理想的——對這種禁欲狀態最流行的表達是「無神論」——：有的只是它求真理的意志。而這個意志，這個理想之剩餘，如果人們願意相信我的話，就是表述得最嚴格和最精神性的、徹底秘傳的、撤除了一切外圍工事的苦修理想本身，因此與其說是它的剩餘，不如說是它的核心。按這個標準，絕對的正直的無神論（——我們只呼吸著它的空氣，我們，這個年代裡更加精神性的人們！）並非如其所外表所示的那樣，跟那個理想有那麼大的對立；而毋寧說只是它最後的發展階段之一，它的結束形式和內在的連貫後果之一，——無神論是為了真理的一段長達兩千年的培養導致的大災難，這段培養的命令是敬畏，最終要禁止的是在對上帝的信仰上撒謊。（在印度有同樣的發展，完全獨立，從而也證明了一些東西；同樣的理想強制人們得出同樣的結論；那個決定性的節點比歐洲的日程早了五百年，通過佛教，更確切地說：通過那個經過佛教而普及並被做成宗教的數論哲學。）最嚴格地說來，**戰勝**基督教**上帝**的是**什麼**呢？答案在我的《快樂的科學》第三百五十七節：「基督教道德本身，那個被越來越嚴格地對待的真誠概念，基督教良知那告解神父式的精細，過渡和昇華成為科學良知，成為不惜一切代價的知性的清潔。觀察自然，彷彿它是某個上帝的好意與照拂的證明；為了尊崇一個神性的理性，把歷史闡釋為連續的證據，證明的是某種合乎德教的世界秩序和合乎德教的終極意圖；在解說自己特有的體驗時，就像虔誠之人談得老久的那樣，彷彿一切皆是命定，一切皆是提示，一切皆是被構想和贈予給靈魂的救治：這些，從現在起，是**過去**的了，是為良知所**反對**的，對所有更精細的良知來說，這些都是不正派、不誠實的，是謊話連篇，是女性主義，是虛弱，是怯懦，——有了這樣一種嚴格（如果還有些什麼的話），我們就是**好歐洲人**，是歐洲最長久、最勇敢的自身克服的繼承者」……一切偉大事物皆通過自身而走向毀滅，通過一個自身揚棄的行動：這乃是生命的法則，生命本質中**必然**的「自身克服」的法則，——最後總有召喚向立法者本身頒布：「patere legem quam ipse tulisti」〔服從你自己擬定的法律〕**作為教**

條的基督教義曾經以此方式毀滅，毀於他自身特有的道德；作為道德的基督教現在必定也以此方式毀滅，——我們正站在這個事件的門檻上。在基督教的真誠一步接一步地作出推論之後，它最終將推出自己最強的結論，自己反對自己的結論；這竟然發生了，當它提出這個問題的時候，「所有求真理的意志意味著什麼呢？」……在這裡，我又一次觸及我的問題，觸及我們的問題，我的未知的朋友們（——因為，我還不知道有什麼朋友）：我們整個存在的意義，倘若不是這個，還會是什麼呢：在我們這裡，那個求真理的意志自己作為問題而對自己有了意識？……道德從現在起就毀滅[184]在求真理的意志的這番意識到自身的轉變過程之上，這一點毋庸置疑：那場一百幕大劇的演出呵，它將專門留給此後兩個世紀的歐洲上演，所有演出中最可怕、最可疑、也許也最可希望的一場……

28

如果忽略苦修理想：那麼，人，動物人，迄今沒有任何意義。他在大地上的此在毫無目標；「人類到底是為了什麼？」——是一個沒有答案的問題；對於人類和地球來說意志是缺失的；每一場偉大的人類

184 此段中的「毀滅」原文為「zu Grunde gehen」，此處尼采加以強調標記的是「zu Grunde」，既指毀滅，字面上又有「落地、到達基礎」的意思。——譯注

命運過後，總還有一陣更宏大的如副歌般響起的「徒勞！」這正是苦修理想之意味：某種東西缺失了，人類周圍撕開了一道陰森叵測的裂縫，——他自己對自己不知道如何去辯護、解釋、肯定，他罹受著他的意義問題。他一貫在罹受，他主要是一種病態的動物：但是，他的問題並不是罹受苦難本身，而在於缺乏答案，以回答「苦難是為了什麼」這個問題的嘶喊。人，最勇敢和最慣於苦難的動物，在自己這裡並不否認苦難：他想要它，他甚至探求它，前提是，人們向他指明了，這裡有一個意義，苦難是為了這個。苦難的無意義，而非苦難，是播撒在全人類之上的詛咒，——而苦修理想給了他們一個意義！它是迄今唯一的意義；不管什麼意義總比完全沒有意義好；無論在哪個方面，苦修理想都是迄今為止「不得已而求其次」的最優者。苦難於其中得到解說[185]；那個陰森叵測的空洞似乎填滿了；朝向一切自殺性的虛無主義的門關上了。這個解說——毋庸置疑——導致新的苦難，更深重、更內在、毒害更大、侵蝕生命更甚：它把一切苦難置於虧欠的視野之下……不過，儘管如此——人類由此得到救贖，他有了一個意義，從今往後他不再像一片風中的葉子，一個胡鬧[186]的、「無意義」的玩球，他今後能夠意願某物了，——接下來怎樣都無所謂，不管他

185 「解說」原文 ausgelegt，通義為「注解、注釋」，同時也有「布置、陳放」的意思；參見《善惡的彼岸》第十四節（59—60頁）。——譯注

186 「胡鬧」原文為 Unsinn，字面意思即為「無意義」。——譯注

意願到哪裡去，為了什麼意願，以什麼來意願：意志本身得到救贖了。人們絕對不能再向自己隱瞞了，這整個意願、從苦修理想那裡獲得其方向的意願表達的到底是什麼：這樣一種對與人性相關者，甚至是與動物相關者，甚至是與質料相關者的憎恨，這樣一種面對諸感官乃至面對理性的厭惡，這樣一種面對幸福和美的恐懼，這樣一種越出一切顯像、變換、生成、死亡，越出願望和嚮往本身的嚮往——這一切意味著，我們大膽將之把握為，一個求虛無的意志，一種對生命的不願意，一種對生命那些最基本前提的抵制，不過它是而且始終是一個意志！……然後，且把在開始時說的在結束時再引如下：人類與其無所意願，寧願意願虛無……

譯者後記

此譯本對應於商務印書館二〇一六年於北京出版的《論道德的譜系》，與《善惡的彼岸》同屬於孫周興教授主編、商務印書館出版的《尼采著作全集》第五卷。與大家出版社之前出版的《善惡的彼岸》相同，本書也經過譯者對商務印書館簡體字版的重新加工，保持術語上與前書的統一，訂正了若干錯誤，並依據臺灣讀者的習慣做了譯名上的些許調整。

譯者竊以為於尼采此等作者，注疏本身尚有學術論文所不能盡者，故用心頗多。全書譯文注釋占四分之一多的篇幅，參取了科利版《尼采著作全集》編注、《尼采頻道》數位版編注和多個英譯本注解，間出以己見。初次嘗試，或有牽強瑣細之嫌，誠待方家指正。

此譯本首先要感謝孫周興師的教導、幫助和對譯文的審校。文中所涉法語和基督教相關問題多在謝華盡心襄助下解決，希臘語、拉丁語或經汪麗娟的指正，對梵語和印度學相關問題的理解幸得楊嵋和范慕尤匡正，在此一併恭致謝忱。不過本著文責自負的原則，若譯文有錯舛之處，當是譯者的責任。

最後還要感謝大家出版社的賴淑玲總編輯和官子程編輯，若無他們的寬容、耐心和細緻，此譯本斷無法以現在的面貌與讀者見面。

趙千帆　二〇一七年三月　滬上同濟

尼采生平年表

一八四四年 十月十五日，尼采出生於普魯士洛肯（Röcken）小鎮。

一八四六年 妹妹伊莉莎白出生。

一八四九年 父親病逝。

一八五〇年 叔本華去世。

一八六〇年 全家遷往瑙姆堡（Naumburg），與祖母、母親、兩位姑姑以及妹妹同住。

一八六四年 進入波昂大學就讀。隔年，隨著里奇爾（Friedrich Wilhelm Ritschl）教授轉往萊比錫大學任教，尼采也轉學至該校。

一八六五年 開始研讀叔本華的著作《作為意志與表象的世界》（*Die Welt als Wille und Vorstellung*）。《作為意志與表象的世界》的第一版出版於一八一九年，第二版出版於一八四四年，即尼采出生之年。

一八六七年 入伍服役。隔年退役。

一八六八年 結識華格納。尼采的父親與華格納同出生於一八一三年。

一八六九年 經里奇爾教授推薦，獲聘為瑞士巴塞爾大學教授。

一八七〇年 在普法戰爭中，擔任醫護兵，因而感染痢疾和白喉。

一八七一年 德意志帝國成立。

一八七二年 《悲劇的誕生》（*Die Geburt der Tragödie*）出版。

一八七三年 《不合時宜的沉思》（*Unzeitgemäße Betrachtungen*）第一部分《大衛・史特勞斯》（*David Strauß*）出版。

一八七四年 《不合時宜的沉思》第二部分《歷史對生命的利與弊》（*Vom Nutzen und Nachteil der Historie für das Leben*）、第三部分《教育家叔本華》（*Schopenhauer als Erzieher*）出版。

一八七六年 《不合時宜的沉思》第四部分《華格納在拜魯特》（*Richard Wagner in Bayreuth*）出版。
十月，因病休假一年。與友人保羅・瑞（Paul Ludwig Carl Heinrich Rée）同赴義大利的索倫托（Sorrent）度假。動筆撰寫《人性的，太人性的》（*Menschliches, Allzumenschliches*）。

一八七八年 《人性的，太人性的》出版。華格納與尼采決裂。

一八七九年 《人性的，太人性的》的第一個補篇《思想與箴言雜錄》（*Vermischte Meinungen und Sprüche*）出版。四月，健康情況惡化，辭去巴塞爾大學的教職。

一八八〇年 《人性的，太人性的》的第二個補篇《漫遊者及其影子》（*Der Wanderer und sein Schatten*）出版。開始寫作《曙光》（*Die Morgenröte*）。

一八八一年 《曙光》出版（此書名另一中譯為《朝霞》）。

一八八二年 《快樂的科學》（*Die fröhliche Wissenschaft*）出版（此書名另一中譯為《歡悅的智慧》）。經由保羅．瑞認識莎樂美（Lou Salomé），向莎樂美求婚遭到婉拒。

一八八三年 在一月到二月間寫成《查拉圖斯特拉如是說》（*Also Sprach Zarathustra*）第一部分。二月，華格納去世。

一八八四年 六月寫作《查拉圖斯特拉如是說》第二部分。

完成《查拉圖斯特拉如是說》第三部分。

一八八五年 完成《查拉圖斯特拉如是說》第四部分，並自費出版。

五月，妹妹伊莉莎白結婚。

一八八六年 完成《善惡的彼岸》（*Jenseits von Gut und Böse*）並出版。

妹妹伊莉莎白遷居巴拉圭。

《悲劇的誕生》再版。

《人性的，太人性的》及兩個補篇以兩卷本出版。

一八八七年 出版《論道德的系譜》（*Zur Genealogie der Moral*）。

一八八八年 這一年是尼采意志清楚的最後一年，在這一年他完成了五部作品：《華格納事件》（*Der Fall Wagner*）、《偶像的黃昏》（*Götzen-Dämmerung*）、《反基督》（*Der Antichrist*）、自傳《瞧！這個人》（*Ecce Homo*）、《尼采反對華格納》（*Nietzsche contra Wagner*）。

一八八九年 精神崩潰，——直至去世前，都未恢復正常。

一八九三年　妹妹伊莉莎白自巴拉圭返回德國，並著手整理尼采的著作。

一八九七年　母親去世。

一九〇〇年　八月二十五日，尼采去世。

延伸閱讀書目

1. 尼采作品

尼采，《悲劇的誕生》，李長俊譯。臺北：三民書局，一九七〇年。

——，《悲劇的誕生》，劉崎譯。臺北：志文出版社，一九七一年。

——，《悲劇的誕生》，周國平譯。臺北：貓頭鷹出版社，二〇〇〇年。

——，《悲劇的誕生》，周國平譯。臺北：左岸出版社，二〇〇五年。

——，《悲劇的誕生》，孫周興譯。北京：商務印書館，二〇一二年。

——，《不合時宜的沉思》，李秋零譯。上海：華東師範大學出版社，二〇〇七年。

——，《人性的，太人性的——一本獻給自由精靈的書》，楊恒達譯。北京：中國人民大學出版社，二〇〇五年。

——，《人性的，太人性的——一本獻給自由精神的書（上卷）、（下卷）》，魏育青、李晶浩、高天忻譯。上海：華東師範大學出版社，二〇〇八年。

——，《曙光》，田立年譯。桂林：漓江出版社，二〇〇〇年。

——，《朝霞》，田立年譯。上海：華東師範大學出版社，二〇〇七年。

——，《歡悅的智慧》，余鴻榮譯。臺北：志文出版社，一九八二年。

——，《快樂的科學》，黃明嘉譯。上海：華東師範大學出版社，二〇〇七年。

——，《查拉圖斯特拉如是說》，余鴻榮譯。臺北：志文出版社，一九八三年。

——，《查拉圖斯特拉如是說》，林建國譯。臺北：遠流出版社，一九八九年。

——，《扎拉圖斯特拉如是說》，黃明嘉、婁林譯。上海：華東師範大學出版社，二〇〇九年。

——，《查拉圖斯特拉如是說》，孫周興譯。北京：商務印書館，二〇一〇年。

——，《查拉圖斯特拉如是說》，錢春綺譯。臺北：大家出版社，二〇一四年。

——，《善惡的彼岸》，朱泱譯。臺北：水牛出版社，一九九九年。
——，《善惡的彼岸——一個未來哲學的序曲》，趙千帆譯。臺北：大家出版社，二〇一五年。
——，《道德系譜學》，陳芳郁譯。臺北：水牛出版社，一九七五年。
——，《論道德的譜系》，周紅譯。北京：三聯，一九九二年。
——，《論道德的系譜——一本論戰著作》，趙千帆譯。臺北：大家出版社，二〇一七年。
——，《偶像的黃昏》，周國平譯。北京：光明日報出版社，一九九六年。
——，《偶像的黃昏》，衛茂平譯。上海：華東師範大學出版社，二〇〇七年。
——，《偶像的黃昏》，李超杰譯。北京：商務印書館，二〇一三年。
——，《上帝之死——反基督》，劉崎譯。臺北：志文出版社，一九六九年。
——，《敵基督者——對基督教的詛咒》，余明鋒譯。北京：商務印書館，二〇一六年。
——，《權力意志》，孫周興譯。北京：商務印書館，二〇〇九年。

——，《希臘悲劇時代的哲學》，周國平譯。臺北：臺灣商務印書館，一九九四年。

2. 尼采生平

尼采，《瞧！這個人》，劉崎譯。臺北：志文出版社，一九六九年。

——，《瞧！這個人》，孫周興譯。北京：商務印書館，二〇一六年。

——，《我妹妹與我——尼采佚失的最後告白》，陳蒼多譯。臺北：智慧事業體，二〇〇三年。

Lesley Chamberlain，《激情尼采——漂泊在杜林的靈魂》，李文瑞譯。臺北：究竟出版，二〇〇〇年。

3. 後人研究

陳鼓應，《悲劇哲學家尼采》。臺北：臺灣商務印書館，一九六八年。

陳鼓應，《尼采新論》。香港：商務印書館，一九八八年。

葉新雲，《尼采作品選讀——近代意識的批判者》。臺北：誠品股份有

限公司，一九九九年。（收入《偶像的黃昏》，周國平譯）

德勒茲，《尼采和哲學》，周穎、劉玉宇譯。北京：社會科學文獻出版社，二〇〇一年。

戴夫・羅賓森，《尼采與後現代主義》，陳懷恩譯。臺北：貓頭鷹出版社，二〇〇二年。

劉昌元，《尼采》。臺北：聯經出版公司，二〇〇四年。

卡爾・洛維特，《從黑格爾到尼采》，李秋零譯。北京：三聯，二〇〇六年。

呂迪格・薩弗蘭斯基，《尼采——其人及其思想》。臺北：商周出版，二〇〇七年。

彼得・祖戴克，《瞧一眼尼采——認識「超人」哲學家的思想與生平》，黃添盛譯。臺北：商周出版，二〇〇七年。

海德格爾，《尼采》，孫周興譯。北京：商務印書館，二〇〇九年。

白取春彥，《超譯尼采》，楊明綺譯。臺北：商周出版，二〇一二年。

白取春彥，《超譯尼采II——權力・意志》，楊明綺譯。臺北：商周出版，二〇一三年。

周國平，《尼采——在世紀的轉折點上》。香港：香港中和出版公司，二〇一四年。
黃國鉅，《尼采——從酒神到超人》。香港：香港中華書局，二〇一四年。
李・斯平克斯，《導讀尼采》，丁岩譯。重慶：重慶大學出版社，二〇一四年。
邁克・坦納，《尼采》，于洋譯。香港：牛津大學出版社，二〇一六年。

參考文獻

譯注所引文獻皆以中文於當頁出注；此處列出所涉及外文文獻的詳細西文資訊，以備查考，並依作者姓氏的中文拼音排序。

1. 尼采同時及之前的著作：

不包括所引《聖經》、《浮士德》等經典作品。

阿爾伯特・赫爾曼・波斯特，《基於比較族群學的普遍法學預備考察》

Albert Hermann Post, *Bausteine für eine allgemeine Rechtswissenschaft auf vergleichend- ethnologischer Basis*, Oldenburg: Schulz, 1880.

希門內斯・杜丹，《杜丹書箚文稿雜集》

Ximénès Doudan, *Mélanges et lettres de doudan*, Paris, 1879, vol.3, p.23f.

歐根・杜林，《生命的價值：一種哲學考察》

Eugen Dühring, *Der Werth des Lebens: eine philosophische Betrachtung*, Breslau: Trewendt, 1865:170-71.

歐根・杜林，《事件、生平和敵人》

Eugen Dühring, *Sache, Leben und Feinde*, Karsruhe und Leipizig, 1882, 283.

保羅・杜森，《吠檀多體系》

Paul Deussen, *Das System des Vedânta*, Leipzig: Brockhaus, 1883, 439.

保羅・杜森，《吠檀多經（譯自梵語）》
Paul Deussen, *Die Sûtra's des Vedânta aus dem Sanskrit Übersetzung*, Leipizig 1887.

庫諾・費舍爾，《現代哲學史》
Kunor Fischer, *Geschichte der neueren Philosophie*, Heidelberg, 1865, 1.2.

法蘭西斯・加爾頓，《對人類機能及其發展研究》
Francis Galton, *Inquiries into Human Faculty and its Development*, London: Macmillan and Co., 1883, p.45.

赫胥黎，〈行政虛無主義〉
T.H. Huxley, *Administrative Nihilism*, in *Fortnightly Review* 16 [Nov.1,1871]: 525-43.

康德，《康德文集》第二十七卷第四部分，《道德哲學講稿》
I. Kant, *Gesammelte Schriften*, Bd 27 (IV/4). 2. Hälfte Teilbd.1, *Vorlesung über Moralphilosophie*. Berlin: Walter de Gruyter, 1975, s.618.

約瑟夫・科勒爾，《作為文化現象的法：法律比較學導論》
Josef Kohler, *Das Recht als Kulturerscheinung: Einleitung in die vergleichende Rechtswissenschaft*, Stahel, 1885.

約瑟夫・科勒爾，《中國刑法：刑法全史之一章》
Josef Kohler, *Das chinesische Strafrecht. Ein Beitrag zur Universalgeschichte des Strafrechts*, Würzburg,1886.

孔德，《實證哲學》第二卷
Auguste Comte, *The Positive Philosophy Vol. II*, trans. and ed. by Harriet Martineau, Batoche Books Kitchener, 2000, p.101.

萊布尼茲，《萊布尼茲哲學文集》第三卷（一七一四年一月三日致路易・布林蓋的信）
Gottfried Wilhelm Leibniz, *Die Philosophische Schriften*, ed. C.I. Gerhardt, Berlin;Halle, 1875-90, III, S.562.

歐尼斯特・勒南，《現代社會的宗教未來》
Ernest Renan, *L'avenir religieux des sociétés modernes,* in *Questions contemporaines*. Paris: Calman Lévy, 1868, p416.

馬丁・路德，《桌畔談話》
Martin Luther, *Tischreden*, Winter 1542-43, Nr. 5513.

普羅斯佩・梅里美，《筆記與回憶》
Prosper Mérimée, *Notes et souvenirs*, Paris, 1855.

赫曼・奧爾登堡，《佛陀：他的生平、學說與教眾》
Hermann Oldenberg, *Buddha: Sein Leben, seine Lehre, seine Gemeinde*, Berlin, 1881, 122.

聖多瑪斯・阿奎那，《神學大全》
St. Thomas Aquinas, *Summa Theologiae*, III, Supplementum, Q.94, Art.1.

司湯達，《羅馬、那不勒斯和佛羅倫斯》
Stendhal, *Rome, Naples et Florence*, Paris, 1854, 30.

華格納，《詩文集》
Wilhelm Richard Wagner, *Gesammelte Schriften und Dichtungen*, Leipizig, 1907, X, pp.280ff.

華格納，《我的生活》
Wilhelm Richard Wagner, *Mein Leben*, hg. Von Martin Gregor-Dellin, München 1969, 521f.

2. 後世學者相關研究

伊莉莎白・摩勒斯，〈帕斯卡爾關於「魯鈍」的用法〉

Elizabeth Moles, *Pascal's use of abêtir*, in *French Studies* (1965), Volume XIX, Issue 4, pp.379-384.

迪特列夫・布倫內克，《金毛野獸：論一個關鍵字的誤解》

Detlef Brennecke, *Die blonde Bestie. Vom Mißverständnis eines Schlagworts*, in *Nietzsche Studien*, 5 (1976), pp.113-145.

3. 辭典

（1）以下皆檢索自芝諾數位圖書館（www.zeno.org）

《布羅克豪斯對話辭典》一八一一年版

Brockhaus Conversations-Lexikon. Leipzig 1811.

《艾斯勒哲學概念辭典》一九〇四年版

Eisler, Rudolf: Wörterbuch der philosophischen Begriffe, Berlin 1904.

《皮埃爾辭典》一八六〇年版

Pierer's Universal-Lexikon, Altenburg 1860.

《邁耶爾辭典》一九〇五年版

Meyers Großes Konversations-Lexikon, Leipzig 1905.

《邁耶爾辭典》一九〇八年版

Meyers Großes Konversations-Lexikon, Leipzig 1908.

（2）以下檢索自杜登電子辭典（Office-Bibliothek 4.0, Bibliographisches Institut & F. A. Brockhaus AG, Copyright 1993-2005）

《布羅克豪斯圖文百科全書》二〇〇四年版

Der Brockhaus in Text und Bild 2004, Bibliographisches Institut & F. A. Brockhaus AG, Mannheim, 2004, Sat_Wolf, Bayern.

《杜登詞源辭典》

Duden Herkunftswörterbuch, Dudenverlag, Sat_Wolf, Bayern.

《杜登引文辭典》

Duden Zitate, Herkunft, Dudenverlag, Sat_Wolf, Bayern.

4. 德文其他版本及英譯本

本書所引德文其他版本及英譯本的注釋皆與所引網頁或書籍文字相對應，故不一一標明頁數。

《尼采頻道》

The Nietzsche Channel（http://www.thenietzschechannel.com/）

迪瑟英譯本

On the Genealogy of Morality, ed. by Keith Ansell-Pearson, trans. by Carol Diethe, Cambridge University Press, 1994, 2007.

考夫曼英譯本

On the Genealogy of Moral; Ecce Hommo, trans. by Walter Kaufmann and R.J. Hollingdale, ed. with Commentary by Walter Kaufmann, Vintage Books, New York, 1989.

克拉克—斯文森英譯本
On the Genealogy of Morality, trans. by Maudemarie Clark and Alan Swensen, Hackett, 1998.
薩繆爾英譯本
The Genealogy of Morals, trans. by Horace B. Samuel, New York: Boni and Liveright, 1913.
史密斯英譯本
On the Genealogy of Morals, trans. by Douglas Smith, Oxford University Press, 1996.